**OS ERROS FATAIS
DO SOCIALISMO**

OS ERROS FATAIS DO SOCIALISMO

F. A. HAYEK

Tradução:
Eduardo Levy

COPYRIGHT © AUTHORISED TRANSLATION FROM THE ENGLISH LANGUAGE EDITION PUBLISHED BY ROUTLEDGE, A MEMBER OF THE TAYLOR & FRANCIS GROUP
COPYRIGHT © FARO EDITORIAL, 2017

Todos os direitos reservados.
Nenhuma parte deste livro pode ser reproduzida sob quaisquer meios existentes sem autorização por escrito do editor.

Avis Rara é um selo de Ciências Sociais da Faro Editorial.

Diretor editorial **PEDRO ALMEIDA**
Preparação **TUCA FARIA**
Revisão **CINTHIA ZAGATTO E GABRIELA DE AVILA**
Capa e diagramação **OSMANE GARCIA FILHO**
Imagem de capa © **CHUBYKIN ARKADY | SHUTTERSTOCK**

Dados Internacionais de Catalogação na Publicação (CIP)
(Câmara Brasileira do Livro, SP, Brasil)

Hayek, Friedrich A. von, 1899-1992
    Os erros fatais do socialismo / F.A. Hayek ; tradução Eduardo Levy. — 1. ed. — Barueri : Faro Editorial, 2017.

    Título original: The fatal conceit : the errors of socialism
    Bibliografia.
    ISBN: 978-85-62409-97-4

    1. Economia - Aspectos morais e éticos 2. Liberalismo 3. Livre iniciativa 4. Socialismo I. Título.

17-03360   CDD-330.1

Índice para catálogo sistemático:
1. Economia : Ética 330.1

1ª edição brasileira: 2017
Direitos de edição em língua portuguesa, para o Brasil, adquiridos por FARO EDITORIAL

Avenida Andrômeda, 885 - Sala 310
Alphaville – Barueri – SP – Brasil
CEP: 06473-000
www.faroeditorial.com.br

Liberdade ou autonomia não é, como a origem das palavras talvez pareça sugerir, isenção de todas as restrições, mas antes a aplicação mais efetiva de todas as restrições justas a todos os membros da sociedade, sejam governantes ou súditos.

ADAM FERGUSON

As regras de moralidade não são produto de conclusões da nossa razão.

DAVID HUME

Como é possível que instituições que servem ao bem-estar comum e são importantíssimas para o desenvolvimento dele tomem forma sem uma vontade comum orientada a instituí-las?

CARL MENGER

Sumário

9 SOBRE O AUTOR

11 PREFÁCIO

13 INTRODUÇÃO — O SOCIALISMO FOI UM ERRO?

19 1 ENTRE O INSTINTO E A RAZÃO

42 2 AS ORIGENS DA LIBERDADE, DA PROPRIEDADE E DA JUSTIÇA

54 3 A EVOLUÇÃO DO MERCADO: COMÉRCIO E CIVILIZAÇÃO

67 4 A REVOLTA DO INSTINTO E DA RAZÃO

92 5 A PRESUNÇÃO FATAL

123 6 O MISTERIOSO MUNDO DO COMÉRCIO E DO DINHEIRO

145 7 NOSSA LINGUAGEM ENVENENADA

163 8 A ORDEM AMPLIADA E O CRESCIMENTO POPULACIONAL

183 9 A RELIGIÃO E OS GUARDIÕES DA TRADIÇÃO

APÊNDICES

193 A "NATURAL" VERSUS "ARTIFICIAL"

200 B A COMPLEXIDADE DOS PROBLEMAS DE INTERAÇÃO HUMANA

203 C O TEMPO, A EMERGÊNCIA E A REPRODUÇÃO DE ESTRUTURAS

204 D ALIENAÇÃO, RENEGADOS E AS REIVINDICAÇÕES DOS PARASITAS

207 E O JOGO, A ESCOLA DAS REGRAS

208 F OBSERVAÇÕES SOBRE A ECONOMIA E A ANTROPOLOGIA DA POPULAÇÃO

211 G A SUPERSTIÇÃO E A PRESERVAÇÃO DA TRADIÇÃO

213 AGRADECIMENTOS DO EDITOR

215 BIBLIOGRAFIA

228 ÍNDICE ONOMÁSTICO

232 ÍNDICE TEMÁTICO

Sobre o autor

F. A. HAYEK ESTUDOU NA UNIVERSIDADE DE VIENA, ONDE se doutorou tanto em Direito quanto em Ciência Política. Após vários anos no serviço público austríaco, foi nomeado o primeiro diretor do Instituto Austríaco para Pesquisas dos Ciclos Econômicos. Em 1931, foi nomeado Tooke Professor de Economia e Estatística na London School of Economics e, em 1950, tornou-se professor de Ciências Sociais e Morais na University of Chicago. Retornou à Europa em 1962 para assumir a cátedra de Economia na Universidade de Freiburg, da qual se tornou professor emérito em 1967.

Dignificado com numerosos títulos de doutor *honoris causa* e membro da Academia Britânica, Hayek foi agraciado com o Prêmio Memorial Nobel de Economia em 1974. Tornou-se membro da Ordem dos Companheiros de Honra em 1984. É autor de cerca de 15 livros, entre os quais *Prices and Production* [Preços e produção], *The Pure Theory of Capital* [A teoria pura do capital], *O caminho da servidão*, *The Counter-Revolution of Science* [A contrarrevolução da ciência], *The Sensory Order* [A ordem sensorial], *The Constitution of Liberty* [Constituição da liberdade] e *Law, Legislation and Liberty* [Lei, legislação e liberdade]. Hayek morreu em 1992.

Seu editor, o professor W. W. Bartley III, foi membro da Hoover Institution da Stanford University até sua morte, em 1990.

Prefácio

ADOTEI PARA ESTE LIVRO DUAS REGRAS. NÃO DEVERIA haver notas de rodapé e todos os argumentos que, embora não essenciais às principais conclusões da obra, fossem de interesse para o especialista, ou mesmo essenciais para ele, deveriam ser agrupados em apêndices ou impressos em fonte menor para informar ao leitor comum que pode pulá-los sem perder fundamentos de que as conclusões dependem.

As referências a obras mencionadas ou citadas são, assim, indicadas em geral por breves declarações entre parêntesis do nome do autor (quando não ficar claro pelo contexto) e da data da obra, seguidas pela numeração de páginas quando necessário. Estas se referem à lista de autoridades relacionadas ao final do livro. Quando foi usada uma edição posterior de alguma obra, indicou-se o fato pela última das datas fornecidas na forma 1786/1973, na qual a primeira data se refere à edição original.

Ainda que se listassem todas as obras a partir das quais se adquiriu o próprio conhecimento e as próprias opiniões, seria impossível especificar todas as obrigações em que se incorreu no curso de uma longa vida de estudos e, ainda mais impossível, listar em uma bibliografia todas as obras que se sabe que se deveria ter estudado para alegar competência em um campo tão amplo quanto aquele com o qual lida a presente obra. Tampouco posso ter esperanças de listar todas as obrigações pessoais em que incorri durante os muitos anos em que meus esforços se dirigiram ao que era fundamentalmente o mesmo objetivo. Desejo, porém, expressar minha profunda gratidão a Charlotte Cubitt, que trabalhou como minha assistente durante a preparação deste livro e sem cujo auxílio dedicado ele jamais teria sido concluído; e também ao professor W. W. Bartley III, da Hoover Institution, Stanford University, que — quando estive adoentado por um período, pouco antes da conclusão do esboço final — tomou este volume em mãos e o preparou para edição.

F. A. Hayek
Freiburg im Breisgau
Abril de 1988

INTRODUÇÃO
O socialismo foi um erro?

> A ideia de socialismo é a um tempo grandiosa e simples. ... Podemos dizer, em verdade, que é uma das mais ambiciosas criações do espírito humano ... tão magnífica, tão ousada, que incitou, com motivo, a maior das admirações. Se quisermos salvar o mundo da barbárie, não podemos dispensá-lo com negligência, mas precisamos refutá-lo.
>
> LUDWIG VON MISES

ESTE LIVRO ARGUMENTA QUE A NOSSA CIVILIZAÇÃO É dependente, não apenas na sua origem mas também na sua preservação, do que só pode ser definido precisamente como a ordem ampliada da cooperação humana, ordem esta que se costuma conhecer pelo nome — algo errôneo — de capitalismo. Para compreender nossa civilização, é necessário reconhecer que a ordem ampliada não foi resultado de desígnio nem de intenção humana, mas nasceu espontaneamente: da conformidade involuntária a certas práticas tradicionais e, acima de tudo, *morais*, muitas das quais as pessoas tendem a achar desagradáveis, cuja importância em geral não conseguem compreender, cuja validade não são capazes de comprovar e que, entretanto, difundiram-se rápido por meio da seleção evolutiva — o aumento comparativo da população e da riqueza — dos grupos que por acaso as seguiram. A adoção inadvertida, relutante, mesmo dolorosa dessas práticas manteve esses grupos unidos, aumentou seu acesso a informações valiosas de toda espécie e lhes permitiu cumprir a ordem de "Frutificai e multiplicai-vos, e enchei a terra, e sujeitai-a" (Gênesis 1:28). Esse processo talvez seja a faceta mais negligenciada da evolução humana.

Os socialistas, porém, veem essas questões de uma perspectiva diferente. Eles não apenas divergem em suas conclusões como enxergam os fatos de maneira diversa. Que estão errados *quanto aos fatos* é crucial para o meu argumento, como se explicará nas páginas que se seguem. Estou disposto a admitir que se a análise socialista do funcionamento da ordem econômica existente e de possíveis alternativas a ela estivesse factualmente correta, nós teríamos a obrigação de garantir que a distribuição de renda se conformasse a certos princípios morais e de admitir que ela só seria possível mediante a concessão a uma autoridade central do poder de dirigir o uso dos recursos disponíveis, e poderíamos pressupor a abolição da propriedade individual dos meios de produção. Se, por exemplo, fosse verdade que o controle central dos meios de produção é capaz de obter um produto coletivo de magnitude pelo menos similar àquela do que produzimos agora, provar-se-ia, de fato, um grande problema moral determinar como seria possível fazer isso com justiça. Essa, porém, não é a situação em que nos encontramos. Pois não há nenhum outro meio conhecido, além da distribuição de produtos em um mercado competitivo, de informar aos indivíduos a que direção seus vários esforços devem se dirigir de modo a contribuir o máximo possível para o produto final.

O ponto central do meu argumento é, pois, que o conflito entre os defensores da ordem humana ampliada espontânea criada por um mercado competitivo, de um lado, e aqueles que exigem uma organização deliberada da interação humana pela autoridade central baseada no controle coletivo dos recursos disponíveis, de outro, deve-se a um erro factual dos últimos a respeito de como o conhecimento desses recursos é e pode ser gerado e utilizado. Como questão de fato, esse conflito deve ser solucionado pela pesquisa científica. Esta mostra que, ao obedecer às tradições morais geradas de forma espontânea que subjazem à ordem do mercado competitivo (tradições que não satisfazem os cânones ou as normas de racionalidade abraçados pela maioria dos socialistas), nós geramos e acumulamos mais conhecimento e riqueza do que jamais seria possível obter ou utilizar em uma economia de controle central cujos adeptos alegam proceder tão só de acordo com a "razão". Assim, é impossível, com efeito, alcançar os objetivos e executar os programas socialistas; e também acontece que eles são, como que de brinde, logicamente impossíveis.

O SOCIALISMO FOI UM ERRO?

Essa é a razão por que, ao contrário do que se costuma afirmar, não se trata apenas de um tema de diferentes interesses ou juízos de valor. Aliás, a questão de como o homem veio a adotar certos valores ou normas — e do efeito que estes tiveram na evolução da civilização —, antes de tudo factual, está no âmago deste livro e sua resposta é esboçada nos seus três primeiros capítulos. As reivindicações do socialismo não são conclusões morais derivadas das tradições que constituíram a ordem ampliada e tornaram a civilização possível. Antes, elas se empenham em derrubar essas tradições e trocá-las por um sistema moral planejado racionalmente, cuja atração depende do apelo instintivo das consequências que promete. Elas supõem que, uma vez que as pessoas foram capazes de *gerar* um sistema de regras coordenando seus esforços, elas devem ser capazes também de *elaborar* um sistema ainda melhor e mais gratificante. Mas se a espécie humana deve sua existência mesma a uma forma específica de conduta baseada em regras de eficácia comprovada, ela simplesmente não tem a opção de escolher outra apenas em prol da agradabilidade aparente dos seus efeitos imediatos visíveis. A disputa entre a ordem do mercado e o socialismo não é nada menos que uma questão de sobrevivência. Seguir a moralidade socialista destruiria grande parte da humanidade presente e empobreceria o resto.

Tudo isso levanta um ponto importante a respeito do qual quero ser explícito desde o início. Embora eu ataque a *presunção* de razão por parte dos socialistas, meu argumento não se dirige de maneira alguma contra o uso correto da razão. Por "uso correto da razão", quero dizer razão que reconhece as próprias limitações e, aprendendo ela mesmo com a razão, enfrenta as implicações do espantoso fato, revelado pela economia e pela biologia, de que a ordem gerada sem desígnio pode superar de longe os planos que os homens tramam de maneira consciente. Como, afinal, eu poderia atacar a razão em um livro que argumenta que o socialismo é factual e mesmo logicamente indefensável? Tampouco contesto que a razão possa ser, com cautela e humildade, e pouco a pouco, direcionada ao exame, à crítica e à rejeição das instituições tradicionais e dos princípios morais. Este livro, assim como alguns dos meus estudos anteriores, dirige-se contra as normas tradicionais da razão que pautam o socialismo: normas que, acredito, encarnam uma teoria da racionalidade ingênua e acrítica e uma metodologia obsoleta e anticientífica que chamei em outro lugar de "racionalismo construtivista" (1973).

Assim, não desejo negar à razão o poder de melhorar normas e instituições nem insistir que ela é incapaz de reestruturar todo o nosso sistema moral na direção daquilo que hoje costuma ser concebido como "justiça social". Só podemos fazê-lo, porém, esquadrinhando todas as partes de um sistema de costumes morais. Se esta moralidade finge ser capaz de fazer algo que não é possível que faça — por exemplo, desempenhar a função de gerar e organizar conhecimento que é impossível de acordo com suas próprias regras e normas —, então essa impossibilidade mesma fornece uma crítica racional decisiva desse sistema moral. É importante enfrentar essas consequências, pois a ideia de que, em última análise, todo o debate é uma questão de juízos de valor, e não de fatos, impede os estudiosos profissionais da ordem de mercado de enfatizar com a força necessária que é impossível ao socialismo fazer o que promete.

Tampouco sugere meu argumento que não compartilho de alguns valores extensamente sustentados pelos socialistas; mas eu não acredito, como mostrarei a seguir, que a ideia amplamente aceita de "justiça social" descreva um estado de coisas possível, nem que tenha algum significado. Também não creio que possamos, como recomendam alguns proponentes da ética hedonista, tomar decisões morais considerando apenas a maior gratificação imediata.

O ponto de partida dos meus esforços poderia ser a lição de David Hume de que "as regras de moralidade ... não são produto de conclusões da nossa razão" (*Treatise of Human Nature* [*Tratado da natureza humana*], 1739/1886:11:235). Essa lição desempenhará papel central neste livro, pois elabora a questão fundamental a que ele tenta responder — que é *como emerge a nossa moralidade e que implicações seu modo de tomar forma podem ter para a nossa vida econômica e política?*

A asserção de que somos compelidos a preservar o capitalismo por causa da sua capacidade superior de utilizar conhecimento disperso levanta a questão de como viemos a alcançar uma ordem econômica tão insubstituível — sobretudo diante da afirmação que fiz de que poderosos impulsos instintivos e racionalistas se rebelam contra a moral e as instituições que o capitalismo requer.

O SOCIALISMO FOI UM ERRO?

A resposta a essa pergunta, esboçada nos três primeiros capítulos, erige-se sobre a lição antiga e bem conhecida no pensamento econômico de que os nossos valores e as nossas instituições não são meras consequências de causas prévias, mas parte de um processo inconsciente de auto-organização de uma estrutura ou modelo. E isso não se limita apenas à economia, mas a um vasto campo — como é sabido hoje nas ciências biológicas, por exemplo. Essa lição foi apenas a primeira de uma crescente família de teorias que explicam a formação de estruturas complexas em função dos processos que transcendem nossa capacidade de observar todas as diversas circunstâncias que operam na determinação de suas manifestações específicas. Quando comecei minha obra, senti que trabalhava praticamente sozinho no estudo da formação evolutiva dessas ordens autossustentáveis altamente complexas. No meio-tempo, as pesquisas sobre esse tipo de problema — sob vários nomes, como autopoiese, cibernética, homeostase, ordem espontânea, auto-organização, sinergética, teoria de sistemas e assim por diante — tornaram-se tão numerosas que só fui capaz de estudar a fundo algumas delas. Este livro torna-se, assim, afluente de um fluxo crescente que, creio eu, leva ao desenvolvimento gradativo de uma ética evolutiva (mas com certeza não apenas neodarwinista) paralela e suplementar ao desenvolvimento já bastante avançado da epistemologia evolutiva, embora bastante distinta dela.

Apesar de o livro levantar, desse modo, algumas complicadas questões filosóficas e científicas, sua principal tarefa continua a ser demonstrar que um dos movimentos políticos mais influentes do nosso tempo — o socialismo — baseia-se em premissas demonstravelmente falsas e, embora inspirado por boas intenções e desenvolvido por alguns dos mais inteligentes representantes do nosso tempo, ameaça o padrão de vida e a vida mesma de uma grande parcela da população existente. Argumenta-se nesse sentido do capítulo 4 ao 6, nos quais examino e refuto as contestações dos socialistas à descrição do desenvolvimento e da manutenção de nossa civilização apresentada nos três primeiros capítulos. No capítulo 7, volto-me à nossa linguagem para mostrar que foi corrompida pela influência socialista e que devemos ter cuidado para evitar que ela nos seduza a pensar de maneira socialista. No capítulo 8, considero uma objeção que pode ser levantada não apenas pelos socialistas, mas também por outros, a saber, que a explosão populacional enfraquece meu argumento. Por fim, no capítulo 9, faço algumas observações breves a respeito do papel da religião no desenvolvimento das nossas tradições morais.

Como a teoria evolutiva desempenha um papel tão essencial neste livro, devo ressaltar que um dos acontecimentos promissores dos últimos anos, que levou à melhoria da compreensão do crescimento e da função do conhecimento (Popper, 1934/1959), bem como das ordens complexas e espontâneas (Hayek, 1964, 1973, 1976, 1979) de vários tipos, foi o desenvolvimento da epistemologia evolutiva (Campbell, 1977, 1987; Radnitzky & Bartley, 1987), uma teoria do conhecimento que entende a razão e seus produtos como resultados da evolução. Neste livro, eu me dirijo a um conjunto de problemas correlatos que, embora de grande importância, permanecem largamente negligenciados.

Isto é, eu sugiro que precisamos não apenas de uma epistemologia evolutiva, mas também de uma descrição evolutiva das tradições morais que tenha um caráter bastante diferente daquela disponível até o momento. É claro que as regras tradicionais da interação humana, depois da linguagem, do direito, dos mercados e do dinheiro, foram os campos em que o pensamento evolutivo se originou. A ética é a última fortaleza à qual o orgulho humano deve agora se curvar em reconhecimento a suas origens. Tal teoria evolucionária da moralidade está, de fato, emergindo e sua lição essencial é que a nossa moralidade não é nem instintiva nem criação da razão, mas constitui uma tradição separada — *entre* o instinto e a razão, como indica o título do primeiro capítulo —, uma tradição que tem importância imensa por permitir que nos adaptemos a problemas e circunstâncias que ultrapassam muito a nossa capacidade racional. Nossas tradições morais, assim como muitos outros aspectos da nossa cultura, desenvolveram-se concomitantemente à razão, não como produto dela. Por mais surpreendente e paradoxal que possa parecer a alguns dizer isto, essas tradições morais excedem as capacidades da razão.

1
Entre o instinto e a razão

Consuetudo est quasi altera natura*.
CÍCERO

Les lois de la conscience que nous disons naitre de la nature, naissant de la coustume.
M. E. DE MONTAIGNE

*Zwei Seelen wohnen, ach, in meiner Brust,
Die eine will sich von der anderen trennen.*
J. W. VON GOETHE

EVOLUÇÃO BIOLÓGICA E EVOLUÇÃO CULTURAL

PARA PENSADORES PRIMITIVOS, A EXISTÊNCIA DE UMA ordem de atividades humanas que transcendesse a concepção de uma mente ordenadora parecia impossível. Mesmo Aristóteles, que aparece bem tarde, ainda acreditava que a ordem entre os homens só poderia se estender até onde a voz de um arauto conseguia alcançar (*Ética a Nicômaco*, IX, x) e que um Estado que chegasse às centenas de milhares de pessoas era, pois, impossível. Contudo, o que ele acreditava impossível já estava

---

* As citações estão nas línguas estrangeiras no original. Respectivamente: "O costume é uma segunda natureza"; "As leis da consciência que dizemos que nascem da natureza, nascem dos costumes"; "Eis que duas almas tenho em mim, e a divisão delas parte a minha vida em duas". (N. do T.)

em curso na época em que Aristóteles escreveu essas palavras. Apesar dos seus méritos como cientista, ele falava a partir dos seus instintos, e não da observação ou da reflexão, quando limitava a ordem humana ao alcance do grito de um arauto.

Crenças semelhantes são compreensíveis, pois os instintos do homem, que já estavam plenamente desenvolvidos bem antes da época de Aristóteles, não foram feitos para o tipo e a amplitude numérica dos agrupamentos em que ele vive hoje. Eles se adaptaram à vida nos pequenos bandos ou trupes itinerantes em que a espécie humana e seus ancestrais imediatos se desenvolveram nos milhões de anos durante os quais a constituição biológica do *homo sapiens* se formou. Transmitidos por herança genética, serviram para orientar a cooperação entre os membros do bando, a qual era, necessariamente, uma interação circunscrita de maneira estrita a pessoas que se conheciam e que confiavam umas nas outras. Esses povos primitivos eram guiados por objetivos concretos e comuns, assim como pela mesma percepção dos perigos e das oportunidades — sobretudo fontes de alimentos e abrigo — do seu ambiente. Eles não eram apenas capazes de *ouvir* seu arauto; normalmente o *conheciam* pessoalmente.

Embora o acúmulo de experiência talvez emprestasse alguma autoridade aos membros mais velhos do bando, eram sobretudo os objetivos e percepções compartilhados que coordenavam as atividades dos membros. Esses modos de coordenação dependiam decisivamente de instintos de solidariedade e altruísmo — que se aplicavam aos membros do próprio grupo, mas não aos de outros. Os membros desses grupos só podiam existir, portanto, como tais: o homem isolado logo seria um homem morto. O individualismo primitivo descrito por Thomas Hobbes é, pois, um mito. O selvagem não é solitário e seu instinto é coletivista. Jamais houve uma "guerra de todos contra todos".

De fato, se nossa ordem presente já não existisse, também nos custaria crer que ela fosse possível e desprezaríamos os relatos a seu respeito, considerando-os lendas miraculosas que jamais poderiam se passar. As principais responsáveis por gerar essa ordem extraordinária e a existência da espécie humana com o número de indivíduos e a estrutura que ela tem hoje foram as regras de conduta que evoluíram

ENTRE O INSTINTO E A RAZÃO

gradativamente (em especial aquelas que lidam com propriedade separada*, honestidade, contratos, trocas, comércio, competição, ganhos e privacidade). Elas são transmitidas antes por tradição, ensino e imitação que por instinto e consistem em grande medida em proibições ("não farás") que especificam os domínios ajustáveis de decisões individuais.

O homem alcançou a civilização desenvolvendo e aprendendo a seguir (primeiro em tribos territoriais e depois em espaços cada vez mais amplos) regras que muitas vezes o proibiam de fazer o que seus instintos exigiam e que já não dependiam da percepção comum dos acontecimentos. Essas regras, que constituem na prática uma moralidade nova e diferente e às quais, aliás, eu preferiria limitar o termo "moralidade", ultrapassam ou restringem a "moralidade natural", isto é, os instintos que uniam o grupo reduzido e asseguravam a cooperação dentro dele à custa de atrapalhar ou bloquear sua expansão.

> Prefiro confinar o termo "moralidade" a essas regras não instintivas que possibilitaram à espécie humana expandir-se até chegar à ordem ampliada, uma vez que o conceito de moral só faz sentido em contraposição à conduta impulsiva e irrefletida, de um lado, e à preocupação racional com resultados específicos, de outro. Reflexos inatos não têm qualidades morais, e os "sociobiólogos" que aplicam a eles termos como altruísmo (e que devem, para serem coerentes, considerar a cópula o máximo do altruísmo) estão completamente errados. Somente se quisermos dizer que *devemos* seguir emoções "altruístas" o altruísmo se torna um conceito moral.
>
> Reconheço que essa está longe de ser a única forma de usar esses termos. Bernard Mandeville escandalizou seus contemporâneos

---

* Como explicará no capítulo 2, em vez de "propriedade privada", Hayek prefere usar "propriedade separada" (*several property*), "que é a expressão mais precisa de H. S. Maine para aquilo que geralmente se define como propriedade privada". "Several" significa tanto "separado" quanto "vários, diferentes". O objetivo da expressão é enfatizar que o que é relevante não é que a propriedade é privada, mas que é plural e separada, isto é, dividida entre vários proprietários separados que competem entre si para usá-la da melhor maneira possível. (N. do T.)

ao argumentar que o "grande princípio que nos torna criaturas sociais, a base sólida, a vida e o apoio de todo comércio e emprego, sem exceção," é o *mal* (1715/1924), com o que ele queria dizer, precisamente, que as regras da nossa ordem ampliada conflitavam com os instintos inatos que mantêm unido o grupo pequeno.

Quando passamos a ver os costumes morais não como instintos, mas como tradições aprendidas, a relação entre eles e o que chamamos normalmente de sentimentos, emoções ou sensações levanta várias questões interessantes. Por exemplo, embora aprendidos, os costumes morais não operam necessariamente mediante regras explícitas mas manifestam-se, como fazem os verdadeiros instintos, como uma vaga aversão ou reprovação a certos tipos de ação. Com frequência, eles nos dizem como escolher entre certos impulsos instintivos inatos ou como evitá-los.

Pode-se questionar de que modo as restrições às demandas instintivas servem para coordenar as atividades de números maiores. Por exemplo, a obediência continuada ao mandamento de tratar todos os homens como irmãos teria evitado o desenvolvimento de uma ordem ampliada, pois aqueles que vivem atualmente dentro da ordem ampliada beneficiam-se de *não* tratar os outros como irmãos e de aplicar, nas suas interações, as regras da ordem ampliada — tais como aquelas de propriedade separada e contratos — em vez das regras de solidariedade e altruísmo. Numa ordem em que todos tratassem os outros como a si mesmos, poucos, comparativamente, poderiam ser frutíferos e multiplicar-se. Se respondêssemos, digamos, a todos os apelos à caridade com que somos bombardeados pela mídia, isso cobraria um custo pesado em termos de distração daquilo em que somos mais competentes e é bem provável que apenas nos transformasse em ferramentas de grupos de interesses específicos, ou dos pontos de vista específicos acerca da importância relativa a certas necessidades. Fazê-lo não remediaria em nada os infortúnios com os quais estamos compreensivelmente preocupados. Do mesmo modo, para que regras abstratas idênticas se apliquem às relações entre todos os homens e ultrapassem assim as fronteiras — até as fronteiras dos Estados —, a agressividade instintiva para com os de fora deve ser refreada.

ENTRE O INSTINTO E A RAZÃO

Assim, constituir modelos ou sistemas supraindividuais de cooperação exigiu que os indivíduos mudassem suas respostas "naturais" ou "instintivas" aos outros, o que enfrenta forte resistência. Que tais conflitos com instintos inatos, "vícios privados", como os descreveu Bernard Mandeville, pudessem revelar-se "benefícios públicos" e que os homens tivessem de restringir alguns instintos "bons" para desenvolver a ordem ampliada são conclusões que também se tornaram motivo de dissensão posterior. Por exemplo, Rousseau ficou do lado do "natural", embora seu contemporâneo David Hume tenha visto com clareza que "uma inclinação mental tão nobre [como a generosidade], em vez de adaptar o homem a grandes sociedades, é quase tão contrária a elas quanto o mais estrito egoísmo" (1739/1886:11, 270).

As restrições às práticas do grupo reduzido, é preciso enfatizar e repetir, são *odiadas*. Pois, como veremos, ainda que sua vida dependa disso, o indivíduo que as obedece não sabe, e em geral não é capaz de entender, como elas funcionam nem como o beneficiam. Ele conhece vários objetos que parecem desejáveis, mas que não lhe é permitido ter, e é incapaz de perceber que outros aspectos benéficos do seu ambiente dependem da disciplina a que é forçado a se submeter — disciplina que o proíbe de pegar esses mesmos objetos atraentes. Detestamos tanto essas restrições que não se pode afirmar que as selecionamos; antes, elas é que nos selecionaram: elas permitiram que sobrevivêssemos.

Não por acaso, muitas regras abstratas, tais como aquelas que se referem à responsabilidade individual e à propriedade separada, têm relação com a economia. Desde a sua origem, a economia preocupa-se com o modo pelo qual uma ordem ampliada de interação humana passa a existir através de um processo de variação, distinção e separação que ultrapassa de longe a nossa visão e capacidade de planejamento. Adam Smith foi o primeiro a perceber que encontramos métodos de ordenação da cooperação econômica humana que excedem os limites do nosso conhecimento e da nossa percepção. Talvez se possa definir a sua "mão invisível" com mais precisão como um padrão invisível ou insondável. Somos levados — pelo sistema de preços no mercado de trocas, por exemplo — a fazer coisas por circunstâncias de que, em grande medida, não estamos cientes e que produzem resultados que não planejamos. Nas nossas

23

atividades econômicas, nós não sabemos quais são as necessidades que satisfazemos nem qual é a fonte das coisas que obtemos. Quase todos nós servimos a pessoas que não conhecemos e cuja existência até mesmo ignoramos; e, por nossa vez, vivemos constantemente nossas vidas à base do serviço de outras pessoas das quais nada sabemos. Tudo isso é possível porque nos inserimos em uma grande conjuntura de instituições e tradições — econômicas, legais e morais — às quais nos adaptamos obedecendo a certas regras de conduta que jamais fizemos e que jamais entendemos no sentido em que compreendemos como funcionam as coisas que produzimos.

A economia moderna explica como tal ordem ampliada pode vir a existir e como ela mesma constitui um processo de coleta de informações capaz de recorrer e dar uso prático a informações amplamente dispersas, que nenhuma agência de planejamento central, muito menos algum indivíduo, poderia conhecer na totalidade, possuir ou controlar. O conhecimento humano, como sabia Smith, é disperso. Como escreveu ele: "É evidente que todo indivíduo é capaz de julgar, em sua situação local, qual a espécie de indústria doméstica que seu capital pode empregar e cujo produto é provável que seja do maior valor, muito melhor do que qualquer estadista ou legislador pode julgar por ele" (1776/1976:11, 487). Ou, de acordo com um arguto pensador de economia do século XIX, "o conhecimento minucioso de milhares de detalhes específicos não será adquirido por ninguém a não ser aquele que tem interesse em conhecê-los" (Bailey, 1840:3). As instituições de coleta de informação, como o mercado, nos permitem utilizar conhecimento disperso e insondável para criar padrões supraindividuais. Depois que instituições e tradições baseadas nesses padrões se desenvolveram, já não era necessário que as pessoas se esforçassem para entrar em acordo sobre propósitos unitários (como no bando pequeno), pois conhecimentos e habilidades amplamente dispersos podiam, agora, ser utilizados para diversos fins.

Esse desdobramento se manifesta prontamente tanto na biologia quanto na economia. Mesmo dentro da biologia em sentido estrito, "mudanças evolutivas em geral tendem à máxima economia no uso de recursos" e "a evolução segue assim, 'às cegas', a rota do uso máximo dos recursos" (Howard, 1982:83). Ademais, um biólogo moderno observou corretamente que "a ética é o estudo do modo de alocar recursos" (Hardin, 1980:3) — o que aponta, em conjunto, para as estreitas interconexões entre evolução, biologia e ética.

O conceito de ordem – assim como o de seus equivalentes próximos, "sistema", "estrutura" e "padrão" – é complicado. Precisamos distinguir duas concepções diferentes, mas relacionadas, de ordem. O substantivo "ordem" e o verbo "ordenar" podem ser usados *tanto* para definir os resultados da atividade *mental* de organizar ou classificar objetos ou eventos de acordo com vários aspectos segundo nossa percepção sensorial, como a reorganização científica do mundo sensorial nos impele a fazer (Hayek, *1952*), *quanto* para definir as organizações *físicas* específicas que se supõe que os objetos ou eventos possuem ou que lhes são atribuídas em determinado momento. Regularidade – derivada da palavra latina *regula*, que significa regra – e ordem são, é claro, apenas o aspecto temporal e o aspecto espacial do mesmo tipo de relação entre elementos.

Com essa distinção em mente, podemos dizer que os seres humanos adquiriram a habilidade de criar organizações concretamente ordenadas que atendem às suas necessidades porque aprenderam a ordenar os estímulos sensoriais do ambiente circundante de acordo com vários princípios diferentes, reorganizações *que se sobrepõem à* ordem ou classificação realizada pelos sentidos e instintos. Ordenar, no sentido de classificar objetos e eventos, é um meio de recombiná-los ativamente para produzir resultados desejados.

Aprendemos a classificar objetos sobretudo por meio da linguagem, com a qual não apenas etiquetamos objetos de categorias conhecidas como especificamos *o que se deve considerar* como objetos ou eventos da mesma categoria ou de categorias diferentes. Por meio dos costumes, da moralidade e da lei, aprendemos também quais são os efeitos esperados de diferentes tipos de ação. Por exemplo, os valores ou preços desenvolvidos pela interação nos mercados provam-se meios sobrepostos adicionais de classificar tipos de ação de acordo com a importância que têm para uma ordem da qual o indivíduo é simplesmente um elemento em um todo que ele jamais criou.

É evidente que a ordem ampliada não surgiu toda de uma vez; o processo foi mais demorado e produziu uma variedade maior de formas do que poderia sugerir o fato de ter desembocado numa civilização global (levando talvez centenas de milhares de anos em vez de 5 mil ou 6 mil); e a ordem de mercado surge comparativamente tarde. As várias estruturas, tradições, instituições e outros componentes dessa ordem foram surgindo de maneira gradual, à medida que variações de modos de conduta habituais eram selecionadas. Essas novas regras se difundiriam não porque as pessoas compreenderam que eram mais eficientes e conseguiram calcular que levariam à expansão, mas apenas porque permitiram aos grupos que as praticavam procriarem com maior êxito e incluírem forasteiros.

Essa evolução ocorreu, portanto, por meio da difusão de novas práticas por um processo de transmissão de hábitos adquiridos que, embora diferente da evolução biológica em características importantes, é análogo a ela. Considerarei abaixo algumas das semelhanças e diferenças, mas pode-se mencionar aqui que a evolução biológica teria sido demasiado lenta para alterar ou substituir as reações inatas do homem no decorrer dos 10 mil ou 20 mil anos durante os quais a civilização se desenvolveu — sem falar que seria demasiado lenta para influenciar o número muito maior daqueles cujos ancestrais se juntaram ao processo há apenas algumas centenas de anos. Contudo, até onde sabemos, todos os grupos atualmente civilizados parecem possuir capacidade similar de adquirir a civilização pelo aprendizado de certas tradições. Assim, parece praticamente impossível que a civilização e a cultura sejam determinadas e transmitidas pela genética. Todos tiveram de aprendê-las igualmente por meio da tradição.

Que eu saiba, a primeira exposição clara dessas questões foi feita por A. M. Carr-Saunders, que escreveu que "os homens e os grupos são selecionados naturalmente com base nos costumes que praticam do mesmo modo como são selecionados com base no seu caráter mental e físico. Os grupos que praticam os costumes mais vantajosos terão vantagem na luta constante entre grupos adjacentes em relação àqueles que praticam costumes menos vantajosos" (1922:223, 302).

Carr-Saunders enfatizou, porém, antes a capacidade de reduzir que de aumentar a população. Para estudos mais recentes, ver Alland (1967); Farb (1968:13); Simpson, que definiu a cultura, em contraposição à biologia, como "o mais poderoso meio de adaptação" (in B. Campbell, 1972); Popper, que afirmou que "a evolução cultural prolonga a evolução genética por outros meios" (Popper e Eccles, 1977:48); e Durham (in Chagnon e Irons, 1979:19), que enfatiza o efeito de costumes e atributos específicos no aprimoramento da reprodução humana.

Essa substituição gradual das reações inatas por regras aprendidas foi distinguindo cada vez mais o homem dos outros animais, embora a propensão à ação instintiva de massa permaneça uma das várias características bestiais que o homem reteve (Trotter, 1916). Mesmo os ancestrais animais do homem já haviam adquirido certas tradições "culturais" antes de se tornarem anatomicamente modernos. Elas também ajudaram a moldar algumas sociedades animais, como aquelas entre as aves e os macacos, e provavelmente também entre muitos outros mamíferos (Bonner, 1980). Contudo, a transformação decisiva do animal em homem deveu-se a essas restrições às reações inatas determinadas pela cultura.

Embora as regras aprendidas, a que os indivíduos passaram a obedecer habitual e quase inconscientemente como instintos herdados, passassem a substituir estes cada vez mais, não podemos distingui-los com precisão, porque eles interagem de maneiras complexas. Práticas aprendidas na infância tornam-se partes tão integrantes da nossa personalidade quanto aquelas que já nos regiam quando começamos a aprender. Até algumas alterações estruturais do corpo humano ocorreram porque ajudavam o homem a tirar mais vantagens das oportunidades fornecidas pelos desenvolvimentos culturais. Tampouco é importante, para os nossos propósitos presentes, saber o quanto da estrutura abstrata a que chamamos mente é transmitido geneticamente e encarnado na estrutura física do nosso sistema nervoso central, ou até que ponto ela serve apenas de receptáculo que nos possibilita absorver a tradição cultural. Tanto os resultados da transmissão genética quanto da cultural podem ser chamados de tradições. O que é importante é que, com frequência, ambos conflitam conforme o que se relatou.

Nem mesmo a quase universalidade de certos atributos culturais prova que são geneticamente determinados. Talvez exista apenas um modo de satisfazer certas exigências para formar uma ordem ampliada — assim como o desenvolvimento de asas parece ser o único meio pelo qual organismos podem ser capazes de voar (as asas de insetos, aves e morcegos têm origem genética bastante diferente). Talvez também haja fundamentalmente apenas uma maneira de desenvolver uma língua fonética, de forma que a existência de certos atributos comuns entre todas as línguas não mostra, por si, que eles se devem a qualidades inatas.

DUAS MORALIDADES EM COOPERAÇÃO E CONFLITO

Apesar de a evolução cultural, assim como a civilização que ela criou, ter trazido diferenciação, individualização, riqueza crescente e grande expansão da espécie humana, seu advento gradual não foi, nem de longe, linear. Nós não livramos a nossa herança da horda cara a cara, tampouco se "ajustaram" inteiramente esses instintos à nossa ordem ampliada relativamente recente ou se tornaram inofensivos em virtude dela.

Contudo, não se deve negligenciar os benefícios duradouros de alguns instintos, inclusive o dom específico que permitiu que alguns outros modos instintivos fossem pelo menos em parte destituídos. Por exemplo, na época em que a cultura começou a destituir alguns modos de comportamento inatos, provavelmente a evolução genética também já havia dotado os indivíduos humanos de uma grande variedade de características que se ajustavam melhor do que aquelas de qualquer outro animal não doméstico aos vários nichos ambientais diferentes que o homem havia penetrado — e provavelmente isso foi assim antes mesmo de a crescente divisão de trabalho dentro desses grupos fornecer novas chances de sobrevivência a tipos especiais. Entre as mais proeminentes dessas características inatas que ajudaram a destituir outros instintos estava uma grande capacidade de aprender com os semelhantes, sobretudo por imitação. O prolongamento da infância e da adolescência, que contribuiu para essa capacidade, deve ter sido o último passo decisivo determinado pela evolução biológica.

Além disso, as estruturas da ordem ampliada são compostas não apenas por indivíduos, mas também por muitas subordens, com frequência imbricadas, dentro das quais as antigas reações instintivas, como a solidariedade e o altruísmo, continuam a reter alguma importância no auxílio da colaboração voluntária, ainda que sejam incapazes, por si, de criar a base para a ordem mais ampla. Parte da nossa dificuldade atual é que, para vivermos ao mesmo tempo dentro de diferentes tipos de ordem e de acordo com diferentes regras, temos de ajustar constantemente nossas vidas, nossos pensamentos e nossas emoções. Se aplicássemos sempre, inalteradas e irrestritas, as regras do microcosmo (isto é, o pequeno grupo ou horda, ou, digamos, nossa família) ao macrocosmo (nossa civilização global), como nossos instintos e anseios sentimentais nos incitam com frequência que desejemos, *nós o destruiríamos*. Contudo, se sempre aplicássemos as regras da ordem ampliada ao nossos grupamentos mais íntimos, *nós os suprimiríamos*. Assim, temos de aprender a viver em dois tipos de mundo ao mesmo tempo. Aplicar o nome de "sociedade" a ambos, ou mesmo a qualquer um deles, não tem praticamente nenhuma utilidade e pode levar a vários equívocos (ver capítulo 7).

Entretanto, apesar das vantagens que se seguem da nossa capacidade limitada de viver simultaneamente dentro de *duas* ordens de regras e de distinguir entre elas, não é nada fácil fazer nenhuma das duas coisas. De fato, muitas vezes nossos instintos ameaçam derrubar todo o edifício. O tema deste livro lembra, portanto, de certa forma, o de *O mal-estar na civilização* (1930), exceto pelo fato de que as minhas conclusões são muito diferentes das de Freud. De fato, o conflito entre aquilo de que o homem gosta instintivamente e as regras de conduta aprendidas que lhe permitiram expandir-se — conflito ativado pela disciplina das "tradições morais repressivas ou inibitórias", como as classifica D. T. Campbell — talvez seja o grande tema da história da civilização. Ao que parece, Colombo reconheceu de imediato que a vida dos "selvagens" que encontrou era mais gratificante para os instintos humanos inatos. E como argumentarei mais adiante, acredito que uma aspiração atávica à vida do nobre selvagem seja a principal fonte da tradição coletivista.

O HOMEM NATURAL NÃO SE ENCAIXA
NA ORDEM AMPLIADA

Não se pode esperar nem que as pessoas gostem de uma ordem ampliada que se contrapõe a alguns de seus mais fortes instintos nem que entendam prontamente que ela lhes traz os confortos materiais que também desejam. Essa ordem é mesmo "antinatural", no sentido comum de contrário aos predicados biológicos do homem. Muito do bem que o homem faz na ordem ampliada não é, pois, porque seja naturalmente bom; contudo, é tolo depreciar a civilização e considerá-la superficial por esse motivo. Ela é artificial apenas no mesmo sentido em que a maior parte dos nossos valores, nossa linguagem, nossa arte e nossa razão mesma são artificiais: nada disso está geneticamente embutido nas nossas estruturas biológicas. Porém, no sentido de que a ordem ampliada, assim como fenômenos biológicos similares, é perfeitamente natural, ela evoluiu gradualmente no curso da seleção natural (ver apêndice A).

Não obstante, é verdade que a maior parte das nossas vidas cotidianas, e o desempenho da maioria das ocupações, fornece pouca satisfação a arraigados desejos "altruístas" de fazer o bem visível. Ao contrário, com frequência, as práticas aceitas requerem que não façamos o que nossos instintos nos impelem a fazer. Não é tanto, como se sugere com frequência, emoção e razão que conflitam, mas antes instintos inatos e regras aprendidas. Contudo, como veremos, obedecer a essas regras aprendidas costuma ter o efeito de proporcionar mais benefício à comunidade em geral do que a maior parte das ações "altruístas" que indivíduos específicos poderiam realizar.

Uma marca reveladora de como se entende mal o princípio ordenador do mercado é a ideia comum de que "a cooperação é melhor que a competição". A cooperação, como a solidariedade, pressupõe uma grande medida de concordância quanto aos fins, bem como quanto aos métodos empregados em sua busca. Ela faz sentido em um grupo pequeno cujos membros compartilham hábitos específicos, conhecimentos e crenças sobre possibilidades. Mas não faz praticamente nenhum sentido quando o problema é adaptar-se a circunstâncias desconhecidas; contudo, é nesta adaptação ao desconhecido que repousa a coordenação dos esforços na ordem ampliada. A competição é um procedimento de descoberta que faz parte de toda evolução e que levou o homem a reagir inadvertidamente a situações novas; e por meio de mais competição, não de concordância, nós aumentamos gradualmente nossa eficiência.

Para operar de maneira benéfica, a competição requer que aqueles nela envolvidos observem regras em vez de recorrer à força física. Só as regras podem unificar uma ordem ampliada. (Fins comuns podem fazê-lo apenas durante uma emergência temporária que crie perigos comuns para todos. O "equivalente moral da guerra", oferecido para evocar a solidariedade, não passa de uma recaída a princípios mais rudimentares de coordenação.) Nem todos os fins buscados, ou meios utilizados, são, e nem precisam ser, conhecidos por alguém para que sejam levados em conta dentro de uma ordem espontânea. Esta ordem se desenvolve sozinha. As regras terem se tornado cada vez mais propícias a gerar ordem não aconteceu porque os homens passaram a entender melhor sua função, mas porque os grupos que prosperaram foram aqueles que as modificaram de maneira que as tornou cada vez mais adaptativas. Essa evolução não foi linear, mas resultado de um processo contínuo de tentativa e erro, de "experimentação" constante em arenas nas quais diferentes ordens rivalizavam. É claro que não houve intenção nenhuma de experimentar — contudo, as mudanças de regras ocasionadas por acidentes históricos, análogas a mutações genéticas, tiveram efeito algo parecido.

A evolução das regras não foi, nem de longe, desimpedida, uma vez que, em geral, os poderes que as executavam resistiam às mudanças que conflitavam com as concepções tradicionais daquilo que era certo ou justo em vez de favorecê-las. Por sua vez, em certas ocasiões, a imposição de regras recém-assimiladas cuja aceitação havia sido motivo de conflitos bloqueou o passo seguinte da evolução ou restringiu uma ampliação adicional da coordenação de esforços individuais. Raramente foi a autoridade coercitiva que iniciou ampliações de coordenação desse tipo, embora tenha de tempos em tempos difundido uma moralidade que já ganhara aceitação interna em um grupo dominante.

Tudo isso confirma que os sentimentos que pressionam contra as restrições da civilização são anacrônicos, adaptados ao tamanho e às condições de grupos do passado distante. Além do mais, se a civilização é resultado de graduais mudanças incômodas na moralidade, então, por mais que relutemos em aceitar isso, jamais conheceremos nenhum sistema de ética universalmente válido.

Seria errado concluir, entretanto, a partir estritamente de tais premissas evolutivas, que quaisquer regras que tenham se desenvolvido são sempre ou necessariamente conducentes à sobrevivência e ao aumento das populações que a elas obedecem. Precisamos mostrar, com a ajuda da análise econômica (ver capítulo 5), que regras que emergem espontaneamente tendem a promover a sobrevivência humana. Reconhecer que, em geral, elas tendem a ser selecionadas via competição pelo seu valor para a sobrevivência humana decerto não as protege de escrutínio crítico. Se por nenhuma outra razão, isso é assim porque acontece, com grande frequência, interferência coercitiva no processo de evolução cultural.

Contudo, a compreensão da evolução cultural sem dúvida tenderá a transferir o benefício da dúvida às regras estabelecidas e colocar o ônus da prova sobre aqueles que desejam reformá-las. Embora não possa provar a superioridade das instituições de mercado, o exame histórico e evolutivo da emergência do capitalismo (tal como o apresentado nos capítulos 2 e 3) ajuda a explicar como aconteceu a emergência dessas tradições produtivas, ainda que impopulares, e a profunda importância que têm para aqueles imersos na ordem ampliada. Antes, entretanto, quero remover do percurso que acabou de ser delineado um grande obstáculo, na forma de uma concepção equivocada amplamente partilhada a respeito da natureza da nossa capacidade de adotar práticas úteis.

A MENTE NÃO É UM GUIA, MAS UM PRODUTO DA EVOLUÇÃO CULTURAL, E SE BASEIA MAIS NA IMITAÇÃO QUE NA PERCEPÇÃO OU NA RAZÃO

Citamos a capacidade de aprender por imitação como um dos benefícios primários conferidos durante o nosso longo desenvolvimento instintivo. De fato, além das reações inatas, talvez a capacidade mais importante de que o indivíduo humano é geneticamente dotado seja a de adquirir habilidades por meio do aprendizado em grande medida imitativo. Em vista disso, é importante evitar, desde o início, uma ideia que se origina daquilo que chamo de a "presunção fatal": a de que a capacidade de adquirir habilidades se origina da razão. Pois é o inverso: nossa razão, assim como a nossa moralidade, é resultado de um processo de seleção evolutiva. Ela se origina, porém, de um desdobramento algo separado, de modo que não se deve jamais supor que a razão está na posição crítica mais elevada e que só são válidas as posições morais que ela endossa.

Examinarei essas questões em capítulos subsequentes, mas uma antecipação das minhas conclusões vem a calhar aqui. O título do presente capítulo, "Entre o instinto e a razão", deve ser tomado literalmente. Quero chamar atenção para o que está de fato *entre* o instinto e a razão e que, por isso, costuma ser negligenciado, uma vez que se supõe com frequência que não há nada entre os dois. Isto é, eu estou preocupado sobretudo com a evolução cultural e moral, evolução da ordem ampliada, que, por um lado (como acabamos de ver), ultrapassa os instintos e com frequência se opõe a eles e que, por outro, a razão não é capaz de criar nem de planejar.

Meus pontos de vista, alguns dos quais já foram delineados anteriormente (1952/79, 1973, 1976, 1979), podem ser resumidos de maneira simples. Aprender como se comportar é antes a *fonte* que o *resultado* da percepção, da razão e do discernimento. O homem não nasce sábio, racional e bom, mas tem de aprender a tornar-se assim. Não foi nosso intelecto que criou a nossa moralidade; antes, as interações humanas regidas pela nossa moralidade tornaram possível o desenvolvimento da razão e das capacidades a ela associadas. O homem tornou-se inteligente porque havia a *tradição* — aquilo que está entre o instinto e a razão — para que ele aprendesse. Essa tradição, por sua vez, não se originou da capacidade de interpretar fatos observados racionalmente, mas de hábitos de reação. Originalmente, ela revelava ao homem antes o que ele devia ou não devia fazer sob certas condições do que o que devia esperar que acontecesse.

Assim, confesso que sempre tenho de rir quando livros sobre evolução, mesmo aqueles escritos por grandes cientistas, terminam, como ocorre com frequência, com exortações que, embora aceitem que tudo se desenvolveu até o momento por um processo de ordem espontânea, convocam a razão humana — agora que as coisas se tornaram tão complexas — a agarrar as rédeas e controlar o desenvolvimento futuro. Esse tipo de ilusão é encorajado pelo que classifiquei, em outro lugar, de "racionalismo construtivista" (1973), que afeta boa parte do pensamento científico e que se tornou bastante explícito no título de um livro enormemente bem-sucedido de um antropólogo social famoso, *O homem faz-se a si próprio* (Gordon Childe, 1936), título que foi adotado por muitos socialistas como uma espécie de grito de guerra (Heilbroner, 1970:106). Essas suposições incluem a ideia anticientífica e mesmo animista de que, em algum ponto da evolução, a mente ou alma humana racional entrou no corpo humano e se tornou um novo guia ativo dos desenvolvimentos culturais ulteriores (em vez de, como de fato aconteceu, esse corpo ter adquirido gradativamente a capacidade de absorver princípios extremamente complexos que lhe permitiram movimentar-se com mais êxito em seu próprio ambiente). Essa ideia de que a evolução cultural é totalmente posterior à evolução biológica ou genética desconsidera a parte mais importante do processo evolutivo, aquela na qual a própria razão se desenvolveu. A ideia de que a razão, ela própria criada no curso da evolução, agora está na posição de determinar sua própria evolução futura (para não mencionar numerosas outras coisas que ela também é incapaz de fazer) é inerentemente contraditória e pode ser prontamente refutada (ver capítulos 5 e 6). É menos exato supor que pessoas pensantes criam e controlam a própria evolução cultural do que é afirmar que a cultura e a evolução criaram sua razão. Seja como for, a ideia de que, em algum ponto, o planejamento consciente deu um passo à frente e destituiu a evolução é substituir a explicação científica por um postulado virtualmente sobrenatural. No que concerne à descrição científica, não foi o que conhecemos como mente que desenvolveu a civilização e muito menos dirigiu sua evolução, mas antes a mente e a civilização que se desenvolveram ou evoluíram concomitantemente. O que chamamos de mente não é algo com que o indivíduo nasce — como nasce com o cérebro — ou que o cérebro produz, mas algo que seu equipamento genético (por exemplo, um cérebro de certo tamanho e estrutura) o ajuda a receber, à medida que cresce, da sua família e dos adultos mediante a absorção de uma tradição que não é transmitida geneticamente. A mente, nesse sentido, consiste menos em conhecimento verificável sobre o mundo, menos em interpretações sobre os arredores do homem, e mais na capacidade de restringir os instintos — capacidade esta que não pode ser testada na razão individual, uma vez que seus efeitos estão no grupo. Moldada pelo ambiente em que os indivíduos crescem, a mente, por seu turno, condiciona a preservação, o desenvolvimento, a riqueza e a variedade das tradições de que os indivíduos sugam. Uma vez que é transmitida em grande medida pela família, a mente preserva a multiplicidade de fluxos concomitantes nos quais cada recém-chegado pode imergir. Pode-se até questionar se o indivíduo que não teve a oportunidade de beber de tal tradição cultural possui uma mente.

Assim como o instinto é mais antigo que os costumes e a tradição, estes são mais antigos que a razão: os costumes e a tradição estão *entre* o instinto e a razão — lógica, psicológica e temporalmente. Eles não se devem nem ao que às vezes se chama de inconsciente, nem à intuição, nem à compreensão racional. Embora eles se baseiem, em certo sentido, na experiência humana pelo fato de terem sido moldados no curso da evolução cultural, não foi a extração de conclusões racionais a partir de certos fatos, nem a consciência de que as coisas se comportavam de determinada maneira, que os originou. Embora regidos na nossa conduta pelo que aprendemos, nós com frequência não sabemos por que fazemos o que fazemos. Costumes e regras morais aprendidos destituíram progressivamente reações inatas, não porque as pessoas tenham percebido, por meio da razão, que eram melhores, mas porque tornaram possível o crescimento de uma ordem ampliada que supera a concepção de qualquer um, na qual a colaboração mais efetiva permitiu àqueles que estavam no seu seio, ainda que cegamente, manter mais pessoas e desalojar outros grupos.

O MECANISMO DA EVOLUÇÃO CULTURAL NÃO É DARWINIANO

Somos levados pelo nosso argumento a considerar mais detidamente a relação entre a teoria da evolução e o desenvolvimento da cultura. Trata-se de um tema que levanta várias questões interessantes, para muitas das quais a economia fornece uma porta de entrada que poucas disciplinas oferecem.

Há, entretanto, grande confusão sobre o tema, a respeito da qual precisamos tratar, ainda que apenas para alertar ao leitor de que não pretendemos repeti-la aqui. O darwinismo social, em particular, partiu da suposição de que todo investigador da evolução da cultura humana tem de ir à escola com Darwin. É um engano. Tenho a maior admiração por Charles Darwin por ter sido o primeiro a ter êxito na elaboração de uma teoria da evolução coerente (ainda que incompleta) em qualquer campo. Contudo, seus meticulosos esforços para ilustrar como o processo de evolução operava nos organismos vivos convenceram a comunidade científica do que era lugar-comum nas humanidades havia muito tempo — pelo menos desde 1787, quando sir William Jones reconheceu a assombrosa semelhança do latim e do grego com o sânscrito e a descendência deste de todas as línguas "indo-germânicas". Esse exemplo nos lembra de que a teoria darwinista ou biológica da evolução não foi nem a primeira nem a única do gênero, e é em verdade inteiramente distinta e algo diferente de outras descrições evolutivas. A ideia da evolução biológica origina-se do estudo dos processos de evolução cultural que já haviam sido reconhecidos antes: processos que levam ao desenvolvimento de instituições como a língua (como na obra de Jones), o direito, a moralidade, os mercados e o dinheiro.

> Assim, talvez o principal erro da "sociobiologia" contemporânea seja supor que a língua, o direito, a moralidade e similares são transmitidos por processos "genéticos" que a biologia molecular agora está esclarecendo, em vez de serem produtos de evolução seletiva transmitidos por aprendizado imitativo. Essa ideia é tão errada – embora na outra ponta do espectro – quanto a de que o homem inventou ou planejou conscientemente instituições como a língua, o direito, a moralidade e o dinheiro e, portanto, pode aprimorá-las como bem entender – ideia que é remanescente da superstição que a teoria da evolução teve de combater na biologia: a saber, que onde quer que encontremos ordem tem de haver um ordenador pessoal. Aqui, novamente, descobrimos que a descrição exata está *entre* o instinto e a razão.

ENTRE O INSTINTO E A RAZÃO

Não somente a ideia da evolução é mais antiga nas humanidades e nas ciências sociais que nas ciências naturais como eu poderia argumentar até que Darwin chegou às ideias básicas da evolução por meio da economia. Descobrimos por meio dos seus cadernos que ele estava lendo Adam Smith em 1838, exatamente quando formulava sua própria teoria (ver apêndice A e nota abaixo*). Seja como for, a obra de Darwin foi precedida por décadas, aliás, por um século de pesquisas concernentes à ascensão de ordens espontâneas altamente complexas por meio de um processo de evolução. Mesmo palavras como "genético" e "genética", que se tornaram hoje termos técnicos da biologia, não foram de modo algum inventadas por biólogos. A primeira pessoa, que eu saiba, a falar de desenvolvimento genético foi o filósofo e historiador cultural alemão Herder. Encontramos a ideia novamente em Wieland e mais uma vez em Humboldt. Assim, a biologia moderna tomou emprestado o conceito de evolução de estudos da cultura de linhagem mais antiga. Se isso é em certo sentido bem conhecido, também é quase sempre esquecido.

Evidentemente, a teoria da evolução cultural (às vezes definida também como evolução psicossocial, superorgânica ou exossomática) e a teoria da evolução biológica, embora análogas em alguns aspectos importantes, não são idênticas. Aliás, com frequência elas partem de suposições bastante diferentes. A evolução cultural, como declarou com exatidão Julian Huxley, é "um processo radicalmente diferente da

---

* Ver Howard E. Gruber, *Darwin on Man: A Psychological Study of Scientific Creativity*, ao lado de *Darwin's Early and Unpublished Notebooks*, transcritos e anotados por Paul H. Barrett (Nova York: E. P. Dutton & Co., Inc., 1974), pp. 13, 57, 302, 305, 321, 360, 380. Em 1838, Darwin leu os *Essays on Philosophical Subjects* de Smith, que continham o "Relato sobre a vida e os escritos do autor" de Dugald Stewart (Londres: Cadell and Davies, 1795, pp. xxvi-xxvii), a respeito do qual o biólogo observou que o havia lido e que "valeu a pena ler, pois forneceu um resumo das concepções de Smith". Em 1839, Darwin leu a *Teoria dos sentimentos morais* de Smith [*The Theory of Moral Sentiments; or, An Essay Towards an Analysis of the Principles by which Men Naturally judge concerning the Conduct and Character, first of their Neighbours, and afterwards of themselves, to which is added, A Dissertation on the Origin of Languages*, 10th ed., 2 vols. (Londres: Cadell & Davies, 1804)]. Não parece haver evidências de que Darwin tenha lido *A riqueza das nações*. (Nota do editor americano.)

evolução biológica, que tem suas próprias leis, seus próprios mecanismos e suas próprias modalidades e não pode ser explicado em bases puramente biológicas" (Huxley, 1947). Apenas para mencionar algumas diferenças importantes: embora a teoria biológica exclua atualmente a herança de características adquiridas, todo desenvolvimento cultural repousa nessa herança — características na forma de regras que guiam as relações mútuas entre os indivíduos, que não são inatas, mas aprendidas. Para fazer referência a termos usados hoje na discussão biológica, a evolução cultural *estimula* o lamarckismo (Popper, 1972). *Além disso*, a evolução cultural se realiza por meio da transmissão de hábitos e informações não apenas dos pais físicos do indivíduo, mas de um número indefinido de "ancestrais". Os processos que promovem a transmissão e a difusão das propriedades culturais pelo aprendizado também, como já observado, tornam a evolução cultural incomparavelmente mais rápida que a evolução biológica. Enfim, a evolução cultural ocorre, em grande medida, por meio da seleção grupal; se a seleção grupal também opera na evolução biológica continua uma questão em aberto — da qual meu argumento não depende (Edelman, 1987; Ghiselin, 1969:57-9, 132-3; Hardy, 1965:153ss., 206; Mayr, 1970:114; Medawar, 1983:134-5; Ruse, 1982:190-5, 203-6, 235-6).

É equivocada a afirmação de Bonner (1980:10) de que a cultura "é tão biológica quanto qualquer outra função de um organismo, como por exemplo a respiração ou a locomoção". Classificar de "biológica" a formação da tradição da linguagem, da moralidade, das leis, do dinheiro, mesmo da mente, é um abuso da linguagem e uma incompreensão da teoria. Nossa herança genética pode determinar o que somos capazes de aprender, mas certamente não que tradição há a aprender. O que há a aprender não é sequer produto do cérebro humano. O que não é transmitido pelos genes não é um fenômeno biológico.

Apesar de tais diferenças, toda evolução, tanto cultural quanto biológica, é um processo de adaptação contínua a eventos imprevisíveis, a circunstâncias contingentes que não poderiam ter sido antecipadas. Essa é outra razão pela qual a teoria da evolução jamais pode nos colocar na posição de prever e controlar racionalmente a evolução futura. Só o que ela pode fazer é mostrar de que maneira estruturas complexas carregam em si um meio de correção que leva a desdobramentos evolutivos adicionais que são, porém, de acordo com sua natureza mesma, inevitavelmente imprevisíveis.

Após ter mencionado várias diferenças entre a evolução biológica e a cultural, devo enfatizar que em um aspecto importante elas estão de acordo: nem a evolução biológica nem a evolução cultural conhecem nada semelhante a "leis da evolução" ou "leis inevitáveis do desenvolvimento histórico" no sentido de leis que regem estágios ou fases necessários pelos quais os produtos da evolução devem passar e que permitem a previsão de desenvolvimentos futuros. A evolução cultural não é determinada nem pela genética nem por nenhum outro fator, e seus resultados são a diversidade, não a uniformidade. Filósofos como Marx e Auguste Comte, que argumentaram que nossas pesquisas podem levar a leis evolutivas que nos permitam prever desenvolvimentos futuros inevitáveis, estão enganados. No passado, abordagens evolutivas à ética foram desacreditadas sobretudo porque relacionava-se erroneamente a evolução a tais supostas "leis de evolução", ao passo que na verdade a teoria da evolução deve repudiar enfaticamente leis semelhantes, pois são impossíveis. Como mostrei em outro lugar (1952), fenômenos complexos estão confinados ao que eu chamo de previsão do modelo ou previsões do princípio.

Uma das principais fontes desse mal-entendido específico é a confusão entre dois processos completamente diferentes que os biólogos distinguem como *ontogenéticos* e *filogenéticos*. A ontogênese relaciona-se ao desenvolvimento predeterminado de indivíduos, algo de fato estabelecido por mecanismos inerentes embutidos no genoma da célula germinativa. Em contraste, a filogênese — que é o que concerne à evolução — lida com a história evolutiva da espécie ou tipo. Apesar de os biólogos estarem, em geral, protegidos de confundir esses dois pela sua formação, estudiosos de temas estranhos à biologia com frequência se tornam vítimas da própria ignorância e são levados a crenças "historicistas" que implicam que a filogênese opera do mesmo modo que a ontogênese. Essas ideias historicistas foram refutadas eficazmente por sir Karl Popper (1945, 1957).

A evolução cultural e a biológica compartilham ainda outros aspectos. Por exemplo, ambas repousam sobre o mesmo princípio de seleção:

sobrevivência ou vantagem reprodutiva. Variação, adaptação e competição são em essência o mesmo tipo de processo, por mais diferentes que sejam seus mecanismos específicos, particularmente aqueles que se referem à propagação. Não apenas toda a evolução repousa sobre a competição; a competição continuada é necessária até para preservar as conquistas existentes.

Embora eu deseje que a teoria da evolução seja vista no seu amplo contexto histórico, que se compreendam as diferenças entre a evolução biológica e a cultural e que se reconheça a contribuição das ciências sociais para o nosso conhecimento da evolução, não quero contestar que o desdobramento da teoria da evolução biológica de Darwin, em todas as suas ramificações, é uma das grandes conquistas intelectuais dos tempos modernos — que nos dá uma visão completamente nova do mundo. Sua universalidade como meio de explicação também se expressa nas obras recentes de alguns físicos notáveis, que mostram que a ideia da evolução não está de maneira alguma limitada aos organismos, mas antes que ela já se inicia, em certo sentido, com os átomos, que se desenvolvem a partir de partículas mais elementares, e que podemos explicar assim as moléculas, os organismos complexos mais primitivos e mesmo o complexo mundo moderno por meio de vários processos de evolução (ver apêndice A).

Ninguém que adote uma abordagem evolutiva para o estudo da cultura pode, entretanto, deixar de estar ciente da hostilidade de que esse tipo de perspectiva costuma ser vítima — hostilidade esta que se origina, muitas vezes, de reações dos mesmos "cientistas sociais" que precisaram de Darwin, no século xix, para reconhecer o que deveriam ter aprendido de seus próprios predecessores, e que prestaram um desserviço duradouro ao avanço da teoria da evolução cultural, a qual aliás levaram ao descrédito.

O darwinismo social está errado em muitos aspectos, mas a intensa antipatia que se tem dele atualmente também se deve, em parte, ao fato de entrar em conflito com a presunção fatal de que o homem é capaz de moldar o mundo à sua volta de acordo com seus desejos. Apesar de também não terem nada a ver com a teoria da evolução compreendida corretamente, muitos estudiosos construtivistas das humanidades usam as incorreções (e os equívocos claros) do darwinismo social como pretexto para rejeitar completamente toda abordagem evolutiva.

Bertrand Russell fornece um bom exemplo ao afirmar que "se a ética evolutiva fosse válida, nós teríamos de ser totalmente indiferentes a qual poderia ser o curso da evolução, uma vez que qualquer que fosse se provaria, como resultado de ter sido, o melhor" (1910/1966:24). Esta objeção, que A. G. N. Flew (1967:48) considera "decisiva", repousa em um simples mal-entendido. Não tenho a menor intenção de cometer o que se costuma chamar de falácia genética ou naturalista. Não alego que os resultados da seleção grupal de tradições são necessariamente "bons" — assim como não alego que outras coisas que sobrevivem há muito tempo no curso da evolução, como as baratas, têm valor moral.

O que eu alego é que, gostemos ou não disso, sem as tradições específicas que mencionei, a ordem ampliada da civilização não poderia continuar a existir (ao passo que, se desaparecessem as baratas, o "desastre" ecológico resultante talvez não causasse nenhum estrago permanente para a espécie humana); e que, se descartarmos essas tradições com base em ideias equivocadas (que podem de fato cometer genuinamente a falácia naturalista) do que é ser racional, condenaremos uma grande parte da espécie humana à pobreza e à morte. Só quando encararmos plenamente esses fatos é que teremos o direito — e existe a probabilidade de que tenhamos alguma competência para isso — de considerar o que pode ser a coisa boa e correta a fazer.

Embora os fatos, sozinhos, jamais sejam capazes de determinar o que é certo, ideias equivocadas do que é racional, certo e bom podem mudar os fatos e as circunstâncias em que vivemos; podem destruir, talvez para sempre, não apenas os indivíduos, os edifícios, a arte e as cidades (que há muito sabemos que são vulneráveis aos poderes destrutivos de moralidades e ideologias de vários tipos) que se desenvolveram, mas também as tradições, instituições e inter-relações sem as quais tais criações dificilmente teriam vindo a existir e jamais poderiam ser recriadas.

2
As origens da liberdade, da propriedade e da justiça

> Ninguém é livre para atacar a propriedade separada e dizer que valoriza a civilização. A história das duas não pode ser desvencilhada.
>
> **HENRY SUMNER MAINE**

> A propriedade ... é inseparável da economia humana na sua forma social.
>
> **CARL MENGER**

> Os homens se qualificam a ter liberdades civis na proporção exata da sua disposição de atar grilhões morais aos seus apetites: na proporção em que seu amor pela justiça está acima da sua ganância.
>
> **EDMUND BURKE**

A LIBERDADE E A ORDEM AMPLIADA

SE FORAM A MORALIDADE E A TRADIÇÃO, E NÃO A inteligência e o cálculo racional, que elevaram o homem acima dos selvagens, os fundamentos distintivos da civilização moderna foram assentados na Antiguidade, na região ao redor do mar Mediterrâneo. Lá, possibilidades de comércio a longas distâncias deram vantagem às comunidades a cujos indivíduos se permitia fazer uso livre do próprio conhecimento individual sobre aquelas nas quais o conhecimento comum local, ou o de um governante, determinava as atividades de todos. Até onde sabemos, a região do Mediterrâneo foi a primeira a ver a aceitação do direito de uma pessoa de dispor de um domínio privado reconhecido, o que permitia assim aos indivíduos desenvolver uma densa rede de relações comerciais entre diferentes comunidades. Tal rede funcionava de modo independente das opiniões e dos desejos dos chefes locais, pois o movimento dos comerciantes navais dificilmente poderia ser dirigido por um poder central naquele tempo. Se podemos aceitar o relato de uma autoridade respeitadíssima (e que sem dúvida não tem o menor viés a favor da ordem de mercado), "o mundo greco-romano foi, essencialmente, de posse privada, seja de alguns acres ou dos enormes domínios dos senadores e imperadores romanos; um mundo de comércio e manufatura privados" (Finley, 1973:29).

Essa ordem, servindo a uma multiplicidade de propósitos privados, só poderia de fato ter sido criada com base no que prefiro chamar de *propriedade separada*, que é a expressão mais precisa de H. S. Maine para aquilo que geralmente se define como propriedade privada. Se a propriedade separada é o âmago da moralidade de toda civilização avançada, os gregos antigos parecem ter sido os primeiros a compreender que ela é também inseparável da liberdade individual. Relata-se que os criadores da constituição de Creta davam por pressuposto que a liberdade é o bem supremo de um Estado e, por esta única razão, fizeram com que a propriedade pertencesse especificamente àqueles que a adquirem, ao passo que "numa condição de escravidão, tudo pertence aos governantes" (Estrabão, p. 4, 10, 16).

Um aspecto importante <u>dessa</u> liberdade — a liberdade da parte de diferentes indivíduos ou subgrupos de buscar objetivos distintos, guiados por seus conhecimentos e talentos diferentes — tornou-se possível não apenas pelo controle separado de vários meios de produção, mas também por outra prática, virtualmente inseparável da primeira: o reconhecimento dos métodos aprovados de transferência desse controle. A capacidade do indivíduo de decidir por conta própria como usar coisas específicas, sendo guiado por seu próprio conhecimento e por suas próprias expectativas, assim como pelos daqueles de qualquer grupo a que pudesse se unir, depende do reconhecimento geral de uma esfera privada respeitada, da qual o indivíduo é livre para dispor, e de um meio igualmente reconhecido de transferir o direito a coisas particulares de uma pessoa a outra. O pré-requisito para a existência de tal propriedade, liberdade e ordem, da época dos gregos aos dias atuais, é o mesmo: a lei, no sentido de regras abstratas que permitem a todo indivíduo apurar a qualquer momento quem está autorizado a dispor de alguma coisa específica.

Com relação a certos objetos, a ideia de propriedade privada deve ter aparecido bem cedo, e as primeiras ferramentas artesanais talvez sejam um exemplo adequado. O apego a uma ferramenta ou arma única e altamente útil por parte de quem a construiu pode, no entanto, ser tão forte que a transferência se torna, psicologicamente, difícil a ponto de o instrumento dever acompanhá-lo até o túmulo — como nos *tholos* ou tumbas em forma de colmeia do período micênico. Aqui aparece a fusão do inventor com o "proprietário legítimo" e, com ela, numerosas elaborações da ideia básica, às vezes acompanhada também por uma lenda, como na história posterior de Artur e sua espada Excalibur — história na qual a transferência da espada se deu *não pela* lei humana, mas por uma lei "superior" de magia ou "das potências".

A ampliação e o refinamento do conceito de propriedade foram, como indicam esses exemplos, processos necessariamente graduais, que mesmo hoje não estão concluídos. Esse conceito não poderia ainda ter tido muita importância para os bandos nômades de caçadores e coletores, entre os quais o descobridor de uma fonte de alimentos ou local de abrigo era obrigado a revelar seu achado aos companheiros. É provável que as primeiras ferramentas duráveis fabricadas individualmente tenham se tornado atreladas àqueles que as haviam fabricado porque eram os únicos capazes de usá-las — e aqui, mais uma vez, a história de Artur e Excalibur é apropriada, pois, embora o rei não tenha fabricado a espada, ele era o único capaz de manejá-la. A propriedade separada de bens perecíveis, por outro lado, talvez só tenha aparecido mais tarde, à medida que a solidariedade do grupo enfraquecia e os indivíduos se tornavam responsáveis por grupos mais restritos, como a família. Provavelmente, a necessidade de manter intactas terras manipuláveis levou, pouco a pouco, da propriedade grupal à propriedade individual de terras.

Não é, porém, muito útil especular sobre a sequência específica desses desdobramentos, pois é provável que tenham diferido consideravelmente entre os povos que continuaram com as hordas nômades e aqueles que desenvolveram a agricultura. O ponto crucial é que o desenvolvimento prévio da propriedade separada é indispensável para o desenvolvimento do comércio e, por consequência, para a formação de estruturas maiores coerentes e cooperativas e para o aparecimento daqueles sinais a que chamamos preços. Se indivíduos, clãs ou grupamentos voluntários de indivíduos eram reconhecidos como proprietários de objetos específicos é menos importante do que o fato de ter sido dada a todos permissão de escolher quais indivíduos determinariam que uso se deveria dar à sua propriedade. Também terão se desenvolvido, em especial com relação à terra, arranjos como a divisão "vertical" dos direitos de propriedade entre donos superiores e inferiores, ou donos últimos e arrendatários, tais como foram usados nos desenvolvimentos de propriedades modernas, e dos quais se poderia talvez fazer mais uso hoje do que permitem algumas concepções mais primitivas de propriedade.

Tampouco se deve pensar nas tribos como o tronco a partir do qual começou a evolução cultural; elas são, antes, seu produto inicial. Estes grupos "iniciais" coerentes compartilhavam ancestrais e práticas comunitárias com outros grupos e indivíduos que não necessariamente conheciam (como se discutirá no próximo capítulo). Logo, não é possível afirmar quando as tribos apareceram como preservadoras de tradições compartilhadas e a evolução cultural começou. Contudo, de algum modo, ainda que lentamente, ainda que marcada por contratempos, a cooperação ordenada se ampliou e fins comuns concretos foram substituídos por regras de conduta abstratas, gerais e independentes de fins.

A HERANÇA CLÁSSICA DA CIVILIZAÇÃO EUROPEIA

Também parecem ter sido os gregos, e especificamente os filósofos estoicos, com sua perspectiva clássica, os primeiros a formular a tradição moral que mais tarde os romanos propagaram pelo seu império. Que esta tradição gerou grande resistência já sabemos e testemunharemos de novo repetidamente. Na Grécia foram, é claro, sobretudo os espartanos, que não reconheciam a propriedade individual mas permitiam e mesmo encorajavam o roubo, os que mais fortemente resistiram à revolução comercial. Eles permaneceram, para o nosso tempo, o protótipo dos selvagens que rejeitam a civilização (para visões representativas do século XVIII a respeito deles, veja a do dr. Samuel Johnson em *The Life of Samuel Johnson*, de James Boswell, ou a de Friedrich Schiller no ensaio *Uber die Gesetzgebung des Lykurgos and Solon*). Contudo, já em Platão e Aristóteles encontra-se uma aspiração nostálgica, que persiste até o presente, ao retorno à prática espartana. É a ânsia de uma micro-ordem determinada pela visão de mundo de uma autoridade onisciente.

É verdade que, por algum tempo, as grandes comunidades comerciais que haviam surgido no Mediterrâneo foram protegidas precariamente contra saqueadores pelos ainda mais marciais romanos, que, como nos informa Cícero, só conseguiram dominar a região subjugando os centros comerciais mais avançados de Corinto e Cartago, que haviam sacrificado a proeza militar pela *mercandi et navigandi cupiditas** (*De re publica*, p. 2, 7-10). Mas durante os últimos anos da República e os primeiros séculos do Império, governada por um Senado cujos membros estavam profundamente envolvidos em participações comerciais, Roma deu ao mundo o protótipo de direito privado baseado na mais absoluta concepção de propriedade separada. O declínio e o colapso final dessa primeira ordem ampliada veio apenas quando a administração central de Roma começou a destituir cada vez mais a livre iniciativa. Essa sequência se repetiu várias vezes: a civilização pode se difundir, mas não é provável que avance muito sob direção de um governo que toma dos cidadãos a direção das questões cotidianas. Também parece que nenhuma civilização avançada se desenvolveu sem um governo que via como seu principal objetivo a proteção da propriedade privada, mas que repetidamente a evolução e o crescimento ulteriores a que isso deu origem foram interrompidos por um governo "forte". Governos com força suficiente para proteger os indivíduos contra a violência de seus semelhantes tornam possível a evolução de uma ordem cada vez mais complexa de cooperação voluntária e espontânea. Mais cedo ou mais tarde, entretanto, tendem a abusar desse poder e suprimir a liberdade que antes haviam assegurado para impor sua sabedoria presumidamente maior e não permitir que "as instituições sociais se desenvolvam ao

---

* "Cobiça do comércio e da navegação." (N. do T.)

acaso" (para empregar uma característica expressão que se encontra no verbete "engenharia social" do *Fontana/Harper Dictionary of Modern Thought* (1977) [Dicionário do pensamento moderno Fontana/Harper]).

Se mesmo o declínio dos romanos não freou de modo permanente o processo de evolução na Europa, na Ásia (e depois, de maneira independente, na Mesoamérica) inícios similares foram abortados por governos poderosos (similares, mas com mais poder que os sistemas feudais medievais na Europa) que também suprimiram efetivamente a iniciativa privada. No caso mais notável, o da China imperial, ocorreram grandes avanços em direção à civilização e à tecnologia industrial sofisticada durante "épocas problemáticas" em que o controle governamental foi por certo tempo enfraquecido. Mas essas rebeliões ou aberrações foram regularmente sufocadas pelo poder de um Estado preocupado com a preservação literal da ordem tradicional (J. Needham, 1954).

Isto também é bem ilustrado pelo Egito, onde temos bastante informação de qualidade sobre o papel que a propriedade privada desempenhou na ascensão inicial dessa grande civilização. No estudo das instituições e do direito privado do Egito, Jacques Pirenne descreve o caráter essencialmente individualista do direito no final da terceira dinastia, quando a propriedade era "individual e inviolável, dependendo por inteiro do proprietário" (Pirenne, 1934:11, 338-9), mas registra o início da sua decadência já durante a quinta dinastia. Isto levou ao socialismo de estado da oitava dinastia descrito em outra obra francesa da mesma época (Dairaines, 1934), que prevaleceu pelos 2 mil anos seguintes e explica em grande medida o caráter estagnado da civilização egípcia nesse período.

Do mesmo modo, pode-se afirmar que a expansão do capitalismo, que ocorreu com o reflorescimento da civilização na Europa durante a Baixa Idade Média, deve sua origem e *raison d'être* à anarquia política (Baechler, 1975:77). Não foi nos governos mais poderosos, mas nas cidades da Renascença italiana, do Sul da Alemanha e dos Países Baixos e, finalmente, na Inglaterra governada com mão leve — isto é, sob governo da burguesia, não dos guerreiros — que o industrialismo moderno se desenvolveu. A proteção à propriedade separada, não o controle do seu uso pelo governo, estabeleceu os fundamentos para o crescimento da densa rede de intercâmbio de serviços que moldou a ordem ampliada.

Nada é mais enganoso, portanto, do que as fórmulas convencionais dos historiadores que representam as conquistas de um Estado poderoso como a culminação da evolução cultural: com a mesma frequência elas marcaram seu fim. Com relação a isso, os estudiosos de história primitiva ficam muito impressionados e iludidos com os monumentos e documentos deixados pelos detentores de poder político, ao passo que os verdadeiros construtores da ordem ampliada, que quase sempre criaram a riqueza que tornou os monumentos possíveis, deixaram testemunhos menos tangíveis e ostensivos de seus feitos.

"ONDE NÃO HÁ PROPRIEDADE NÃO HÁ JUSTIÇA"

Nem mesmo os argutos observadores da ordem ampliada emergente tinham muita dúvida de que ela se enraizava na segurança, garantida pelos governos, que limitava a coerção à imposição de regras abstratas que determinam o que pertence a quem. O "individualismo possessivo" de John Locke, por exemplo, não era apenas uma teoria política, mas o produto da análise das condições às quais a Inglaterra e a Holanda deviam sua prosperidade. Baseava-se na percepção de que a *justiça* que a autoridade política deve fazer cumprir, se quiser assegurar a cooperação pacífica entre os indivíduos sobre a qual repousa a prosperidade, não pode existir sem o reconhecimento da propriedade privada: "'Onde não há propriedade não há justiça' é uma proposição tão exata quanto qualquer demonstração de Euclides — com a ideia de prosperidade sendo o direito a alguma coisa e a ideia a que se dá o nome de injustiça, a invasão ou violação desse direito; é evidente que uma vez essas ideias sendo assim demonstradas, e esses nomes atribuídos a elas, posso saber com tanta certeza que essa proposição é verdadeira quanto a de que a soma dos ângulos de um triângulo é igual a dois ângulos retos." (John Locke: 1690/1924:IV, iii, 18) Pouco depois, Montesquieu deu a conhecer sua mensagem de que fora o comércio que difundira a civilização e as boas maneiras entre os bárbaros do Norte da Europa.

Para David Hume e outros moralistas e teóricos escoceses do século XVIII, era evidente que a adoção da propriedade separada marcava o início da civilização; regras que regulam a propriedade pareceram tão centrais para toda a moralidade, que Hume devotou a maior parte do seu *Tratado* sobre o tema a elas. Foi às restrições ao poder governamental de interferir na propriedade que ele, mais tarde, na sua *História da Inglaterra* (Vol. v), atribuiu a grandeza daquele país; e no próprio *Tratado* (III, ii) ele explicou claramente que se a espécie humana executasse uma lei que, em vez de estabelecer regras gerais regendo a posse e o intercâmbio de propriedades, "concedesse as maiores possessões à virtude mais ampla, ... tão grande é a incerteza do mérito, tanto por causa da obscuridade natural quanto da presunção de todos os indivíduos, que nenhuma regra de conduta determinada jamais se seguiria a isso, e a dissolução total da sociedade seria a consequência imediata". Mais tarde, na *Investigação*, ele observou: "Os fanáticos podem supor que *o domínio se funda na graça e que apenas os santos herdam a terra*; mas o magistrado civil, com grande justiça, coloca esses teóricos sublimes no mesmo pé dos ladrões comuns e lhes ensina, por meio da disciplina severa, que uma regra que, em especulação, pode parecer a mais vantajosa para a sociedade pode, entretanto, revelar-se, na prática, totalmente perniciosa e destrutiva." (1777/1886:IV, 187)

Hume observou a conexão clara entre essas doutrinas e a liberdade e percebeu que a máxima liberdade de todos requer restrições iguais à liberdade de cada um, através do que ele classificou de "leis fundamentais da natureza": "A estabilidade da posse, da sua transferência por consentimento e da execução dos compromissos." (1739/1886:11, 288, 293) Embora suas concepções derivassem em parte, sem dúvida, das de teóricos do direito consuetudinário, tais como sir Matthew Hale (1609-76), Hume talvez tenha sido o primeiro a perceber claramente que a liberdade geral só se torna possível mediante o "controle e a restrição [aos instintos morais naturais] por um juízo subsequente" com "a *justiça*, ou o respeito à propriedade dos outros, a *fidelidade*, ou a observância aos compromissos [que] se tornaram obrigatórios e adquiriram autoridade sobre a espécie humana" (1741, 1742/1886:111, 455). Hume não cometeu o erro, tão comum mais tarde, de confundir dois sentidos de liberdade: aquele sentido curioso no qual se supõe que um indivíduo isolado consiga ser livre e aquele em que muitas pessoas em colaboração mútua podem ser livres. Vistas no contexto desta colaboração, apenas as regras abstratas de propriedade — isto é, as regras da lei — garantem a liberdade.

Quando Adam Ferguson resumiu essa lição definindo o selvagem como um homem que ainda não conhece a propriedade (1767/73:136), e quando Adam Smith observou que "ninguém jamais viu um animal indicar a outro, por seus gestos ou sons naturais, isto é meu, aquilo é seu" (1776/1976:26), eles expressavam o que, a despeito das recorrentes revoltas de bandos vorazes ou famintos, era a concepção dos instruídos havia praticamente dois milênios. Como afirma Ferguson: "Deve ficar bastante evidente que a propriedade é uma questão de progresso." (ibid.) Como já observamos, questões similares também estavam sendo, na época, investigadas na linguística e no direito; eram bem compreendidas no liberalismo clássico do século XIX; e foi provavelmente por meio de Edmund Burke, mas talvez ainda mais por influência de juristas e linguistas alemães como F. C. von Savigny, que esses temas foram retomados por H. S. Maine. A declaração de Savigny (ao protestar contra a codificação do direito civil) merece ser reproduzida em profundidade: "Se em tais contatos os agentes livres devem existir lado a lado, apoiando-se mutuamente e não obstruindo uns aos outros em seu desenvolvimento, isso só pode ser alcançado pelo reconhecimento de uma fronteira invisível, dentro da qual se assegura à existência e à operação de cada indivíduo certo espaço livre. O regulamento por meio do qual essas fronteiras, e por meio delas o âmbito de liberdade de cada um, são determinadas é a lei" (Savigny, 1840:1, 331-2).

AS VÁRIAS FORMAS E OBJETOS DE PROPRIEDADE E SEU APERFEIÇOAMENTO

Como existem no momento, as instituições de propriedade estão longe de ser perfeitas; aliás, não é possível dizer ainda no que poderia consistir tal

AS ORIGENS DA LIBERDADE, DA PROPRIEDADE E DA JUSTIÇA

perfeição. A evolução moral e cultural requer passos adicionais para que a instituição da propriedade separada seja de fato tão benéfica quanto pode ser. Por exemplo, precisamos da prática generalizada da competição para evitar abusos da propriedade. Isso, por sua vez, requer restrições adicionais aos sentimentos inatos da micro-ordem, o grupo reduzido discutido anteriormente (ver capítulo 1 acima e Schoeck, 1966/69), pois este é ameaçado não apenas pela propriedade separada como às vezes até mais pela competição, o que leva as pessoas a ansiarem duplamente pela "solidariedade" não competitiva.

Embora de início a propriedade seja produto dos costumes e a jurisdição e a legislação que lhe dizem respeito só a tenham apurado no curso de milênios, não há motivos para supor que as formas particulares que ela assumiu no mundo contemporâneo sejam definitivas. Identificou-se recentemente que os conceitos tradicionais de direito de propriedade são um feixe modificável e bastante complexo, cuja combinação mais efetiva ainda não foi descoberta em todas as áreas. Novas investigações dessas questões, originadas em grande medida pela obra estimulante mas infelizmente incompleta do falecido sir Arnold Plant, foram retomadas em alguns ensaios breves, mas muito influentes do seu ex-aluno Ronald Coase (1937 e 1960), que estimularam o desenvolvimento de uma vasta "escola dos direitos de propriedade" (Alchian, Becker, Cheung, Demsetz, Pejovich). Os resultados dessas investigações, que não podemos tentar resumir aqui, abriram novas possibilidades para melhorias futuras da organização legal da ordem de mercado.

Apenas para ilustrar como continua vasta nossa ignorância das ótimas formas de delimitação dos vários direitos — apesar da nossa confiança na indispensabilidade da instituição geral da propriedade separada —, podem-se fazer algumas observações a respeito de uma forma específica de propriedade.

A lenta seleção de um sistema de regras delimitadoras dos âmbitos individuais de controle sobre diferentes recursos por tentativa e erro criou uma posição curiosa. Os mesmos intelectuais que, em geral, tendem a questionar as formas de propriedade material que são indispensáveis para a organização eficiente dos meios materiais de produção se tornaram os mais entusiasmados apoiadores de certos direitos sobre propriedades imateriais inventados apenas recentemente, que dizem respeito, por exemplo, a produções literárias e invenções tecnológicas (isto é, direitos autorais e patentes).

A diferença entre esses e outros tipos de direitos de propriedade é a seguinte: a posse de bens materiais guia a utilização de meios escassos ao uso mais importante que se pode fazer deles; no caso dos bens imateriais, como produções literárias e invenções tecnológicas, embora a habilidade de produzi-los também seja limitada, uma vez que passam a existir, eles podem ser multiplicados indefinidamente e só a lei pode torná-los escassos, de modo a criar incentivos para a produção de tais ideias. Contudo, não é uma obviedade que essa escassez forçada é o meio mais efetivo de estimular o processo criativo humano. Duvido que exista uma única grande obra de literatura que não possuiríamos se o autor não pudesse ter obtido direitos autorais exclusivos por ela; parece que o argumento a favor dos direitos autorais deve repousar tão só na circunstância de que trabalhos utilíssimos como enciclopédias, dicionários, manuais e outras obras de referência não poderiam ser produzidos se, uma vez que existissem, pudessem ser reproduzidos livremente.

Do mesmo modo, reexames recorrentes do problema não demonstraram que a possibilidade de obter patentes sobre invenções, de fato, melhora o fluxo de novos conhecimentos técnicos em vez de levar à concentração dispendiosa de pesquisas em problemas cuja solução pode ser prevista para o futuro próximo e que, por consequência da lei, qualquer um que tope com uma solução um momento antes do outro ganha o direito a seu uso exclusivo por um período prolongado (Machlup, 1962).

ORGANIZAÇÕES COMO ELEMENTOS DA ORDEM ESPONTÂNEA

Depois de escrever sobre a pretensão da razão e os perigos da interferência "racional" na ordem espontânea, preciso acrescentar ainda mais uma palavra de precaução. Meu objetivo central tornou necessário enfatizar a evolução espontânea das regras de conduta que acompanham a formação

AS ORIGENS DA LIBERDADE, DA PROPRIEDADE E DA JUSTIÇA

de estruturas auto-organizáveis. Entretanto, essa ênfase na natureza espontânea da ordem ampliada ou macro-ordem pode ser enganosa se passar a impressão de que, nela, a organização deliberada nunca é importante.

Os elementos da macro-ordem espontânea são os vários arranjos econômicos de indivíduos, *assim como* os de organizações deliberadas. Aliás, a evolução do direito individual consiste, em grande medida, em tornar possível a existência de associações voluntárias sem poder compulsório. Mas à medida que a ordem espontânea geral se amplia, ampliam-se também os tamanhos das unidades em que ela consiste. Cada vez mais, seus elementos deixarão de ser economias de indivíduos para se tornar organizações como firmas e associações, bem como de corpos administrativos. Entre as regras de conduta que tornam possível que ordens ampliadas espontâneas se formem, algumas também facilitarão a criação de organizações deliberadas aptas a operar dentro de sistemas maiores. Entretanto, muitos desses vários tipos de organização deliberada mais abrangente só têm lugar, na prática, dentro de uma ordem ainda mais abrangente e seriam inadequados dentro de uma ordem geral que fosse ela mesma organizada deliberadamente.

Outra questão relacionada a essa também pode gerar equívocos. Já mencionamos a crescente diferenciação de vários tipos de direitos de propriedade em uma dimensão hierárquica ou vertical. Se, em outros lugares deste livro, chegamos a falar sobre as regras da propriedade separada como se os conteúdos de propriedade individual fossem uniformes e constantes, isso deve ser visto como uma simplificação que poderia gerar enganos sem as qualificações já declaradas. Esse é de fato um dos campos nos quais se podem esperar os maiores avanços da estrutura governamental da ordem espontânea, mas nós não podemos analisá-lo mais detidamente aqui.

A evolução do mercado: comércio e civilização

> Quanto vale algo? Senão o quanto se vende e quanto dinheiro ele traz?
>
> **SAMUEL BUTLER**

> *Ou il y a du commerce*
> *Il y a des moeurs douces*.*
>
> **MONTESQUIEU**

A AMPLIAÇÃO DA ORDEM PARA O DESCONHECIDO

DEPOIS DE REPASSAR ALGUMAS DAS CIRCUNSTÂNCIAS em que a ordem ampliada surgiu e de ver como ela tanto engendra quanto requer a propriedade separada, a liberdade e a justiça, podemos traçar agora algumas relações adicionais examinando de maneira mais minuciosa certas questões a que se aludiu — em particular, o desenvolvimento do comércio e a especialização que está ligada a ele. Esses desdobramentos, que também contribuíram muito para a geração de uma ordem ampliada, foram pouco compreendidos na época, aliás, por séculos depois, mesmo pelos maiores cientistas e filósofos; com toda a certeza ninguém jamais os planejou deliberadamente.

As épocas, circunstâncias e processos de que tratamos estão escondidos na bruma do tempo e não se pode ter nenhuma confiança na

---

* "Onde há comércio há maneiras gentis." (N. do T.)

A EVOLUÇÃO DO MERCADO: COMÉRCIO E CIVILIZAÇÃO

exatidão do discernimento dos detalhes. Algum tipo de especialização e intercâmbio pode ter se desenvolvido em comunidades primitivas, guiado inteiramente pelo consentimento de seus membros. Algum comércio nominal pode ter ocorrido à medida que os homens primitivos, seguindo as migrações dos animais, encontravam outros homens e grupos de homens. Embora as evidências arqueológicas que indicam existência bastante prematura de comércio sejam convincentes, elas são não apenas raras, mas também tendem a ser enganosas. A maior parte dos bens essenciais que se adquiriam por meio do comércio era consumida sem deixar rastros — ao passo que as preciosidades trazidas para seduzir os donos de modo que abdicassem desses produtos vitais costumavam ser feitas para conservação, portanto eram mais duráveis. Ornamentos, armas e ferramentas fornecem nossas principais evidências positivas, ao passo que podemos apenas inferir, da ausência na localidade dos recursos naturais essenciais usados na manufatura desses produtos, que eles devem ter sido adquiridos pelo comércio. Tampouco é provável que a arqueologia encontre o sal que as pessoas obtinham a longas distâncias; mas a remuneração que os produtores de sal receberam por vendê-lo às vezes permanece. Contudo, não foi o desejo de luxos, mas a necessidade que tornou o comércio uma instituição indispensável à qual as comunidades antigas passaram cada vez mais a dever a própria existência.

Como quer que essas coisas tenham acontecido, o comércio com certeza surgiu bem cedo, e o comércio a grandes distâncias, e de artigos cuja fonte os comerciantes nele envolvidos provavelmente não conheciam, é bem mais antigo do que qualquer outro contato entre grupos remotos que possa ser traçado hoje. A arqueologia moderna confirma que o comércio é mais antigo que a agricultura ou qualquer outro tipo de produção regular (Leakey, 1981:212). Na Europa, existem evidências de comércio a enormes distâncias já na Era Paleolítica, há pelo menos 30 mil anos (Herskovits, 1948, 1960). Catal Huyuk na Anatólia e Jericó na Palestina haviam se tornado centros de comércio entre o mar Negro e o mar Vermelho 8 mil anos atrás, mesmo antes de começar o comércio de cerâmica e metais. Ambos os casos fornecem também exemplos primitivos daqueles "crescimentos populacionais" descritos muitas vezes como revoluções culturais. Posteriormente, "uma rede de rotas marítimas e terrestres existiu por volta do sétimo milênio antes de Cristo para levar obsidiana da ilha de Melos para o continente" na Ásia Menor e na Grécia (ver a introdução de S. Green a Childe, 1936/1981; e Renfrew, 1973:29, cf. também Renfrew, 1972:297-307). Há "evidência de amplas redes comerciais ligando o Baluquistão (no Oeste do Paquistão) a regiões da Ásia ocidental já antes de 3.200 a.C." (Childe, 1936/1981:19). Sabemos também que a economia do Egito pré-dinástico se baseava fortemente no comércio (Pirenne, 1934).

A importância do comércio regular nos tempos homéricos é indicada pelo episódio da *Odisseia* (I, 180-184) em que Atena aparece a Telêmaco como o mestre de um navio carregando uma carga de ferro a ser trocada por cobre. A grande expansão do comércio que tornou possível o rápido crescimento tardio da civilização clássica parece, de acordo com as evidências arqueológicas, também ter ocorrido em uma época a respeito da qual não existe documentação histórica disponível, isto é, durante os duzentos anos de 750 a 550 a.C. A expansão do comércio também parece ter ocasionado, mais ou menos ao mesmo tempo, um rápido crescimento da população nos centros de comércio gregos e fenícios. Esses centros rivalizaram tanto entre si na criação de colônias, que no começo da era clássica a vida nos grandes centros de cultura se tornara inteiramente dependente do processo regular de mercado.

A existência do comércio nesses tempos primitivos é incontestável, assim como o papel dele em difundir a ordem. Contudo, o estabelecimento de semelhante processo de mercado não pode ter sido fácil, e provavelmente foi acompanhado por distúrbios substanciais das tribos primitivas. Mesmo onde algum reconhecimento da propriedade separada emergira, práticas adicionais até então desconhecidas seriam necessárias antes que as comunidades estivessem dispostas a permitir que seus membros levassem de dentro da comunidade, para uso de estranhos (e para propósitos compreendidos apenas em parte mesmo pelos próprios comerciantes, quanto mais pela população local), itens desejados que de outro modo poderiam estar disponíveis para o uso comum local. Por exemplo, os navegadores das ascendentes cidades gregas que levavam jarros de cerâmica cheios de vinho ou azeite para o mar Negro, o Egito ou a Sicília

A EVOLUÇÃO DO MERCADO: COMÉRCIO E CIVILIZAÇÃO

para trocá-los por cereais levaram embora, no processo, para pessoas de quem seus vizinhos não sabiam virtualmente nada, bens que estes próprios vizinhos desejavam muito. Ao permitir que isso acontecesse, os membros do grupo reduzido devem ter perdido o próprio esteio e começado a reorientar-se a uma nova compreensão do mundo, na qual a própria importância do grupo pequeno foi muito reduzida. Como explica Piggot em *Ancient Europe* [*A Europa antiga*], "exploradores e mineiros, comerciantes e intermediários, a organização de frete e caravanas, concessões e tratados, o conceito de estrangeiros e de costumes de terras distantes — tudo isso está implicado no alargamento da compreensão social exigida pelo passo tecnológico de entrar ... na Idade do Bronze" (Piggott, 1965:72). Como escreve o mesmo autor a respeito da Idade do Bronze do segundo milênio, "a rede de rotas marítimas, fluviais e terrestres dá um caráter internacional a muito do trabalho em bronze daquela época, e encontramos técnicas e estilos amplamente distribuídos de uma ponta a outra da Europa" (ibid., 118).

Que práticas facilitaram esses novos desvios e abriram caminho não apenas a uma nova compreensão do mundo, mas mesmo a uma espécie de "internacionalização" (a palavra, lógico, é anacrônica) de estilos, técnicas e atitudes? Elas devem ter incluído pelo menos hospitalidade, proteção e passagem segura (ver próxima seção). Os territórios vagamente definidos das tribos primitivas eram, presume-se, mesmo numa data bem prematura, intercalados pelas relações comerciais entre indivíduos baseadas em tais práticas. Essas relações pessoais forneceriam elos de cadeias por meio das quais quantidades pequenas, mas indispensáveis, de "micronutrientes", por assim dizer, eram transmitidas por grandes distâncias. Isso tornou as ocupações sedentárias e, portanto, a especialização possível em muitas novas localidades — e do mesmo modo aumentou, enfim, a densidade populacional. Uma reação em cadeia teve início: densidade populacional maior levando à descoberta de oportunidades de especialização, ou divisão do trabalho, levando ao crescimento adicional da população e da renda *per capita*, que tornou possível outro aumento populacional. E assim por diante.

OS ERROS FATAIS DO SOCIALISMO

A DENSIDADE DA OCUPAÇÃO DO MUNDO QUE O COMÉRCIO PERMITIU

Pode-se estudar mais de perto essa "reação em cadeia" irradiada por novos assentamentos e pelo comércio. Enquanto alguns animais estão adaptados a "nichos" ambientais específicos e bastante limitados, fora dos quais praticamente não conseguem existir, o homem e alguns outros animais, como os ratos, conseguiram se adaptar a quase todos os lugares da superfície terrestre. Não se pode dizer que isto se deve apenas a adaptações de *indivíduos*. Poucas localidades relativamente pequenas teriam fornecido a grupos reduzidos de caçadores-coletores tudo o que mesmo o mais primitivo grupo usuário de ferramentas precisava para uma existência sedentária e, menos ainda, tudo aquilo de que necessitava para cultivar o solo. Sem o apoio dos seus semelhantes de outras partes, a maioria dos humanos descobriria que os lugares que desejava ocupar eram inabitáveis ou só poderiam ser habitados muito esparsamente.

É provável que os poucos nichos mais ou menos autossuficientes que existissem viessem a ser os primeiros a ser ocupados de forma permanente em qualquer área específica e tivessem de ser permanentemente defendidos de invasores. Contudo, algumas pessoas que vivessem lá viriam a conhecer lugares vizinhos que sustentariam algumas de suas necessidades, mas não todas, e que careceriam de alguma substância de que precisariam apenas em determinadas ocasiões: sílex, cordas para os arcos, colas para fazer alças com lâminas de corte, curtume para curtir as peles e coisas semelhantes. Confiantes de que essas necessidades poderiam ser satisfeitas pelo retorno inconstante ao lar presente, elas se afastavam dos seus grupos e ocupavam alguns desses lugares vizinhos ou outros novos territórios ainda mais distantes, em outras partes dos continentes escassamente povoados nos quais viviam. A importância desses deslocamentos primitivos de pessoas e de bens necessários não pode ser medida apenas em volume. Sem a disponibilidade de importações, ainda que constituíssem apenas uma fração insignificante do que estava sendo consumido na época em qualquer lugar específico, teria sido impossível para os primeiros colonizadores se manter, que dirá se multiplicar.

A EVOLUÇÃO DO MERCADO: COMÉRCIO E CIVILIZAÇÃO

Enquanto aqueles que haviam permanecido ainda reconhecessem os migrantes, retornar para renovar os suprimentos não traria dificuldades. Dentro de algumas gerações, porém, os descendentes dos grupos originais começariam a parecer estranhos uns aos outros; e os que habitavam as localidades originais mais autossuficientes com frequência começariam a defender a si mesmos e aos seus suprimentos de várias formas. Para obter permissão de entrar no território original com o propósito de obter artigos especiais que só podiam ser obtidos ali, os visitantes, para proclamar suas intenções pacíficas e para incitar os desejos dos ocupantes, teriam de trazer presentes. Para ser mais efetivos, seria melhor que esses presentes não satisfizessem necessidades diárias que pudessem ser atendidas localmente, mas, sim, que fossem sedutores ornamentos ou iguarias novas ou incomuns. Esta é uma das razões pelas quais os objetos oferecidos de um lado de tais transações eram de fato, com tanta frequência, "luxos" — o que não significa de modo algum que os objetos trocados não fossem necessidades para o outro lado.

É provável que, de início, relações regulares envolvendo a troca de presentes se desenvolvessem entre famílias com obrigações mútuas de hospitalidade relacionadas de formas complexas com rituais de exogamia. A transição da prática de dar presentes para esses familiares e parentes ao aparecimento das instituições mais impessoais dos anfitriões ou "intermediadores", que patrocinavam rotineiramente esses visitantes e conquistavam para eles permissão para ficar o suficiente para obter aquilo de que precisavam, e depois para a prática de trocar coisas específicas a taxas determinadas por sua escassez relativa foi, sem dúvida, lenta. Mas do reconhecimento de um mínimo ainda considerado adequado e de um máximo no qual a transação já não parecia valer a pena, preços específicos para objetos particulares gradualmente emergiram. Também, inevitavelmente, os equivalentes tradicionais se adaptaram em ritmo constante às condições alteradas.

Seja como for, nos primórdios da história grega, nós de fato encontramos a importante instituição do *xenos*, o amigo-visitante, que garantia admissão e proteção individual em território estrangeiro. De fato, o comércio deve ter se desenvolvido muito como uma questão de relações pessoais, ainda que a aristocracia guerreira o disfarçasse como nada mais

59

que troca de presentes. E não apenas aqueles que já eram ricos podiam oferecer hospitalidade aos membros da família em outras regiões: essas relações também devem ter enriquecido as pessoas ao fornecer canais por meio dos quais importantes necessidades da sua comunidade podiam ser satisfeitas. O *xenos* a que Telêmaco se dirige em busca de notícias do seu "muito viajado pai Odisseu" (*Odisseia*:III) em Pilos e Esparta devia ser um parceiro comercial desse tipo, que ascendera a rei por sua riqueza.

Semelhantes oportunidades ampliadas de lidar vantajosamente com forasteiros sem dúvida também ajudaram a reforçar a quebra da solidariedade, dos objetivos comuns e do coletivismo dos grupos reduzidos originais que já havia ocorrido então. Seja como for, alguns indivíduos de fato romperam com a unidade e as obrigações da comunidade pequena, ou foram delas isentados, e começaram não apenas a estabelecer outras comunidades como também a assentar os fundamentos para uma rede de relacionamentos com membros de ainda outras comunidades — uma rede que, por fim, em incontáveis reassentamentos e ramificações, cobriu toda a terra. Ainda que sem sabê-lo nem ter intenção de fazê-lo, esses indivíduos estavam aptos a contribuir com sua parcela para uma ordem mais complexa e mais ampla — muito além de seu alcance ou do de seus contemporâneos.

Para criá-la, esses indivíduos tiveram de ser capazes de usar informação para propósitos conhecidos apenas por eles mesmos, o que não poderiam ter feito sem o benefício de certas práticas, tais como a do *xenos*, compartilhadas com grupos distantes. Estas teriam de ter sido comuns; mas o conhecimento específico e os fins dos indivíduos que as seguiam poderiam diferir e talvez basear-se em informação privilegiada. Isto, por sua vez, teria incitado a iniciativa individual.

Pois apenas um indivíduo, não seu grupo, poderia receber admissão pacífica a um território estrangeiro e, com isso, adquirir o conhecimento que seus companheiros não possuíam. O comércio não poderia ser baseado no conhecimento coletivo, apenas no conhecimento distintivamente individual. Apenas o reconhecimento crescente da propriedade separada poderia ter tornado possível esse uso da iniciativa individual. Os navegadores e outros comerciantes foram guiados pelo ganho pessoal; contudo, em breve a riqueza e a subsistência da população crescente de suas cidades natais, que eles tornavam possível ao buscar ganhos antes no comércio que na produção, só iriam poder ser mantidas pela sua iniciativa contínua de descobrir sempre novas oportunidades.

> Para que o que acabamos de dizer não produza equívocos, é preciso lembrar que a razão *por que* o homem deveria ter adotado algum novo costume ou alguma inovação específica é de importância secundária. O mais importante é que, para que um costume ou inovação fosse preservado, havia dois pré-requisitos distintos. Primeiro, deve ter havido certas condições que tornaram possível a preservação, ao longo de gerações, de certas práticas cujos benefícios não eram necessariamente compreendidos nem valorizados. Em segundo lugar, deve ter havido a aquisição de vantagens distintas pelos grupos que mantiveram esses costumes, o que lhes permitiu expandir-se com mais rapidez que os outros e finalmente suplantar (ou absorver) aqueles que não possuíam costumes similares.

O COMÉRCIO É MAIS ANTIGO QUE O ESTADO

Que a espécie humana tenha sido capaz de ocupar, por fim, praticamente toda a terra de forma tão densa quanto ocupou, com vastos números mesmo em regiões onde quase nenhuma necessidade da vida podia ser produzida localmente, é resultado de a espécie ter aprendido, como um único corpo colossal se alongando, a expandir-se aos cantos mais remotos e colher de cada área diferente ingredientes necessários para nutrir o todo. De fato, talvez não leve muito tempo para que até a Antártida possibilite que milhares de mineiros obtenham farto sustento. Para um observador do espaço, essa cobertura da superfície terrestre, com a aparência cada vez mais mutável que ela assumiu, talvez se assemelhasse a um crescimento orgânico. Mas não foi: ele foi uma façanha de indivíduos obedecendo não a exigências instintivas, mas a regras e costumes tradicionais.

Esses comerciantes e anfitriões individuais raramente sabiam (assim como raramente sabiam seus predecessores) muita coisa a respeito das necessidades individuais específicas a que serviam. Mas eles não precisavam desse conhecimento. Muitas dessas necessidades nem sequer surgirão, em verdade, até um tempo tão distante no futuro, que nem mesmo seu esquema geral poderia ser previsto.

Quanto mais se aprende a respeito da história econômica, portanto, mais enganosa se torna a crença de que a conquista de um Estado altamente organizado constituiu a culminância do desenvolvimento inicial da civilização. O papel desempenhado pelos governos é muito exagerado pelos relatos históricos, porque nós, necessariamente, sabemos muito mais a respeito do que fez o governo organizado do que sobre as conquistas da coordenação espontânea dos esforços individuais. Esse engano que se origina da natureza das coisas preservadas, tais como documentos e monumentos, é exemplificado pela história (que espero que seja apócrifa) do arqueólogo que concluiu, a partir do fato de que os primeiros relatos existentes de preços específicos estavam inscritos em uma coluna de pedra, que os preços sempre haviam sido estabelecidos pelos governos. Contudo, isso não é pior que se deparar, em uma obra bem conhecida, com o argumento de que não poderiam ter existido mercados regulares em cidades babilônicas, uma vez que nas escavações não foram encontrados espaços abertos apropriados para tal finalidade — como se em clima quente tais mercados pudessem funcionar ao ar livre!

Os governos têm sido mais aplicados em impedir que em iniciar o desenvolvimento do comércio a longa distância. Aqueles que deram mais independência e segurança aos indivíduos engajados no comércio se beneficiaram do crescimento resultante de informações e população. Contudo, ao tomar ciência de que o povo se tornara dependente de certos materiais e gêneros alimentícios, os próprios governos se empenharam com frequência para garantir esses suprimentos de uma maneira ou de outra. Alguns governos primitivos, por exemplo, depois de descobrir a partir do comércio individual a existência mesma de recursos desejáveis, tentaram obter esses recursos organizando expedições militares ou colonizadoras. Os atenienses não foram os primeiros e sem dúvida nem os últimos a tentar fazê-lo. Mas é absurdo concluir disso, como fizeram alguns escritores modernos (Polanyi, 1945, 1977), que, na época de maior crescimento e prosperidade de Atenas, seu comércio era "administrado", regulado pelo governo por meio de tratados e conduzido a preços fixos.

Parece antes que, repetidas vezes, governos poderosos prejudicaram tanto a melhoria espontânea, que o processo de evolução cultural foi levado a um término prematuro. O governo bizantino do Império Romano do Oriente pode ser um exemplo disso (Rostovtzeff, 1930, e Einaudi, 1948). E a história da China fornece muitos exemplos de tentativas governamentais de impor uma ordem tão perfeita, que a inovação se tornou impossível (Needham, 1954). O desenvolvimento científico e tecnológico chinês estava tão adiantado em relação ao da Europa, que, para dar apenas um exemplo, havia dez poços de petróleo operando no país já no século XII. Com certeza, a estagnação posterior, mas não o desenvolvimento precoce, deve-se aos poderes de manipulação do governo. O que levou a civilização avançadíssima da China a ficar para trás em relação à Europa foi a insistência dos governantes em controlar o país de forma tão rigorosa, que não restou nenhum espaço para novos desenvolvimentos, ao passo que, como observado no último capítulo, a Europa provavelmente deve sua extraordinária expansão na Idade Média à anarquia política da época (Baechler, 1975:77).

A CEGUEIRA DO FILÓSOFO

A melhor ilustração de que a riqueza dos principais centros comerciais gregos, sobretudo em Atenas e mais tarde em Corinto, não foi resultado de política governamental deliberada, e de que não se compreendia bem a verdadeira fonte dessa prosperidade, talvez seja a completa incompreensão de Aristóteles da avançada ordem de mercado em que ele vivia. Embora seja às vezes considerado o primeiro economista, o que Aristóteles tratou como *oikonomia* era tão só o controle de uma casa ou no máximo um empreendimento individual como uma fazenda. Pelos esforços aquisitivos do mercado, cujo estudo chamava de *chrematistika*, ele tinha apenas desprezo. Embora as vidas dos atenienses do seu tempo dependessem do comércio de cereais com países distantes, sua ordem ideal continuou a ser *autarkos*, autossuficiente. Embora também aclamado como biólogo, Aristóteles não tinha a menor consciência de dois aspectos cruciais da formação de toda estrutura complexa, a saber, a evolução e a autoformação de ordem. Como afirma Ernst Mayr (1982:306): "A ideia de que o universo pudesse ter se desenvolvido a partir de um caos original, ou que organismos mais elevados pudessem ter evoluído a partir de organismos primitivos, era totalmente estranha ao pensamento de Aristóteles. Para repetir, Aristóteles se opunha à evolução de qualquer tipo." Ele parece não ter entendido o sentido da "natureza" (ou *physis*) que define o processo de crescimento (ver apêndice A) e também, ao que parece, desconhecia as várias distinções entre as ordens autogeradas que os filósofos pré-socráticos já conheciam, como aquela entre o *kosmos* surgido espontaneamente e uma ordem deliberadamente organizada, como a de um exército, que pensadores anteriores haviam chamado de *taxis* (Hayek, 1973:37). Para Aristóteles, toda a ordem das atividades humanas era *taxis*, resultado da organização deliberada da ação individual por uma mente ordenadora. Como vimos antes (no capítulo 1), ele afirmou de modo indiscutível que só se podia obter ordem num espaço pequeno o suficiente para que todos pudessem ouvir o grito do arauto, um lugar que pudesse ser facilmente demarcado (*eusynoptos, Politeia*: 1326b e 1327a). "Um número demasiado grande", declarou (1326a), "não pode participar da ordem".

Para Aristóteles, só as necessidades conhecidas de uma população existente forneciam justificativa natural ou legítima para o esforço econômico. Ao homem, e mesmo à natureza, ele tratava como se sempre tivessem existido em sua forma atual. Essa perspectiva estática não deixava espaço para o conceito de evolução e o impedia de sequer questionar de que maneira as instituições existentes haviam surgido. Que a maioria das comunidades existentes, e com certeza a maior parte dos atenienses do seu tempo, jamais pudesse ter vindo a existir se seus antepassados tivessem se contentado em satisfazer às necessidades momentâneas conhecidas parece jamais ter lhe ocorrido. Era-lhe estranho o processo experimental de adaptação a mudanças imprevistas pela observação de regras abstratas que, quando bem-sucedido, podia levar ao aumento da população e à formação de padrões regulares. Assim, Aristóteles também estabeleceu o padrão de uma abordagem comum da teoria ética, na qual não se reconhecem as pistas da utilidade das regras oferecidas pela história e jamais ocorre a ideia de analisar a utilidade desde o ponto de vista econômico — uma vez que o teórico não está ciente dos problemas cujas soluções poderiam estar encarnadas nas regras.

Uma vez que apenas as ações que visavam ao *benefício perceptível dos outros* eram, na mente de Aristóteles, moralmente aprováveis, as ações que buscavam apenas o ganho pessoal deviam ser más. Que considerações comerciais talvez não afetassem as atividades cotidianas da maioria das pessoas não significa, porém, que suas próprias vidas não dependessem do funcionamento de um comércio que lhes permitisse adquirir itens essenciais. A produção voltada ao lucro, que Aristóteles condenou por considerar antinatural, tornara-se — desde bem antes de sua época — o fundamento de uma ordem ampliada que transcendia significativamente as necessidades conhecidas de outros indivíduos.

Como sabemos hoje, na evolução da estrutura das atividades humanas, a lucratividade funciona como um sinal que guia a seleção daquilo que torna o homem mais frutífero; só o que é mais lucrativo pode, via de regra, nutrir mais pessoas, pois sacrifica menos do que acrescenta. Tudo isso já fora pelo menos pressentido por alguns gregos anteriores a Aristóteles. Aliás, no século v — ou seja, antes de Aristóteles — o primeiro historiador verdadeiramente grande abria sua história da Guerra do Peloponeso refletindo que os povos primitivos "sem comércio, sem liberdade de comunicação por terra nem por mar, cultivando em seu território nada além do que exigiam as necessidades vitais, jamais puderam superar a vida nômade" e, por consequência, "nem construíram grandes cidades nem atingiram nenhuma outra forma de grandeza" (Tucídides, tradução de Crawly, 1, 1, 2). Mas Aristóteles desconsiderou essa lição.

Tivessem os atenienses seguido o parecer do filósofo — cego tanto à economia quanto à evolução —, sua cidade teria encolhido bem rápido às dimensões de uma aldeia, pois a concepção que ele tinha da ordem humana o levou a uma ética adequada apenas, na melhor das hipóteses, a um estado estacionário. Não obstante, suas doutrinas vieram a dominar o pensamento filosófico e religioso pelos dois milênios seguintes — a despeito do fato de que grande parte desse mesmo pensamento filosófico e religioso ocorreu dentro de uma ordem extremamente dinâmica e em rápida expansão.

As repercussões da sistematização da moralidade da micro-ordem por Aristóteles foram ampliadas quando Tomás de Aquino adotou a doutrina aristotélica no século XIII, o que levou, mais tarde, à proclamação da ética aristotélica como doutrina praticamente oficial da Igreja Católica. A atitude anticomercial da Igreja na Idade Média e nos primórdios da Modernidade, a condenação dos juros como usura, a doutrina do preço justo e o desdém ao lucro são aristotélicos de ponta a ponta.

Por volta do século XVIII, é claro, a influência de Aristóteles nessas e em outras questões estava em declínio. David Hume percebeu que o mercado tornava possível "prestar um serviço a outrem sem lhe fazer uma verdadeira bondade" (1739/1886:11, 289) e sem sequer conhecê-lo; ou agir em "benefício público, embora tal não seja o propósito planejado" (1739/1886:11, 296), graças a uma ordem na qual era do "interesse até do homem mau agir para o bem público". Com constatações semelhantes, o conceito de uma estrutura auto-organizável começou a ocorrer às pessoas e tornou-se a base da nossa compreensão de todas as ordens complexas que, até então, haviam se manifestado como milagres só produzíveis por uma versão sobre-humana daquilo que o homem entendia como sua própria mente. Agora, tornava-se cada vez mais claro que o mercado habilitava cada um, dentro de limites determinados, a usar o próprio conhecimento individual para os próprios fins individuais, desconhecendo, ao mesmo tempo, a maior parte da ordem na qual tinha de encaixar suas ações.

Não obstante a existência deste grande avanço, e na realidade negligenciando-o completamente, uma perspectiva ainda permeada pelo pensamento aristotélico, uma visão de mundo ingênua, animista e infantil (Piaget, 1929:359), passou a dominar a teoria social e é o fundamento do pensamento socialista.

A revolta do instinto e da razão

> É necessário nos precavermos do pensamento de que a prática do método científico amplia os poderes da mente humana. Nada é mais claramente contraditado pela experiência do que a crença de que é provável que um homem que se distingue em um ou até mais campos da ciência pense com mais sensatez a respeito de questões cotidianas do que qualquer outro.
>
> WILFRED TROTTER

A OBJEÇÃO À PROPRIEDADE

EMBORA ARISTÓTELES FOSSE CEGO À IMPORTÂNCIA DO comércio e carecesse de *qualquer* compreensão da evolução — e embora o pensamento aristotélico, uma vez integrado no sistema de Tomás de Aquino, tenha corroborado as atitudes anticomerciais da Igreja medieval e pré-moderna —, foi, não obstante, só bem mais tarde, e sobretudo entre pensadores franceses dos séculos XVII e XVIII, que ocorreram vários desenvolvimentos importantes, os quais, tomados em conjunto, começaram efetivamente a lançar dúvidas sobre os valores e as instituições centrais da ordem ampliada.

O primeiro deles foi a crescente importância, associada à ascensão da ciência moderna, daquela forma específica de racionalismo que eu chamo de "construtivismo" ou "cientificismo", que pelos séculos seguintes virtualmente capturou o pensamento sério sobre a razão e seu papel nas questões humanas. Esse foi o ponto de partida das investigações que conduzi nos últimos sessenta anos, nas quais tentei mostrar que essa forma de racionalismo é particularmente impensada, ao integrar uma falsa teoria da ciência e da racionalidade, na qual se *abusa* da razão, e que, mais importante aqui, leva inevitavelmente a uma interpretação errônea da natureza e do surgimento das instituições humanas. Nessa interpretação, os moralistas acabam, em *nome* da razão e dos valores supremos da civilização, lisonjeando o relativamente malsucedido e incitando as pessoas a satisfazer seus desejos primitivos.

Descendendo no período moderno de René Descartes, essa forma de racionalismo não apenas descarta a tradição, mas afirma que a razão pura pode servir aos nossos desejos diretamente, sem nenhum tipo de intermediário, e pode construir um novo mundo, uma nova moralidade, um novo direito, mesmo uma nova língua purificada, apenas a partir de si mesma. Apesar de ser claramente falsa (ver também Popper, 1934/1959 e 1945/66), essa teoria ainda domina o pensamento da maioria dos cientistas, assim como da maioria dos literatos, dos artistas e dos intelectuais.

Devo especificar, neste instante, o que escrevi acrescentando que há outras correntes dentro do que se pode chamar de racionalismo que tratam essas questões de modo diferente, como, por exemplo, aquela que vê as próprias regras de conduta moral como *parte* da razão. Assim, John Locke explicou que, "com razão, porém, não acredito que se queira dizer aqui a faculdade de discernimento que forma sucessões de pensamentos e deduz provas, mas princípios definidos de ação dos quais surgem todas as virtudes e tudo o que é necessário para a moldagem da moral" (1954:11). Contudo, concepções como as de Locke continuam a ser minoritárias entre aqueles que se dizem racionalistas.

Aparentado ao primeiro, o segundo desdobramento que lançou dúvidas sobre a ordem ampliada foi resultado da obra e da influência de Jean Jacques Rousseau. Este pensador peculiar, embora muitas vezes caracterizado como irracionalista ou romântico, também se agarrou ao pensamento cartesiano, do qual depende profundamente. A embriagante fermentação de ideias de Rousseau veio a dominar o pensamento "progressista" e fez com que as pessoas se esquecessem de que a liberdade como instituição política *não* se originara de seres humanos "lutando pela liberdade" no sentido de isenção de restrições, mas de pessoas lutando pela defesa de uma esfera individual confiável reconhecida. Rousseau fez com que se esquecesse de que regras de conduta necessariamente reprimem e que o produto delas é a ordem; e que, precisamente ao limitar a amplitude de meios que cada indivíduo pode usar para os seus propósitos, elas expandem enormemente a amplitude de fins que cada um pode buscar com sucesso.

Foi Rousseau que — declarando na abertura de *O contrato social* que "o homem nasce livre e por toda a parte encontra-se acorrentado" e desejando libertar o homem de todas as restrições "artificiais" — transformou o que era antes chamado de selvagem no herói virtual dos intelectuais progressistas, instou os indivíduos a se libertarem das restrições mesmas a que deviam sua produtividade e seu número e produziu uma concepção de liberdade que se tornou o maior obstáculo à aquisição da liberdade. Depois de afirmar que o instinto animal era melhor guia para a cooperação ordenada entre os homens que a tradição e a razão — uma e outra —, Rousseau concebeu a fictícia vontade do povo, ou "vontade geral", por meio da qual o povo "se torna um único ser, um indivíduo" (*Social Contract* [*O contrato social*], I, vii; e ver Popper, 1945/1966:11, 54). Essa talvez seja a principal fonte da presunção fatal do racionalismo intelectual moderno, que promete nos levar de volta ao paraíso onde antes os instintos naturais que as restrições a eles aprendidas nos permitirão "sujeitar o mundo", como somos instruídos a fazer pelo livro do Gênesis.

O apelo sedutor desta perspectiva, reconhecidamente grande, não deve seu poder (não importa o que se alegue) nem à razão nem às evidências. Como vimos, o selvagem estava longe de ser livre; tampouco poderia ter sujeitado o mundo. Em verdade, ele pouco podia fazer sem a concordância de todo o grupo a que pertencia. A decisão individual pressupõe esferas individuais de controle e, portanto, só se tornou possível com a evolução da propriedade separada, cujo desenvolvimento, por sua vez, estabeleceu os fundamentos para o crescimento de uma ordem ampliada que transcende a percepção do líder ou dirigente — ou da coletividade.

A despeito dessas contradições, não há dúvida de que o clamor de Rousseau foi eficaz, nem que, nos últimos dois séculos, sacudiu a civilização. Além disso, irracionalista como é, Rousseau atraiu precisamente os

OS ERROS FATAIS DO SOCIALISMO

progressistas pela insinuação cartesiana de que poderíamos usar a *razão* para obter e justificar a gratificação direta de nossos instintos naturais. Depois que Rousseau deu licença intelectual para que se abandonassem as restrições culturais, para que se conferisse legitimidade às tentativas de conquistar a "liberdade" das restrições que haviam tornado a liberdade possível e para que se *chamasse* este ataque aos fundamentos da liberdade de "libertação", a propriedade tornou-se cada vez mais suspeita e deixou de ser reconhecida de maneira tão geral como o fator-chave que gerara a ordem ampliada. Antes, passou-se cada vez mais a supor que as regras reguladoras da delimitação e da transferência da propriedade separada poderiam ser substituídas pela decisão centralizada a respeito do seu uso.

De fato, por volta do século XIX, as avaliações e discussões intelectuais sérias do papel da propriedade no desenvolvimento da civilização pareciam ter sido vítimas de uma espécie de banimento em muitos círculos. Nesse tempo, a propriedade se tornou cada vez mais suspeita para muitos daqueles que deveriam tê-la investigado, um tópico a ser evitado pelos progressistas, que acreditavam numa remodelação racional da estrutura da cooperação humana. (Que esse banimento persistiu no século XX é evidenciado, por exemplo, pelas declarações de Brian Barry (1961:80) sobre o uso e a "analiticidade", nas quais a justiça "agora está, de maneira analítica, ligada a 'mérito' e 'necessidade', de modo que se pode dizer com bastante correção que algumas daquelas que Hume chamou de 'regras de justiça' eram injustas", e pela posterior observação sarcástica de Gunnar Myrdal sobre os "tabus da propriedade e do contrato" (1969:17).) Os fundadores da antropologia, por exemplo, passaram a negligenciar cada vez mais o papel cultural da propriedade, a ponto de em nenhum dos dois volumes de *Primitive Culture* [Cultura primitiva] (1871), de E. B. Tylor, aparecerem no índice remissivo nem a propriedade nem a posse, ao passo que E. Westermarck — que pelo menos dedica um longo capítulo à propriedade — já a considera, sob influência de Saint-Simon e Marx, questionável fonte de "renda imerecida" e conclui disso que "mais cedo ou mais tarde, a lei de propriedade sofrerá uma mudança radical" (1908:11, 71). O viés construtivista do socialismo também influencia a arqueologia contemporânea, mas demonstra sua incapacidade de compreender os fenômenos econômicos mais grosseiramente na sociologia (e,

A REVOLTA DO INSTINTO E DA RAZÃO

pior ainda, na pretensa "sociologia do conhecimento"). Quase se pode considerá-la uma ciência socialista em si, já que foi abertamente retratada como capaz de criar uma nova ordem de socialismo (Ferri, 1895), ou, mais nos últimos tempos, capaz de "prever o desenvolvimento futuro e moldar o futuro, ou ... de criar o futuro da humanidade" (Segerstedt, 1969:441). Assim como a "naturologia", que outrora teve a pretensão de substituir todas as pesquisas especializadas da natureza, a sociologia prefere manter seu soberano menosprezo pelo conhecimento obtido por disciplinas consagradas que há muito estudam estruturas complexas do direito, da linguagem e do mercado.

A afirmação de que o estudo de instituições tradicionais como a propriedade "foi vítima de um banimento" não é nenhum exagero, pois é curiosíssimo que um processo tão relevante e importante quanto a seleção evolutiva das tradições morais tenha sido tão pouco estudado e que a direção que estas tradições deram ao desenvolvimento da civilização seja tão amplamente desconsiderada. É claro que isso não parecerá tão peculiar aos construtivistas. Para quem sofre do delírio da "engenharia social" — a ideia de que o homem pode escolher conscientemente para onde quer ir — não parecerá tão importante descobrir como ele chegou à sua situação atual.

> Pode-se mencionar de passagem, embora eu não possa explorar a questão aqui, que as objeções à propriedade e aos valores tradicionais não vieram apenas dos seguidores de Rousseau: vieram também, embora talvez com importância menor, da religião. Pois os movimentos revolucionários desse período (socialismo racionalista e depois comunismo) ajudaram a reviver velhas tradições heréticas de revolta religiosa contra as instituições básicas da propriedade e da família — revoltas essas lideradas em séculos anteriores por heréticos como os gnósticos, os maniqueístas, os bogomilos e os cátaros. No século XIX, esses específicos heréticos haviam desaparecido, mas milhares de novos revolucionários religiosos, que direcionavam muito de seu zelo tanto contra a propriedade quanto contra a família, apareceram, recorrendo também a instintos primitivos contra essas restrições. A rebelião contra a propriedade privada e a família, em suma, não

estava restrita aos socialistas. Crenças místicas e sobrenaturais eram invocadas para justificar não apenas restrições costumeiras aos instintos, como por exemplo nos ramos dominantes do catolicismo e do protestantismo, mas também, em movimentos mais periféricos, para embasar a liberação dos instintos.

Limites de espaço, assim como competência insuficiente, proíbem-me de lidar neste livro com o segundo dos objetos tradicionais de reação atávica que acabei de mencionar: a família. Devo pelo menos mencionar, entretanto, que *eu* acredito que o conhecimento factual recente privou em alguma medida as regras tradicionais de moralidade sexual de alguns de seus fundamentos, e que parece provável que nesta área mudanças substanciais estão fadadas a ocorrer.

Depois de mencionar Rousseau e sua ampla influência, assim como outros desenvolvimentos históricos, ainda que por nenhum outro motivo além de lembrar aos leitores que a revolta contra a propriedade e a moralidade tradicional da parte de pensadores sérios não é só comparativamente recente, volto-me agora a alguns intelectuais do século xx que são herdeiros intelectuais de Rousseau e Descartes.

Primeiro, entretanto, devo enfatizar que estou em grande medida negligenciando aqui a longa história dessa revolta, assim como as diferentes formas que ela assumiu em diferentes terras. Muito antes de Auguste Comte introduzir o termo "positivismo" para a posição que representava uma "ética demonstrada" (isto é, demonstrada pela razão) como a única alternativa possível a uma "ética revelada" sobrenatural (1854:1, 356), Jeremy Bentham já havia desenvolvido os fundamentos mais consistentes do que chamamos hoje de positivismo legal e moral: isto é, a interpretação construtivista dos sistemas de legislação e de moralidade, de acordo com a qual a validade e o sentido deles deve depender inteiramente da vontade e da intenção daqueles que os planejaram. O próprio Bentham é uma figura tardia nesse desenvolvimento. O construtivismo desse tipo inclui não apenas a tradição benthamita, representada e continuada por John Stuart Mill e mais tarde pelo Partido Liberal inglês, mas também quase todos os americanos contemporâneos que se referem a si mesmos como *liberals* (em contraposição a alguns pensadores bastante diferentes, em geral europeus, que também são chamados de liberais, mas que seria melhor chamar de *"old whigs"*, e cujos representantes mais notáveis foram Aléxis de Tocqueville e lorde Acton)*. Essa forma construtivista de pensar se torna virtualmente inevitável se, como sugere um perspicaz analista suíço, aceita-se a filosofia liberal (leia-se, "socialista") que supõe que o homem, na medida em que a distinção entre bem e mal tem alguma importância para ele, deve, e pode, traçar deliberadamente, ele próprio, a linha entre os dois (Kirsch, 1981:17).

NOSSOS INTELECTUAIS E SUA TRADIÇÃO DE SOCIALISMO RACIONAL

O que eu sugeri a respeito da moralidade e da tradição, da economia e do mercado, e da evolução, obviamente conflita com muitas ideias influentes, não apenas com o antigo darwinismo social discutido no primeiro capítulo, que já não tem muita adesão, mas também com muitos outros pontos de vista do presente e do passado: com as concepções de Platão e Aristóteles, de Rousseau e dos fundadores do socialismo, com as de Saint-Simon, Karl Marx e muitos outros.

De fato, o ponto básico do meu argumento — que a moralidade, incluindo especialmente as instituições da propriedade, da liberdade e da justiça, não é criação da razão do homem, mas um segundo dom distinto conferido a ele pela evolução cultural — contraria o principal panorama

---

* Observe-se que, em geral, o que no Brasil se chama de "liberal" são essas pessoas que, segundo Hayek, seria melhor chamar de *"old whigs"*, definição que, em outro lugar, ele aplicou a si mesmo. A referência é ao antigo Partido Liberal inglês, conhecido como Partido Whig, que em certo momento de sua longa história foi dividido entre os *"old whigs"*, mais conservadores, e os *"new whigs"*, mais revolucionários. Nos Estados Unidos, como observa Hayek aqui e depois novamente no capítulo 7, os *liberals*, representados sobretudo pelo Partido Democrata, são em geral esquerdistas, pois, opõem-se à ordem de mercado. Hayek analisa a questão a fundo no ensaio "Why I am Not a Conservative", disponível on-line em inglês: http://www.press.uchicago.edu/books/excerpt/2011/hayek_constitution.html (N. do T.)

OS ERROS FATAIS DO SOCIALISMO

intelectual do século xx. A influência do racionalismo foi na verdade tão profunda e penetrante, que atualmente, em geral, quanto mais inteligente uma pessoa instruída é, mais provável será não apenas que seja racionalista, mas também que sustente concepções socialistas (não importando se é ou não dogmática o bastante para anexar às suas concepções algum rótulo, inclusive o de "socialista"). Quanto mais subimos na escada da inteligência, mais falamos com intelectuais e mais provável se torna que deparemos com convicções socialistas. Os racionalistas tendem a ser inteligentes e intelectuais; e os intelectuais inteligentes tendem a ser socialistas.

Se me é permitido inserir duas observações pessoais aqui, suponho que eu possa falar com alguma experiência a respeito desse panorama, porque as concepções racionalistas que venho examinando e contestando há tantos anos são aquelas com base nas quais eu, assim como a maior parte dos pensadores europeus irreligiosos da minha geração, formei o meu próprio panorama intelectual na primeira parte deste século. Naquela época, elas se afiguravam autoevidentes e abraçá-las parecia o único modo de escapar de superstições perniciosas de toda espécie. Por eu mesmo ter passado algum tempo lutando para me livrar dessas ideias – aliás, descobrindo no processo que elas mesmas são superstições –, não tenho a intenção de que se levem para o lado pessoal as observações bastante ríspidas sobre autores específicos nas páginas que se seguem.

Além disso, talvez seja adequado, neste ponto, lembrar aos leitores do meu ensaio "Why I Am Not a Conservative" [Por que eu não sou conservador] (1960, Postscript) para que não tirem conclusões inexatas. Embora meu argumento seja dirigido contra o socialismo, sou tão pouco conservador no estilo Tory quanto era Edmund Burke*. Meu conservadorismo, tal como é, confina-se por inteiro à moralidade dentro de certos

---

* O Partido Tory, ou conservador, foi por séculos, até o início do século xx, o grande adversário dos liberais, os *whigs*. Ironicamente, Edmund Burke (1729-1797), considerado o pai do conservadorismo moderno, foi deputado não pelos Tories, mas pelos Whigs. (N. do T.)

limites. Sou totalmente favorável à experimentação – aliás, a liberdades muito maiores do que governos conservadores tendem a permitir. Minha objeção a intelectuais racionalistas como os que discutirei não é que façam experimentos; ao contrário, eles experimentam demasiado pouco e o que imaginam que seja experimentação revela-se em grande medida banal – afinal, a ideia de retornar aos instintos é de fato tão comum quanto a chuva e, no nosso tempo, foi tentada tantas vezes que já não está claro em que sentido pode ser classificada de experimental. Minha objeção aos racionalistas é que eles declaram que seus experimentos são resultado da razão, vestem-nos duma metodologia pseudocientífica e, assim, enquanto cortejam recrutas influentes e sujeitam a ataques infundados práticas tradicionais inestimáveis (resultado de eras de experimentação evolutiva de tentativa e erro), protegem os próprios "experimentos" de escrutínio.

A surpresa inicial ao descobrir que pessoas inteligentes tendem a ser socialistas diminui quando se atina para o fato de que, evidentemente, as pessoas inteligentes tenderão a superestimar a inteligência e a supor que seja provável que devamos todas as vantagens e oportunidades que a nossa civilização oferece antes ao planejamento deliberado do que à obediência a regras tradicionais e, do mesmo modo, a supor que podemos, pelo exercício da razão, eliminar quaisquer aspectos inconvenientes restantes com ainda mais reflexão inteligente e ainda mais planejamento adequado e "coordenação racional" dos empreendimentos. Isso leva à disposição favorável ao planejamento e ao controle econômico central que está no coração do socialismo. É claro que intelectuais exigem explicações para tudo o que se espera que façam e relutarão em aceitar certas práticas só porque, por coincidência, regem as comunidades em que eles nasceram; e isso fará com que conflitem com quem aceita em silêncio as regras prevalentes de conduta, ou pelo menos que tenham opiniões desfavoráveis a respeito dessas pessoas. Além disso, os intelectuais, compreensivelmente, desejarão alinhar-se à ciência, à razão e ao progresso extraordinário realizado pelas ciências da natureza nos últimos séculos e, uma vez que lhes ensinaram que o uso da razão e a ciência se resumem ao construtivismo e ao cientificismo, custa-lhes acreditar que possa existir algum conhecimento útil que não tenha se originado da experimentação deliberada, ou aceitar a validade de qualquer tradição exceto a sua própria tradição de razão. Assim, um distinto historiador escreveu nesse sentido: "Tradições são repreensíveis quase por definição, matéria de chacota e censura." (Seton-Watson, 1983:1270)

> *Por definição*: Barry (1961, já mencionado) queria tornar a moralidade e a justiça imorais e injustas por "definição analítica"; aqui, Seton-Watson quer tentar a mesma manobra com a tradição, tornando-a repreensível por definição. Retornaremos a essas *palavras*, a essa "novilíngua"*, no capítulo 7. Enquanto isso, examinemos os fatos mais de perto.

Essas reações são todas compreensíveis, mas têm consequências que são particularmente perigosas — tanto para a razão quanto para a moralidade — quando a preferência não tanto pelos produtos reais da razão quanto pela tradição convencional da razão leva os intelectuais a ignorar os limites teóricos da razão, a desconsiderar um mundo de informações históricas e científicas, a continuar ignorantes das ciências biológicas e das ciências do homem, como a economia, e a deturpar a origem e as funções das nossas regras morais tradicionais.

Como outras tradições, a tradição da razão é aprendida, não inata. Ela também está *entre o instinto e a razão; e a questão da verdadeira racionalidade e da verdadeira veracidade desta tradição de louvor à razão e à verdade também deve ser examinada de forma escrupulosa.*

COSTUMES MORAIS E RAZÃO: ALGUNS EXEMPLOS

Para que não pensem que exagero, fornecerei alguns exemplos em breve. Mas não quero ser injusto com nossos grandes cientistas e filósofos cujas ideias discutirei. Embora ilustrem, com as próprias opiniões, a

---

* Novilíngua ou novafala é um idioma fictício criado pelo governo hiperautoritário em *1984*, de George Orwell.

importância do problema — que nossa filosofia e nossas ciências naturais estão longe de compreender o papel desempenhado pelas nossas principais tradições —, eles próprios não são em geral diretamente responsáveis pela ampla disseminação dessas ideias, pois têm coisas melhores a fazer. Por outro lado, não se deve supor que as observações que estou prestes a mencionar são simplesmente momentâneas ou aberrações idiossincráticas da parte de seus distintos autores: antes, são conclusões coerentes derivadas de uma tradição racionalista bem estabelecida. E de fato não duvido que alguns desses grandes pensadores tenham se empenhado para compreender a ordem ampliada de cooperação humana — mesmo que só para terminar como oponentes determinados e muitas vezes involuntários dela.

Aqueles que mais fizeram para espalhar essas ideias, os verdadeiros portadores do racionalismo construtivista e do socialismo, não são, porém, cientistas notáveis. Eles tendem antes a ser os chamados "intelectuais", que em outro lugar (1949/1967:178-94) chamei indelicadamente de "vendedores de ideias de segunda mão": professores, jornalistas e "representantes da comunicação social" que, após terem absorvido rumores nos corredores da ciência, proclamam a si mesmos os porta-vozes do pensamento moderno, pessoas superiores, em termos de conhecimento e virtude moral, a qualquer um que retenha grande respeito pelos valores tradicionais, indivíduos cujo dever mesmo é oferecer novas ideias ao público — e que devem, para fazer com que a mercadoria oferecida pareça nova, ridicularizar tudo o que é convencional. Para eles, devido à situação em que se acham, "novidade" ou "notícia", e não a verdade, torna-se o principal valor, embora essa não seja a sua intenção — e embora o que oferecem seja tão novo quanto é verdadeiro. Além disso, pode-se questionar se esses intelectuais não são às vezes inspirados pelo ressentimento de que eles, sabendo melhor o que deveria ser feito, ganhem tão menos do que aqueles cujas instruções e atividades de fato orientam os assuntos práticos. Esses intérpretes literários dos avanços científicos e tecnológicos, dos quais H. G. Wells, devido à qualidade incomum da sua obra, seria um excelente exemplo, fizeram bem mais do que os verdadeiros cientistas de quem obtiveram muitos de seus pontos de vista para espalhar o ideal socialista de economia de controle centralizado no qual se atribui a cada um sua devida porção. Outro exemplo similar é o do jovem George Orwell, que argumentou, certa vez, que "qualquer um que usa o próprio cérebro sabe muitíssimo bem que está dentro do âmbito de possibilidades que o mundo, pelo menos potencialmente, seja riquíssimo", de modo que poderíamos "desenvolvê-lo como ele pode ser desenvolvido e poderíamos viver todos como príncipes, supondo que o quiséssemos".

Não me concentrarei aqui nas obras de homens como Wells e Orwell, mas nas concepções propostas por alguns dos maiores cientistas do nosso tempo. Podemos começar com Jacques Monod, uma grande figura cujo trabalho científico admiro muito e que é, essencialmente, o criador da biologia molecular moderna. Suas reflexões sobre ética, porém, tinham qualidade diferente. Em 1970, em um simpósio da Fundação Nobel sobre "O lugar dos valores em um mundo de fatos", ele declarou o seguinte: "O desenvolvimento científico enfim destruiu, reduziu ao absurdo, relegou ao estado de confusão sem sentido entre desejo e realidade a ideia de que a ética e os valores não são, para nós, uma questão de nossa livre escolha, mas antes uma questão de obrigação." (1970:20-21) Mais tarde naquele ano, para enfatizar mais uma vez seu ponto de vista, Monod argumentou a mesma coisa em um livro hoje famoso, *Chance and Necessity* [*O acaso e a necessidade*] (1970/1977). Ali ele exige de nós que, renunciando de maneira ascética a qualquer outro alimento espiritual, reconheçamos que a ciência é a nova e talvez exclusiva fonte de verdade e que revisemos os fundamentos da ética de acordo com isso. Como tantas manifestações similares, o livro termina com a ideia de que "a ética, em essência, por *não ser objetiva, está* banida para sempre da esfera do conhecimento" (1970/77:162). A nova "ética do conhecimento não se impõe ao homem; ao contrário, *é ele que a impõe a si mesmo*" (1970/77:164). Esta nova "ética do conhecimento" é, afirma Monod, "a única atitude que é tanto racional quanto resolutamente idealista, e com base na qual um socialismo real pode ser erigido" (1970/77:165-66). As ideias de Monod são características por estarem enraizadíssimas em uma teoria do conhecimento que tentou desenvolver uma ciência do comportamento — quer se chame eudemonismo, utilitarismo, socialismo ou o que seja — sobre a base de que *certos tipos de comportamento satisfazem melhor aos nossos desejos*. Somos aconselhados a nos comportar de maneira tal que permita a dadas situações satisfazer a nossos desejos, nos tornar felizes e similares. Em outras palavras, o que se quer é uma ética que o homem pode seguir *deliberadamente* para alcançar objetivos *conhecidos*, almejados e pré-selecionados.

As conclusões de Monod originam-se da opinião de que o único meio alternativo possível de explicar a origem dos costumes morais — à parte atribuí-los à invenção humana — são as explicações animistas ou antropomórficas similares às fornecidas por muitas religiões. E é de fato verdadeiro que "para a espécie humana como um todo, todas as religiões estiveram profundamente entrelaçadas à concepção antropomórfica da divindade como um pai, um amigo ou um potentado a quem o homem deve prestar serviço, rezar etc." (M. R. Cohen, 1931:112). Eu posso aceitar esse aspecto da religião tão pouco quanto Monod e a maioria dos cientistas naturais, pois ele parece rebaixar algo que está muito além da nossa compreensão ao nível de uma mente levemente superior à humana. Mas rejeitá-lo não nos impede de reconhecer que talvez devamos à religião a preservação — por razões que se comprovaram falsas — de práticas que tiveram mais importância para a sobrevivência de enormes quantidades de homens do que a maior parte daquilo que foi alcançado por meio da razão (ver capítulo 9).

Monod não é o único biólogo a argumentar nesse sentido. Uma declaração de outro biólogo e acadêmico bastante erudito ilustra melhor que praticamente qualquer outra coisa com a qual eu tenha deparado as absurdidades às quais uma inteligência suprema pode ser levada pela interpretação incorreta das "leis da evolução" (ver capítulo 1). Joseph Needham escreve que "a nova ordem mundial da justiça e da camaradagem, do Estado racional e sem classes, não é um sonho idealista, mas uma extrapolação lógica do curso completo da evolução, que não tem autoridade nem um pouco menor do que aquela por trás dela, e portanto é, de todas as fés, a mais racional" (J. Needham, 1943:41).

Retornarei a Monod, mas quero antes reunir mais alguns exemplos adicionais. Um exemplo específico que discuti em outro lugar (1978) é John Maynard Keynes, um dos mais representativos líderes intelectuais de uma geração emancipada dos costumes morais tradicionais. Keynes acreditava que, levando em conta efeitos previsíveis, ele podia construir um mundo melhor do que se submetendo a regras abstratas tradicionais. Keynes adorava usar a expressão "sabedoria convencional" com escárnio e, em um revelador relato autobiográfico (1938/49/72:X, 446), conta que o círculo de Cambridge dos seus anos de juventude, do qual a maior parte dos membros pertenceu mais tarde ao Bloomsbury Group*, "repudiava inteiramente o encargo pessoal de obedecer às regras gerais sobre nós" e que eles eram "no sentido mais estrito do termo, imoralistas". Ele acrescentou com modéstia que, aos 55 anos, estava velho demais para mudar e continuaria a ser imoralista. Este homem extraordinário também justificou de modo distinto algumas das suas concepções econômicas, assim como sua crença geral no gerenciamento da ordem de mercado, com o fundamento de que "no longo prazo, estaremos todos mortos" (isto é, não importam os estragos de longo prazo que causemos; é apenas o momento presente, o curto prazo — que consiste em opinião pública, reivindicações, votos e todo o substrato e a tentação da demagogia — que conta). O chavão segundo o qual "no longo prazo, estaremos todos mortos" é também uma manifestação característica da relutância de reconhecer que os costumes morais concernem aos efeitos de longo prazo — efeitos *que estão além da nossa possibilidade de percepção* — e de uma tendência a desprezar a disciplina culta de adotar perspectivas de alcance amplo.

> Keynes também se opôs à tradição moral da "virtude de poupar", recusando-se, junto com milhares de economistas carrancudos, a admitir que a redução da demanda por bens de consumo costuma ser necessária para tornar possível o aumento da produção de bens de capital (isto é, investimento). E isso, por sua vez, levou-o a devotar seus poderes intelectuais formidáveis ao desenvolvimento da sua teoria "geral" de economia – à qual devemos a ímpar inflação mundial do terceiro trimestre do século XX e a inevitável consequência do desemprego severo que a ela se seguiu (Hayek, 1972/1978).
>
> Assim, não foi apenas a filosofia que confundiu Keynes. Foi também a economia. Alfred Marshall, que entendia da questão, não

---

* Grupo de influentes intelectuais ingleses com postura radical do início do século XX. Além de Keynes, outros membros proeminentes foram Virginia Woolf e E. M. Forster. (N. do T.)

conseguiu chamar a atenção de Keynes a uma das importantes lições que John Stuart Mill aprendera na juventude: a saber, que "a demanda por produtos não é demanda por mão de obra". Sir Leslie Stephen (o pai de Virgínia Woolf, que também era membro do Bloomsbury Group) afirmou a respeito, em 1876, que "tão raramente se entende esta doutrina que ser capaz de avaliá-la por completo é, talvez, o melhor teste de um economista" – e por isso foi ridicularizado por Keynes. (Ver Hayek, 1970/78:15-16, 1973:25, e (sobre Mill e Stephen) 1941:4331ss.)

Mesmo já tendo contribuído muito, a despeito de si mesmo, para o despertar da liberdade, Keynes nem por isso deixou de chocar os membros do Bloomsbury por não partilhar do socialismo que era entre eles generalizado; entretanto, a maioria de seus discípulos é socialista de uma espécie ou de outra. Nem Keynes nem seus alunos reconhecem que a ordem ampliada deve se basear em considerações de longo prazo. A ilusão filosófica que está por trás das concepções de Keynes, de que existe um atributo indefinível de "bondade" — a ser descoberto por todo indivíduo, o que impõe a cada um o dever de buscá-lo, e cujo reconhecimento justifica o desprezo a grande parte da moral tradicional (uma concepção que dominou o Bloomsbury Group por meio da obra de G. E. Moore (1903)) —, produziu uma característica inimizade às fontes das quais ele se alimentava. Isto evidenciou-se também em E. M. Forster, que argumentou a sério que libertar a espécie humana dos males do "comercialismo" tornara-se tão urgente quanto fora libertá-la da escravidão.

Opiniões similares às de Monod e Keynes são expressas por um cientista menos notável, mas ainda assim influente: o psicanalista que se tornou o primeiro secretário-geral da Organização Mundial da Saúde, G. B. Chisholm, que defendeu nada menos que a "erradicação dos conceitos de certo e errado" e sustentou que a tarefa do psiquiatra era libertar a espécie humana "do paralisante fardo do bem e do mal" — conselho que na época foi elogiado por uma elevada autoridade legal americana. Aqui, mais uma vez, a moralidade — por não ter "fundamentos científicos" — é vista como irracional, e não se reconhece seu estatuto de encarnação do conhecimento cultural acumulado.

OS ERROS FATAIS DO SOCIALISMO

Analisemos, porém, um cientista ainda maior que Monod ou Keynes — Albert Einstein, talvez o maior gênio do nosso tempo. Einstein estava interessado em um tema diferente, mas que tem estreita relação com esse. Usando um popular chavão socialista, ele escreveu que "a produção para o uso" deveria substituir "a produção para o lucro" da ordem capitalista (1956:129).

"Produção para o uso" significa aqui o tipo de trabalho que, no grupo reduzido, é guiado pela antevisão de para quem se volta o produto. Mas essa opinião deixa de levar em conta considerações como as que foram desenvolvidas nos capítulos precedentes, que serão reafirmadas do seguinte modo: apenas as diferenças entre os preços esperados de diferentes produtos e serviços e seus custos, na ordem autogeradora do mercado, informam ao indivíduo qual é a melhor maneira de contribuir para o reservatório do qual todos extraímos em proporção à nossa contribuição. Ao que parece, Einstein não sabia que só o cálculo e a distribuição em função de preços de mercado tornam possível utilizar intensamente os recursos encontráveis, guiar a produção para servir a fins que ultrapassam a percepção do produtor e permitir ao indivíduo participar de maneira útil do intercâmbio produtivo (primeiro, ao servir a pessoas das quais desconhece a maioria, para gratificação de cujas necessidades entretanto pode contribuir efetivamente; e segundo, ao ser ele mesmo tão bem suprido quanto é apenas porque indivíduos que não sabem nada a respeito da existência *dele* são induzidos, também por indicações do mercado, a sustentar suas necessidades: ver o capítulo anterior). Ao seguir opiniões desse tipo, Einstein mostra falta de compreensão do processo real pelo qual os esforços humanos são coordenados, ou falta de interesse verdadeiro por ele.

Seu biógrafo relata que Einstein considerava uma obviedade que "a razão humana deve ser capaz de encontrar um método de distribuição que funcione com tanta eficiência quanto o da produção" (Clark, 1971:559) — afirmação que lembra a do filósofo Bertrand Russell, segundo a qual não se pode considerar uma sociedade "completamente científica" a não ser que "ela tenha sido criada de modo deliberado com uma certa estrutura para satisfazer a certos propósitos" (1931:203). Essas reivindicações, sobretudo na boca de Einstein, soavam tão pouco plausíveis, que até um filósofo sensato, zombando de Einstein por extrapolar a própria competência em alguns de seus escritos populares, declarou com aprovação que "fica claro que Einstein sabe que a crise econômica atual se deve ao nosso sistema de produção voltado antes ao lucro que ao uso, ao fato de que o crescimento tremendo do nosso poder produtivo não é na verdade acompanhado pelo crescimento correspondente do poder de compra das grandes massas" (M. R. Cohen, 1931:119).

Também deparamos com Einstein repetindo (no ensaio mencionado) conhecidas expressões de agitação socialista a respeito da "anarquia econômica da sociedade capitalista", na qual "o pagamento dos trabalhadores não é determinado pelo valor do produto", ao passo que "uma economia planejada ... distribuiria o trabalho a ser feito entre todos aqueles capazes de trabalhar", e coisas assim.

Concepção similar, ainda que mais cautelosa, aparece em um ensaio do colaborador de Einstein, Max Born (1968:cap. 5). Apesar de ter, sem dúvida, percebido que a nossa ordem ampliada já não gratifica instintos primitivos, Born deixou de examinar com atenção as estruturas que criam e mantêm essa ordem e de ver que a nossa moral instintiva vem sendo, nos últimos 5 mil anos ou mais, gradualmente substituída ou restringida. Assim, embora perceba que "a ciência e a tecnologia destruíram a base ética da civilização, talvez de forma irreparável", ele imagina que elas o fizeram pelos fatos que revelaram, e não por terem relegado ao descrédito sistemático crenças que deixam de satisfazer certos "padrões de aceitabilidade" exigidos pelo racionalismo construtivista (ver a seguir). Embora admita que "ninguém conseguiu, até o momento, elaborar um meio de manter a sociedade unida sem princípios éticos tradicionais", Born ainda tem esperanças de que estes possam ser substituídos "por meio do método tradicional usado na ciência". Ele também é incapaz de ver que aquilo que repousa *entre* o instinto e a razão não pode ser substituído pelo "método tradicional usado na ciência".

Meus exemplos são extraídos de declarações de importantes figuras do século xx; não incluí outros incontáveis personagens semelhantes, como R. A. Millikan, Arthur Eddington, F. Soddy, W. Ostwald, E. Solvay, J. D. Bernal, todos os quais disseram muitos disparates sobre temas econômicos. De fato, seria possível mencionar centenas de declarações similares de cientistas e filósofos de renome comparável — tanto de séculos passados quanto do presente. Mas nós podemos, acredito, aprender mais examinando com vagar esses exemplos contemporâneos específicos — o que está por trás deles — do que tão só empilhando menções e exemplos. Talvez a primeira coisa a observar seja que, embora longe de idênticos, esses exemplos têm certa semelhança de parentesco.

UMA LITANIA DE EQUÍVOCOS

As ideias levantadas nestes exemplos têm em comum um número de raízes temáticas estreitamente interconectadas, que não são mera questão de antecedentes históricos comuns. Leitores que não conhecem bem a literatura de fundo talvez não consigam ver de imediato algumas dessas interconexões. Assim, antes de examinar as ideias em si, eu gostaria de identificar alguns temas recorrentes — que são todos conhecidos e dentre os quais a maior parte pode não parecer contestável à primeira vista — que, em conjunto, constituem uma espécie de argumento. Este "argumento" também poderia ser descrito como uma litania de erros, ou como uma receita para produzir o racionalismo presunçoso que eu chamo de cientificismo e construtivismo. Para iniciar a jornada, consultemos aquela "fonte de conhecimento" imediato, o dicionário, livro que contém muitas receitas. Colhi no utilíssimo *Fontana/Harper Dictionary of Modern Thought* (1977) algumas definições breves de quatro conceitos filosóficos básicos que, de modo geral, guiam os pensadores contemporâneos formados em linhas cientificistas e construtivistas: racionalismo, empirismo, positivismo e utilitarismo — conceitos que vieram, nos últimos séculos, a ser considerados expressões representativas do "espírito científico da época". De acordo com essas definições, escritas por lorde Quinton — filósofo britânico e presidente da Trinity College, Oxford —, o *racionalismo* nega a aceitabilidade de crenças fundadas em qualquer coisa que não seja a experiência e o raciocínio, dedutivo ou indutivo. O *empirismo* sustenta que as declarações que alegam expressar conhecimento se limitam àquelas que dependem da experiência para a sua justificação. O *positivismo* é definido como a posição de que todo o conhecimento verdadeiro é científico, no sentido de descrever a coexistência e a sucessão de fenômenos observáveis. E o *utilitarismo* "considera que o prazer e a dor de todas as pessoas por eles afetadas são o critério máximo da correção de uma ação".

Encontram-se bastante explícitas nessas definições, assim como estão implícitas nos exemplos mencionados na seção precedente, a profissão de fé da ciência moderna — e da filosofia da ciência moderna — e a declaração de guerra de uma e outra às tradições morais. Essas declarações, definições e postulados criaram a impressão de que apenas aquilo que é racionalmente justificável, apenas aquilo que pode ser observado, examinado e provado, merece crédito; que só o que é prazeroso deve levar à ação e que tudo o mais deve ser repudiado. Isso, por sua vez, leva direto à controvérsia de que as principais tradições morais que criaram e estão criando a nossa cultura — que decerto não podem ser justificadas de acordo com esses critérios e que com frequência geram antipatia — não merecem adesão e que nossa tarefa deve ser construir uma nova moralidade com base no conhecimento científico — em geral a nova moralidade do socialismo.

Quando consideradas em conjunto com nossos exemplos anteriores e examinadas mais de perto, essas definições mostram de fato conter as seguintes pressuposições:

1. A ideia de que é irracional obedecer ao que não se pode justificar cientificamente nem provar via observação (Monod, Born).

2. A ideia de que é irracional obedecer ao que não se compreende. Esta noção está implícita em todos os nossos exemplos, mas devo confessar que eu também já acreditei nela e fui do mesmo modo capaz de encontrá-la em um filósofo com o qual em geral concordo. Assim, sir Karl Popper afirmou certa vez (1948/63:122; ênfase minha) que os pensadores racionalistas "não se submeterão

cegamente a *nenhuma* tradição", o que, lógico, é tão impossível quanto não cumprir nenhuma tradição. Isso deve, porém, ter sido um lapso, pois em outro lugar ele observou com correção que "jamais sabemos sobre o que estamos falando" (1974/1976:27, ver também, a respeito, Bartley, 1985/1987). (Apesar de o homem livre insistir no seu direito de examinar e, quando apropriado, rejeitar qualquer tradição, ele não poderia viver entre outras pessoas se se recusasse a aceitar, sem sequer pensar a respeito delas, incontáveis tradições de cujo efeito permanece ignorante.)

3. A ideia relacionada de que é irracional seguir um caminho específico a não ser que o seu *propósito seja* completamente especificado com antecedência (Einstein, Russell, Keynes).

4. A ideia, também com rigor relacionada, de que é irracional fazer qualquer coisa que não aquelas cujos *efeitos sejam* não apenas inteiramente conhecidos por antecipação, mas também completamente observáveis e percebidos como benéficos (os utilitaristas).

As suposições 2, 3 e 4 são, apesar da diferença de ênfase, quase idênticas; mas eu as distingui aqui para chamar atenção ao fato de que os argumentos a favor delas se voltam, dependendo de quem as está defendendo, ou para a falta de compreensibilidade de modo geral ou, mais especificamente, à falta de propósito característico ou à falta de conhecimento completo e observável dos efeitos.

Seria possível apontar requisitos adicionais, mas esses quatro — que examinaremos nos dois capítulos seguintes — serão suficientes para os nossos propósitos (em grande medida ilustrativos). Duas coisas podem ser observadas desde o início a respeito desses requisitos. A primeira é que absolutamente nenhum deles mostra a menor consciência de que pode haver limites ao nosso conhecimento ou à nossa razão em certas áreas, nem considera que, nessas circunstâncias, a tarefa mais importante da ciência talvez seja descobrir quais são esses limites. Veremos abaixo que eles existem e que podem ser de fato, pelo menos em parte, superados por meio, por exemplo, da ciência da economia ou "catalática*", mas que *não podem ser superados quando se persiste nos quatro requisitos acima*. E a segunda é que se descobre na abordagem subjacente aos requisitos não apenas falta de compreensão, não apenas deficiência em considerar ou lidar com esses problemas, mas também uma curiosa falta de curiosidade a respeito de como a nossa ordem ampliada veio de fato a existir, como ela se mantém e quais poderiam ser as consequências de destruir as tradições que a criaram e que a sustentam.

LIBERDADE POSITIVA E LIBERDADE NEGATIVA

Alguns racionalistas desejariam fazer uma queixa adicional que praticamente não consideramos: a saber, que a moralidade e as instituições do capitalismo não apenas deixam de atender aos requisitos lógicos, metodológicos e epistemológicos já analisados, mas também impõem um fardo paralisante sobre a nossa liberdade — como, por exemplo, nossa liberdade de nos "expressar" sem restrições.

Não é possível lidar com essa queixa negando o óbvio, uma verdade com a qual abrimos este livro — que a tradição moral de fato parece pesada para muitos —, mas apenas observando mais uma vez, aqui e nos capítulos subsequentes, o que ganhamos suportando essa carga e quais seriam as alternativas. Creio que talvez todos os benefícios da civilização, e aliás nossa própria existência, repousem na nossa contínua disposição de carregar o fardo da tradição. Esses benefícios não "justificam" de maneira alguma o fardo. Mas a alternativa é pobreza e fome.

Sem tentar recontar e revisar todos esses benefícios, posso mencionar de novo, em um contexto levemente diferente, o benefício talvez mais irônico de todos — pois tenho em mente nossa própria liberdade. Liberdade exige que se permita ao indivíduo buscar *os próprios fins*: quem é livre não está mais, em tempos de paz, preso aos objetivos concretos comuns da

---

* Hayek explicará o significado do termo no capítulo 7. (N. do T.)

comunidade. Tal liberdade de decisão individual se torna possível pela delimitação de direitos individuais claros (os direitos de propriedade, por exemplo) e pela designação de esferas dentro das quais cada um pode dispor dos meios que lhe são conhecidos para os próprios fins. Ou seja, uma esfera de liberdade reconhecível é determinada para cada pessoa. Isto é importantíssimo. Pois ter algo de próprio, por menor que seja, é o fundamento com base no qual se pode formar uma personalidade distintiva e criar um ambiente distintivo dentro do qual objetivos individuais específicos podem ser buscados.

Mas a suposição comum de que é possível ter esse tipo de liberdade sem restrições criou confusão. Esta suposição aparece na *perspectiva* atribuída a Voltaire de que *"quand je peux faire ce que je veux, voilà la liberté"**, na declaração de Bentham de que "toda lei é má, pois toda lei é uma infração da liberdade" (1789/1887:48), na definição de Bertrand Russell de liberdade como a "ausência de obstáculos para a realização dos nossos desejos" (1940:251) e em incontáveis outras fontes. A liberdade geral neste sentido é impossível, pois a liberdade de cada um submergiria pela liberdade ilimitada, ou seja, a falta de limites, de todos os outros.

A questão, pois, é como garantir a maior liberdade possível a todos. Isto pode ser feito restringindo uniformemente a liberdade de todos por meio de regras abstratas que evitem a coerção arbitrária ou discriminatória de ou por outras pessoas e impedem cada um de invadir a esfera de liberdade de qualquer outro (ver Hayek 1960 e 1973, e capítulo 2). Em suma, fins concretos comuns são substituídos por regras abstratas comuns. O governo é necessário apenas para fazer valer essas regras abstratas e, por meio delas, proteger o indivíduo contra a coerção, ou a invasão da sua esfera de liberdade, por outros. Enquanto a obediência imposta a fins concretos comuns é equivalente à escravidão, a obediência a regras abstratas comuns (por mais opressivas que ainda assim pareçam) fornece o campo para a mais extraordinária liberdade e diversidade. Embora se suponha às vezes que essa diversidade gere o caos, ameaçando a ordem relativa que também associamos à civilização,

---

* "Quando posso fazer o que quero, eis a liberdade". (N. do T.)

revela-se que a maior diversidade traz a maior ordem. Assim, o tipo de liberdade tornada possível pela adoção de regras abstratas, em contraste com a libertação das restrições é, como Proudhon afirmou certa vez, "a mãe, não a filha, da ordem".

Não há de fato nenhum motivo para esperar que a seleção de práticas habituais pela evolução produza felicidade. O enfoque à felicidade foi introduzido por filósofos racionalistas que supunham que uma razão consciente tinha de ser descoberta para a escolha da moral do homem e que ela poderia provar-se a busca deliberada de felicidade. Mas perguntar por que razão consciente o homem adotou sua moral é tão equivocado quanto perguntar por que razão consciente o homem adotou sua razão.

Não obstante, não deve ser desprezada a possibilidade de que a ordem desenvolvida em que vivemos nos forneça oportunidades para atingir a felicidade que igualam ou excedem aquelas fornecidas a um número muito menor de pessoas pelas ordens primitivas (o que não quer dizer que essas coisas possam ser calculadas). Muito da "alienação" ou infelicidade da vida moderna se origina de duas fontes, uma das quais afeta primariamente os intelectuais e a outra, todos os beneficiários da abundância material. A primeira é a profecia autorrealizável de infelicidade para quem está dentro de qualquer "sistema" que não satisfaça aos critérios racionalistas de controle consciente. Assim, intelectuais, de Rousseau até figuras recentes do pensamento francês e alemão como Foucault e Habermas, consideram que há alienação violenta em qualquer sistema no qual uma ordem é "imposta" sobre os indivíduos sem seu consentimento consciente; por consequência, seus seguidores tendem a achar a civilização insuportável — como que por definição. No segundo caso, a persistência de sentimentos instintivos de altruísmo e solidariedade sujeitam aqueles que seguem as regras impessoais da ordem ampliada ao que se costuma chamar de "consciência pesada"; de modo similar, supõe-se que a obtenção de sucesso material deva ser acompanhada de sentimentos de culpa ("consciência social"). Em meio à plenitude, pois, há infelicidade nascida não apenas da pobreza periférica, mas também da incompatibilidade, por parte do instinto e de uma razão arrogante, com uma ordem que tem um caráter decididamente não instintivo e extrarracional.

"LIBERTAÇÃO" E ORDEM

Num nível menos sofisticado que o do argumento contra a "alienação" estão as reivindicações de "libertação" dos encargos da civilização — inclusive os encargos do trabalho disciplinado, da responsabilidade, da aceitação de riscos, da necessidade de poupar, da honestidade, do cumprimento dos compromissos, assim como das dificuldades de refrear por meio de regras gerais as próprias reações naturais de hostilidade a estranhos e solidariedade com aqueles que são semelhantes — uma ameaça cada vez mais severa à liberdade política. Deste modo, a ideia de "libertação", embora alegadamente nova, é em verdade arcaica na exigência de desprendimento da moral tradicional. Aqueles que a apoiam desejam destruir a base da liberdade e permitir aos homens fazer o que quebraria de forma irremediável as condições que tornam possível a civilização. Um dos exemplos disso aparece na chamada "teologia da libertação", em especial dentro da Igreja Católica na América do Sul. Mas esse movimento não está restrito a este continente. Em toda parte, em nome da libertação, as pessoas renegam práticas que possibilitaram à espécie humana atingir o número de indivíduos e o grau de cooperação que ela hoje tem, porque não veem, *racionalmente*, de acordo com as próprias luzes, que certas limitações à liberdade individual por meio de regras legais e morais tornam possível uma ordem maior — e mais livre! — do que a que pode ser alcançada pelo controle centralizado.

Essas reivindicações nascem sobretudo da tradição do liberalismo racionalista que já discutimos (tão diferente do liberalismo político que deriva dos *old whigs* ingleses), que sugere que a liberdade é incompatível com qualquer restrição geral à ação individual. Essa tradição se manifesta nas passagens que citamos de Voltaire, Bentham e Russell. Infelizmente, também permeia até a obra do "santo do racionalismo" inglês, John Stuart Mill.

Sob influência desses escritores, e talvez de Mill acima de todos, o fato de que precisamos comprar a liberdade que nos habilita a formar a ordem ampliada ao custo de submeter-nos a certas regras de conduta foi usado como justificativa para exigir o retorno ao estado de "liberdade" de que gozam os selvagens, que — como os definiam os pensadores do século XVIII — "não conhecem a propriedade ainda". Contudo, o estado selvagem — que inclui a obrigação ou o dever de compartilhar da busca dos objetivos concretos dos próprios companheiros e de obedecer aos comandos de um chefe — dificilmente pode ser caracterizado como um estado de liberdade (embora talvez envolvesse a libertação de alguns encargos específicos) ou mesmo de moral. Apenas as regras gerais e abstratas que devem ser levadas em conta nas decisões individuais de acordo com aspirações individuais merecem o nome de morais.

5
A presunção fatal

A MORAL TRADICIONAL NÃO SATISFAZ OS REQUISITOS RACIONAIS

OS QUATRO REQUISITOS QUE ACABARAM DE SER LISTADOS
— de acordo com os quais o que quer que não seja provado pelos processos científicos, ou não seja entendido na íntegra, ou careça de um propósito especificado em sua totalidade, ou tenha alguns efeitos desconhecidos, é irracional — são particularmente condizentes com o racionalismo construtivista e o pensamento socialista. Estas duas abordagens procedem, elas mesmas, de uma interpretação mecanicista ou fisicalista da ordem ampliada da cooperação humana, isto é, da concepção do ordenamento como um processo de combinação e controle similar ao que se pode fazer com um grupo quando se tem acesso a todos os fatos conhecidos pelos seus membros. Mas a ordem ampliada não é, nem poderia ser, desse tipo.

Logo, antes de mais nada, desejo reconhecer que a maioria dos princípios, das instituições e práticas da moralidade tradicional e do capitalismo *não* satisfazem aos requisitos ou critérios relatados e são — *da perspectiva desta teoria da razão e da ciência* — "irracionais" e "anticientíficos". Além disso, uma vez que, como também admitimos, aqueles que continuam a seguir as práticas tradicionais em geral não entendem como elas se originaram e como perduram, não surpreende que as chamadas "justificativas" alternativas que os tradicionalistas às vezes oferecem para as suas práticas sejam com frequência bastante ingênuas (e assim estão no mesmo nível dos nossos intelectuais) e não tenham nenhuma relação com as verdadeiras razões de seu sucesso. Muitos tradicionalistas nem se preocupam com justificativas que não seria mesmo possível fornecer (permitindo, assim, que os intelectuais os acusem de ser anti-intelectuais e dogmáticos), mas continuam a seguir suas práticas por hábito ou fé religiosa. Tampouco constitui isso, em nenhum sentido, "novidade". Afinal de contas, foi há mais de 250 anos que Hume afirmou que "as regras de moralidade não são produto de conclusões da nossa razão". Contudo, a alegação de Hume não foi suficiente para impedir a maioria dos racionalistas modernos de persistir em acreditar — curiosamente muitas vezes citando Hume como fundamento — que algo que não é derivado da razão deve ser ou absurdo ou questão de preferência arbitrária e, por consequência, continua a exigir justificativas racionais.

Não apenas deixam de cumprir essas exigências os princípios tradicionais da religião, tais como a crença em Deus, e grande parte da moralidade tradicional que concerne ao sexo e à família (questões com as quais não me preocupo neste livro), mas também as tradições morais específicas que de fato me interessam aqui, tais como a propriedade privada, a poupança, o intercâmbio, a honestidade, a sinceridade e os contratos.

A situação pode parecer ainda pior quando se considera que não apenas as tradições, instituições e crenças mencionadas deixam de cumprir as exigências declaradas, mas também são rejeitadas por muitos socialistas com outras bases. Por exemplo, alguns, como Chisholm e Keynes, as consideram "fardos paralisantes" e outros, como Wells e Forster, consideram-nas intimamente relacionadas a comércios e mercados abjetos (ver capítulo 6). Elas também podem ser vistas, como está tão em moda hoje, como fontes de alienação, opressão e "injustiça social".

Em virtude dessas objeções, a conclusão a que se chega é que há uma necessidade urgente de construir uma nova moralidade, justificada e revisada racionalmente, que atenda a essas exigências e que, além disso, *não* seja um fardo paralisante, nem alienante, opressiva, "injusta" ou associada ao comércio. Ademais, isso é apenas parte da grande tarefa que estes novos legisladores — socialistas, como Einstein, Monod e Russell, e autoproclamados "imoralistas", como Keynes — colocaram para si próprios. Uma nova linguagem e um novo direito racionais devem ser do mesmo modo construídos, pois a linguagem e o direito existentes também deixam de atender a essas exigências, e por razões que se revelam as mesmas. (Aliás, nem sequer as leis da *ciência* satisfazem esses critérios (Hume, 1739/1951; e ver Popper, 1934/59).) Essa incrível tarefa talvez a eles pareça ainda mais urgente pelo fato de que, embora já não acreditem em nenhuma sanção sobrenatural da moralidade (quanto mais da linguagem, do direito e da ciência), continuam convencidos de que *alguma* justificativa é necessária.

Assim, orgulhando-se de ter construído seu mundo como se o tivesse projetado, e culpando-se por não tê-lo projetado melhor, a espécie humana empenha-se em fazer exatamente isso. O objetivo do socialismo não é nada menos que reprojetar por completo nossa moral tradicional, nosso direito e nossa linguagem e, com base nisso, erradicar a velha ordem e as condições supostamente inexoráveis e injustificáveis que evitam a instituição da razão, da realização pessoal, da justiça e da verdadeira liberdade.

JUSTIFICAÇÃO E REVISÃO DA MORAL TRADICIONAL

No entanto, os modelos racionalistas sobre os quais todo este argumento, em verdade, todo este programa, repousam são, na melhor das hipóteses, juízos de perfeição e, na pior, regras desacreditadas de uma antiga metodologia que podem ter sido incorporadas em parte do que se considera ciência, mas que nada têm a ver com pesquisas reais. Um sistema moral altamente evoluído e bastante sofisticado existe lado a lado, na nossa ordem ampliada, com a teoria primitiva da racionalidade e da ciência patrocinada pelo construtivismo, cientificismo, positivismo, hedonismo e socialismo. Isso não depõe contra a razão e a ciência, mas contra essas teorias e algumas de suas práticas. Tudo isso começa a se tornar evidente quando se percebe que *nada é* justificável do modo exigido. Isto se aplica não apenas à moral, mas também à linguagem e à lei, e até à própria ciência.

A PRESUNÇÃO FATAL

Que o que acabo de afirmar se aplica também à ciência pode parecer estranho para quem não está ciente dos avanços e das controvérsias atuais na filosofia da ciência. Contudo, é realmente um fato não só que as leis científicas atuais não são justificadas nem justificáveis como exigido pelos metodologistas construtivistas, mas que temos razões para supor que descobriremos algum dia que muitas das conjecturas científicas atuais não são verdadeiras. Ademais, uma concepção que nos guie com mais êxito do que aquela em que acreditamos antes pode, ainda que constitua um grande avanço, ser em essência tão equivocada quanto a que a precedeu. Como aprendemos com Karl Popper (1934/1959), nosso objetivo deve ser cometer nossos erros sucessivos o mais rápido possível. Se, enquanto isso, abandonássemos todas as hipóteses atuais que não podemos comprovar serem verdadeiras, voltaríamos em breve ao nível do selvagem que confia apenas em seus instintos. Porém, é isso o que todas as versões do cientificismo aconselham – do racionalismo cartesiano ao positivismo moderno.

Além disso, embora seja verdade que a moral *tradicional* não é racionalmente justificável, isso também se aplica *a qualquer código moral possível, inclusive a qualquer um que os socialistas possam inventar*. Portanto, sejam quais forem as regras que seguirmos, nós não conseguiremos justificá-las como exigido; logo, nenhum argumento sobre moral — e ciência, direito ou linguagem — pode empregar legitimamente a questão da justificação (ver Bartley, 1962/1984; 1964, 1982). Se parássemos de fazer tudo aquilo cuja razão desconhecemos, ou a favor do qual não podemos apresentar uma justificação no sentido exigido, provavelmente muito em breve estaríamos mortos.

Na realidade, a questão da justificação é uma pista falsa, que se deve em parte a pressupostos errôneos e incoerentes, alguns dos quais remontam à Antiguidade, surgidos dentro da nossa tradição epistemológica e metodológica. A confusão a respeito da justificação também procede, em particular no que diz respeito às questões que nos concernem, de Auguste Comte, que supunha que somos capazes de remodelar todo o nosso sistema moral e de substituí-lo por um corpo de regras totalmente explicado e justificado (ou, como disse o próprio Comte, "demonstrado").

Não enunciarei aqui todas as razões por que as exigências tradicionais de justificação são irrelevantes. Mas só para dar como exemplo (adequado também ao argumento da seção seguinte) um modo popular de tentar justificar a moral, deve-se observar que não faz sentido pressupor, como fazem as teorias éticas racionalista e hedonista, que a moralidade só é justificável na medida em que, digamos, está voltada à produção ou à busca de um objetivo específico como a felicidade. Não há motivo para supor que a seleção evolutiva de práticas habituais como aquelas que têm permitido aos homens alimentar uma enorme população tivesse muito, ou mesmo algo, a ver com a produção da felicidade e, muito menos, que fosse orientada por ela. Ao contrário, há muitos indícios de que aqueles que visassem simplesmente à felicidade teriam sido subjugados por aqueles que queriam apenas preservar suas vidas.

Embora nossas tradições morais não possam ser explicadas, justificadas nem demonstradas como exigido, os processos que levaram à sua formação podem ser parcialmente reconstituídos e, ao fazê-lo, podemos compreender até certo ponto as necessidades a que elas servem. Na medida em que conseguimos fazer isto, somos de fato convocados a melhorar e revisar nossas tradições morais, corrigindo os defeitos reconhecíveis por meio do aperfeiçoamento gradual baseado na crítica imanente (ver Popper, 1945/66 e 1983:29-30), isto é, analisando a compatibilidade e a coerência de suas partes e corrigindo o sistema de acordo com isto.

> Como exemplos desses aperfeiçoamentos graduais, mencionamos os novos estudos contemporâneos sobre direitos autorais e patentes. Para tomar outro exemplo, ainda que sejamos devedores do conceito clássico (do direito romano) de propriedade separada como o direito exclusivo de usar ou abusar de um objeto físico como bem entendermos, este conceito simplifica as regras exigidas para manter uma economia de mercado eficiente e está surgindo toda uma nova subdisciplina econômica devotada a apurar de que maneira a instituição tradicional da propriedade pode ser aperfeiçoada para fazer o mercado funcionar melhor.

A PRESUNÇÃO FATAL

Uma das necessidades preliminares desta análise é aquilo que às vezes é chamado de fazer a "reconstrução racional" (usando o termo "construção" num sentido muito diferente de "construtivismo") do modo como o sistema poderia ter surgido. Esta é, com efeito, uma pesquisa que se enquadra no campo da história, até da história da natureza, e não uma tentativa de construir, justificar ou demonstrar o sistema em si. Ela se assemelha àquilo que os seguidores de Hume chamavam de "história conjectural", que tentava tornar inteligível a razão pela qual antes certas regras que outras haviam prevalecido (mas nunca menosprezava o argumento essencial de Hume, que nunca é demais repetir, de que "as regras de moralidade não são produto de conclusões da nossa razão"). Esse é o caminho seguido não apenas pelos filósofos escoceses, mas por uma longa cadeia de estudiosos da evolução cultural, desde os gramáticos e linguistas helenistas e romanistas a Bernard Mandeville, passando por Herder, Giambattista Vico (que teve a profunda revelação de que *homo non intelligendo fit omnia* ["o homem se tornou tudo o que é sem o compreender"] (1854:V, 183)) e pelos já mencionados historiadores alemães do direito, como von Savigny até Carl Menger. Menger é o único destes que veio depois de Darwin; contudo, todos tentaram fazer uma reconstrução racional, uma história conjetural ou um relato evolutivo da emergência das instituições culturais.

Neste ponto, encontro-me na embaraçosa posição de querer afirmar que os profissionais que mais provavelmente poderão ser capazes de oferecer interpretações das tradições morais que tornaram o crescimento da civilização possível são os membros da minha própria profissão, os economistas, especialistas que conhecem o processo de formação das ordens ampliadas. Apenas alguém capaz de explicar efeitos como aqueles relacionados à propriedade separada pode esclarecer por que esse tipo de prática permitiu àqueles que a seguiam sobrepujar outros cuja moral era mais adequada à consecução de objetivos diferentes. Mas meu desejo de advogar pelos meus colegas economistas, embora em parte cabível, talvez fosse mais justificável se não estivessem tantos deles próprios contagiados pelo construtivismo.

Como, então, surge a moral? Qual é a *nossa* "reconstrução racional"? Já a delineamos nos capítulos anteriores. À parte a controvérsia

97

construtivista de que uma moralidade adequada pode ser planejada e totalmente construída de novo pela razão, existem pelo menos duas outras fontes possíveis de moralidade. Há, como vimos, em primeiro lugar, a moralidade inata, por assim dizer, dos nossos instintos (a solidariedade, o altruísmo, a decisão do grupo e similares), cujas práticas resultantes não bastam para manter a ordem ampliada atual e a sua população. Em segundo lugar, há a moralidade que é produto da evolução (a poupança, a propriedade separada, a honestidade e assim por diante), que criou e sustenta a ordem ampliada. Como já vimos, essa moralidade encontra-se *entre* o instinto e a razão, posição que tem sido obscurecida pela falsa dicotomia de instinto *versus* razão.

A ordem ampliada depende dessa moralidade no sentido de que ela surgiu do fato de que os grupos que seguem as regras a ela subjacentes se multiplicaram e enriqueceram com relação a outros grupos. O paradoxo do mercado e da ordem ampliada — um grande obstáculo para socialistas e construtivistas — é que, por esse processo, conseguimos sustentar mais pessoas a partir de recursos a descobrir (e, aliás, neste processo mesmo descobrir mais recursos) do que seria possível por meio de um processo dirigido pessoalmente. E embora essa moralidade não se justifique pelo fato de que nos permite fazer essas coisas e assim sobreviver, *ela nos capacita a sobreviver, e talvez isto tenha algum valor.*

OS LIMITES DA ORIENTAÇÃO PELO CONHECIMENTO FACTUAL; A IMPOSSIBILIDADE DE OBSERVAR OS EFEITOS DA MORALIDADE

É possível que suposições falsas a respeito da possibilidade de justificar, construir e demonstrar estejam na raiz do cientificismo. Mas, ainda que entendessem isso, seus proponentes sem dúvida pretenderiam retornar a outros requisitos de sua antiga metodologia, que estão ligados à exigência de justificação, mas não dependem estritamente dela. Por exemplo (para voltar à nossa lista de requisitos), é possível objetar que *não se pode compreender por completo* a moral tradicional e o modo como ela funciona;

que obedecê-la *não atende a nenhum propósito que se possa especificar por completo* de antemão; que obedecê-la *produz efeitos que não são observáveis de imediato* e, assim, *não é possível determinar se são benéficos* — e que, seja como for, *não são plenamente conhecidos nem previstos.*

Em outras palavras, a moral tradicional não se conforma ao segundo, ao terceiro nem ao quarto requisitos. Como observamos, estes requisitos estão tão estreitamente inter-relacionados que se pode, ressaltadas suas diferentes ênfases, tratá-los em conjunto. Assim, pode-se dizer com brevidade para indicar suas inter-relações que não compreendemos o que fazemos, nem qual é o nosso propósito, a não ser que conheçamos e especifiquemos plenamente de antemão os efeitos observáveis de nossas ações. Para ser racional, argumenta-se, a ação deve ser deliberada e prevista.

A não ser que interpretássemos esses requisitos de maneira tão abrangente e trivial que perderiam qualquer sentido prático específico — como dizer que o propósito subentendido da ordem de mercado, por exemplo, é produzir o efeito benéfico de "gerar riqueza" —, seguir práticas tradicionais, como aquelas que geram a ordem de mercado, claramente não os satisfaz. Não acredito que nenhum partido dessa discussão desejasse que eles fossem interpretados de maneira tão trivial; com certeza não é a intenção nem de seus proponentes nem de seus adversários. Como consequência, podemos ter uma visão mais clara da situação em que efetivamente nos encontramos admitindo que, de fato, as instituições tradicionais não são compreendidas e seus propósitos e efeitos, benéficos ou não, não são especificados de antemão. E é muito melhor que seja assim.

No mercado (como em outras instituições da nossa ordem ampliada), as consequências não premeditadas são soberanas: a distribuição de recursos é efetuada por um processo impessoal no qual os indivíduos, agindo em vista dos próprios fins (com frequência também bastante vagos), literalmente não sabem e não podem saber qual será o resultado geral de suas interações.

Considerem-se os requisitos de que é irracional obedecer a qualquer coisa ou fazer algo às cegas (ou seja, sem compreender) e que os propósitos e *efeitos* de uma ação proposta devem ser não apenas plenamente conhecidos de antemão como também inteiramente observáveis e

OS ERROS FATAIS DO SOCIALISMO

maximamente benéficos. Agora apliquem-se esses requisitos à ideia de uma ordem ampliada. Quando analisamos esta ordem no vasto quadro evolutivo no qual ela se desenvolveu, a absurdidade dos requisitos torna-se evidente. Os efeitos decisivos que levaram à criação da ordem em si, e a que certas práticas predominassem sobre outras, foram resultado remotíssimo do que indivíduos prévios haviam feito, manifestando-se sobre grupos dos quais esses indivíduos a custo poderiam ter ciência, e efeitos que, tivessem os indivíduos anteriores sido capazes de conhecê-los, talvez *não* lhes parecessem benéficos de maneira alguma, o que quer que possam pensar a este respeito indivíduos posteriores. Quanto a estes, não há nenhum motivo para que todos eles (ou mesmo alguns deles) devessem ser dotados de conhecimento completo de história, muito menos da teoria da evolução, de economia e de tudo o mais o que teriam de saber, para entender por que o grupo cujas práticas seguem prosperou mais que outros — embora sem dúvida haja sempre algumas pessoas propensas a inventar justificativas de práticas usuais ou locais. *Mais cedo ou mais tarde*, na evolução dessa ordem, muitas das regras que se desenvolveram e que garantiram mais cooperação e prosperidade para a ordem ampliada podem ter diferido completamente de tudo o que se poderia antever e podem mesmo ter parecido repugnantes a este ou àquele. Na ordem ampliada, as *circunstâncias* que determinam o que cada um deve fazer para alcançar os próprios fins incluem, com clareza, decisões desconhecidas de muitas outras pessoas desconhecidas a respeito de que meios usar para os *seus* próprios objetivos. Logo, em nenhum momento do processo os indivíduos poderiam ter planejado, de acordo com seus propósitos, as funções das regras que de modo gradativo formaram de fato a ordem; e só mais tarde, e de maneira imperfeita e retroativa, nós fomos capazes de começar a explicar essas formações *em princípio* (ver Hayek, 1967, ensaios 1 e 2).

Não existe nenhuma palavra pronta em inglês ou mesmo em alemão que com precisão caracterize uma ordem ampliada, ou o contraste do seu funcionamento com os requisitos dos racionalistas. O único termo apropriado, "transcendente", vem sofrendo tanto abuso que hesito em usá-lo. No seu sentido literal, porém, ele de fato diz respeito àquilo que *ultrapassa de longe o alcance da nossa compreensão, dos nossos desejos e propósitos e das nossas percepções sensoriais* e àquilo que incorpora e gera conhecimentos que nenhum cérebro individual e nenhuma organização única poderiam possuir ou inventar. Funciona assim de maneira clara no sentido religioso, como vemos, por exemplo, no Pai Nosso, onde se pede que "Seja feita a *vossa* [isto é, não a *minha*] vontade, assim na terra como no céu"; ou no Evangelho, onde se declara: "Não me escolhestes vós a mim, mas eu vos escolhi a vós e vos nomeei, para que vades e deis fruto e o vosso fruto permaneça; a fim de que tudo quanto em meu nome pedirdes ao Pai ele vo-lo conceda." (João 15:16) Mas um ordenamento mais puramente transcendente, que também vem a ser puramente naturalista (não derivado de nenhum poder sobrenatural), como por exemplo na evolução, abandona o animismo ainda presente na religião: a ideia de que um único cérebro ou uma única vontade (como, por exemplo, a de um deus onisciente) pode controlar e ordenar.

A rejeição aos requisitos racionalistas com base nesses fundamentos também tem, pois, uma importante consequência para o antropomorfismo e o animismo de todo tipo — e portanto para o socialismo. Se a coordenação das atividades individuais pelo mercado, assim como outras tradições morais e instituições, é resultado de processos naturais espontâneos e auto-ordenáveis de adaptação a um número maior de fatos determinados do que qualquer mente única é capaz de perceber ou até mesmo de conceber, é evidente que as exigências de que esses processos sejam justos, ou possuam outros atributos morais (ver capítulo 7) derivam de um antropomorfismo ingênuo. Seria adequado, é claro, dirigir tais exigências aos dirigentes de um processo orientado pelo controle racional ou a um deus atento a preces, mas é completamente inadequado aplicá-las ao processo impessoal de auto-ordenação que ocorre na prática.

Numa ordem ampliada a ponto de transcender a compreensão e a possibilidade de orientação de qualquer mente única, uma vontade unificada de fato não pode determinar o bem-estar de seus vários membros em termos de um conceito específico de justiça, ou de acordo com uma escala consensual. Tampouco isso se deve simplesmente aos problemas de antropomorfismo. E também porque "o bem-estar ... não tem princípio, nem para aquele que o recebe, nem para aquele que o distribui (um o põe aqui, outro acolá); porque ele depende do conteúdo material da vontade, que é dependente de fatos determinados e que portanto é incapaz de uma regra geral" (Kant, 1798:11, 6, nota 2). A lição de Kant e Hume, de que as regras gerais devem prevalecer para que a espontaneidade floresça, jamais foi refutada, mas apenas negligenciada ou esquecida.

Embora "o bem-estar não tenha princípio" — e portanto não possa gerar ordem espontânea —, a resistência às regras de justiça que tornaram a ordem ampliada possível, e a acusação de que são imorais, decorre da convicção de que o bem-estar *tem de* ter um princípio e da recusa (e é aqui que o antropomorfismo readentra o quadro) de aceitar que a ordem ampliada surge de um processo competitivo no qual o sucesso decide, não a aprovação de uma grande mente, de uma comissão ou de um deus, ou a conformidade a algum princípio subentendido de mérito individual. Nessa ordem, o avanço de alguns se dá à custa do fracasso dos esforços igualmente sinceros e mesmo igualmente meritórios de outros. A recompensa não é pelo mérito (como a obediência a regras morais, cf. Hayek 1960:94). Por exemplo, podemos satisfazer às necessidades de outros, a despeito dos seus méritos e da razão de nossa capacidade de satisfazê-las. Como viu Kant, nenhum padrão comum de mérito é capaz de julgar entre diferentes oportunidades abertas a diferentes indivíduos com diferentes informações, diferentes habilidades e diferentes desejos. Esta última situação é de fato a usual. As descobertas que permitem a alguns vencer não são, em geral, premeditadas nem previstas — nem por aqueles que vencem nem por aqueles que fracassam. O valor dos produtos resultantes das mudanças necessárias das atividades individuais raramente parecerá justo, uma vez que são eventos imprevistos que as tornam necessárias. Tampouco podem os estágios de um processo de evolução em direção àquilo que era antes desconhecido parecer justos no sentido de conformar-se a ideias preconcebidas do que é certo e do que é errado, de "bem-estar" ou de possibilidades abertas nas circunstâncias *previamente* prevalentes.

A compreensível aversão a esses resultados moralmente cegos, inseparáveis de todo processo de tentativa e erro, leva os homens a querer alcançar uma contradição em termos: a saber, tomar para si o controle da evolução — isto é, do procedimento de tentativa e erro — e moldá-lo de acordo com os seus desejos atuais. Mas as moralidades inventadas que são resultado dessa reação dão origem a reivindicações irreconciliáveis que nenhum sistema pode satisfazer e que, assim, permanecem fonte de conflito incessante. A tentativa infrutífera de *tornar justa uma situação* cujo produto, por sua natureza, não pode ser determinado pelo que ninguém sabe nem pode saber apenas prejudica o funcionamento do processo em si.

Exigir justiça de um processo evolutivo naturalista é, portanto, inapropriado — não apenas com relação ao que aconteceu no passado, mas com relação ao que está ocorrendo no presente. Pois é claro que esse processo evolutivo ainda está em curso. A civilização não é apenas um produto de evolução — é um processo; ao estabelecer um arcabouço de regras gerais e liberdade individual, ela se permite continuar a evoluir. Esta evolução, porém, não pode ser orientada pelas coisas que os homens exigem e, com frequência, não as produzirá. As pessoas podem ver realizados alguns de seus desejos antes insatisfeitos, mas apenas à custa da frustração de muitos outros. Embora um indivíduo possa aumentar suas oportunidades pela conduta moral, a evolução resultante não gratificará todos os seus desejos morais. *A evolução não pode ser justa.*

Aliás, insistir que toda mudança futura seja justa seria exigir que a evolução fosse interrompida. A evolução nos leva adiante precisamente por causar muitas coisas que não poderíamos pretender ou prever, muito menos prejulgar a partir de propriedades morais. Para ver que é assim, basta perguntar (particularmente à luz do relato histórico fornecido nos capítulos 2 e 3) qual teria sido o efeito se, numa época primitiva qualquer, uma força mágica tivesse recebido o poder de, digamos, impor um credo igualitário ou meritocrático. Logo se percebe que isso teria tornado impossível a evolução da civilização. Um mundo rawlsiano (Rawls, 1971), portanto, jamais poderia ter se tornado civilizado: reprimindo a diferenciação que se deve à sorte, ele travaria a maioria das descobertas de novas possibilidades. Nesse mundo, seríamos privados dos únicos sinais que podem dizer a cada um o que, como resultado de milhares de mudanças nas condições em que vivemos, deve fazer agora a fim de manter a corrente da produção fluindo e, se possível, aumentando.

Os intelectuais, sem dúvida, podem afirmar ter inventado uma moral "social" nova e melhor que realizará justamente isso, mas estas "novas" regras representam uma reincidência na moral da micro-ordem primitiva e é improvável que possam manter a vida e a saúde dos bilhões sustentados pela macro-ordem.

É fácil compreender o antropomorfismo, ainda que devamos rejeitá-lo por causa de seus erros. E isso nos traz de volta ao aspecto positivo e solidário da perspectiva dos intelectuais cujas posições estamos contestando. A inventividade do homem contribui tanto para a formação de estruturas supraindividuais, no interior das quais os indivíduos encontraram grandes oportunidades, que as pessoas vieram a imaginar que poderiam planejar deliberadamente o todo, bem como algumas de suas partes, e que a simples existência dessas estruturas amplas mostra que podem ser deliberadamente planejadas. Embora se trate de um erro, é um erro nobre, que é, nas palavras de Mises, "grandioso ... ambicioso ... magnífico ... ousado".

PROPÓSITOS SEM ESPECIFICAÇÃO: NA ORDEM AMPLIADA, A MAIORIA DOS FINS DAS AÇÕES NÃO É CONSCIENTE NEM DELIBERADO

Há vários pontos e questões distintos, em grande parte elaborações do que se acabou de afirmar, que ajudam a esclarecer como esses fatores atuam em conjunto.

Em primeiro lugar, existe a questão de *como surge de fato o nosso conhecimento*. A maior parte do conhecimento — e confesso que levei algum tempo para perceber isto — é adquirido não pela experiência imediata nem pela observação, mas no processo contínuo de seleção de uma tradição aprendida, o que requer que o indivíduo reconheça e siga tradições morais que não são justificáveis em função dos cânones das teorias da racionalidade tradicionais. A tradição é produto de um processo de seleção de várias crenças irracionais ou, antes, "injustificadas" que, sem que ninguém o soubesse nem pretendesse, contribuíram para a proliferação daqueles que as seguiram (sem nenhuma relação necessária com as razões — por exemplo, razões religiosas — pelas quais eram seguidas). O processo de seleção que moldou os costumes e a moral poderia levar em

A PRESUNÇÃO FATAL

conta mais circunstâncias factuais do que os indivíduos conseguiam perceber, e, por consequência, a tradição é em certos aspectos superior à razão humana, ou "mais sábia" que ela (ver capítulo 1). Essa percepção decisiva só poderia ser reconhecida por um racionalista *muito* crítico.

Em segundo lugar, e em estreita relação com isso, existe a questão antes levantada do que é realmente decisivo na seleção evolutiva das regras de conduta. Os efeitos imediatamente perceptíveis das ações em que os homens tendem a se concentrar são muito pouco importantes para essa seleção; ao contrário, ela é feita de acordo com as consequências das decisões orientadas pelas regras de conduta a longo prazo — o mesmo longo prazo do qual Keynes zombava (1971, C. W.:IV, 65). Estas consequências dependem — como já argumentado e como voltará a ser discutido — sobretudo de regras de propriedade e contrato que garantem o âmbito pessoal do indivíduo. Ao notar isto, Hume escreveu que essas regras "não derivam de nenhuma utilidade ou vantagem que nem a pessoa *específica* nem o público possam colher da fruição por essa pessoa de nenhum bem *específico*" (1739/1886:II, 273). Os homens não previram os benefícios das regras antes de adotá-las, embora alguns tenham percebido, pouco a pouco, o quanto devem a todo o sistema.

A afirmação que fizemos antes, de que as tradições adquiridas funcionam como "adaptações ao desconhecido", deve, pois, ser tomada em sentido literal. A adaptação ao desconhecido é a chave de toda a evolução e, de fato, ninguém conhece a totalidade de acontecimentos aos quais a ordem de mercado atual o tempo todo se adapta. As informações que indivíduos ou organizações podem utilizar para adaptar-se ao desconhecido são necessariamente parciais e expressas por sinais (por exemplo, preços) através de longas cadeias de indivíduos, nas quais cada pessoa passa adiante de forma modificada uma combinação de fluxos de sinais de mercado abstratos. Não obstante, *toda a estrutura de atividades tende a se adaptar, por meio destes sinais parciais e fragmentários, a condições que nenhum indivíduo prevê nem conhece*, ainda que esta adaptação jamais seja perfeita. É por isto que essa estrutura sobrevive e que aqueles que a usam também sobrevivem e prosperam.

Não é possível haver substitutos deliberadamente planejados a semelhante processo auto-ordernável de adaptação ao desconhecido.

Nem sua razão nem sua "bondade natural" inata orientam o homem por este caminho, apenas a amarga necessidade de sujeitar-se a regras de que ele não gosta a fim de manter-se à frente de grupos concorrentes que já haviam começado a se expandir por terem deparado antes com regras semelhantes.

Se tivéssemos construído de forma intencional ou estivéssemos modelando conscientemente a estrutura da ação humana, bastaria perguntar aos indivíduos por que interagiram numa estrutura específica. Ao passo que, na realidade, mesmo depois de gerações de esforços, os especialistas acham dificílimo explicar essas questões e são incapazes de chegar a um acordo quanto às causas ou aos efeitos futuros de eventos particulares. A curiosa tarefa da economia é demonstrar aos homens que eles na verdade não sabem quase nada a respeito do que imaginam poder planejar.

Para a mente ingênua que só consegue conceber a ordem como produto de um arranjo deliberado, pode parecer absurdo que em condições complexas ela, e a adaptação ao desconhecido, possa ser alcançada com mais eficácia pela descentralização das decisões e que a divisão de autoridade de fato amplie a possibilidade de ordem global. Contudo, essa descentralização de fato faz com que mais informações sejam levadas em conta. Esta é a principal razão para rejeitar os requisitos do racionalismo construtivista. Pelo mesmo motivo, somente a divisão alterável entre muitos indivíduos realmente capazes de decidir sobre seu uso do poder de dispor de recursos específicos — alcançada pela liberdade individual e pela propriedade separada — possibilita a mais plena exploração do conhecimento disperso.

Muitas das informações específicas que qualquer indivíduo possui só podem ser utilizadas na medida em que ele mesmo pode usá-las em suas próprias decisões. Pessoa nenhuma pode comunicar a outros tudo o que sabe, porque a maioria das informações de que pode dispor ela mesma evocará apenas no processo de fazer planos para ação. Essas informações são evocadas à medida que ela trabalha na tarefa específica que empreendeu nas condições em que se encontra, como a relativa escassez de vários materiais aos quais tem acesso. Somente assim o indivíduo consegue descobrir o que deve buscar; e o que o ajudará a fazê-lo no mercado são as

A PRESUNÇÃO FATAL

reações que outros têm àquilo que encontram em seu próprio ambiente. O problema global não é simplesmente fazer uso de conhecimentos dados, mas descobrir o máximo de informações que vale a pena buscar nas condições vigentes.

Costuma-se objetar que a instituição da propriedade é egoísta, pois beneficia apenas os que a possuem, e que na verdade ela foi "inventada" por pessoas que, tendo adquirido algumas posses individuais, desejavam, para exclusivo benefício próprio, protegê-las dos outros. Essas ideias, que sem dúvida subjazem à indignação de Rousseau e à alegação dele de que nossos "grilhões" nos foram impostos por interesses egoístas e explorado-res, deixam de levar em conta que o tamanho da nossa produção global é tão expressivo apenas porque, por meio do intercâmbio no mercado de propriedades separadamente possuídas, podemos utilizar conhecimentos amplamente dispersos de fatos específicos a fim de alocar recursos separa-damente possuídos. O mercado é o único método conhecido de fornecer informações que habilitam os indivíduos a julgar as vantagens comparati-vas de diferentes usos dos recursos de que têm conhecimento imediato e por meio de cujo uso, pretendam ou não fazê-lo, satisfazem às necessida-des de indivíduos desconhecidos e distantes. Esse conhecimento é *em essência* disperso, e não é possível coletá-lo e transmiti-lo a uma autoridade encarregada da tarefa de criar ordem de modo proposital.

Assim, a instituição da propriedade separada não é egoísta, tam-pouco foi, nem poderia ter sido, "inventada" para impor a vontade dos proprietários aos restantes. Ao contrário, em geral ela é benéfica pelo fato de transferir a orientação da produção das mãos de alguns indivíduos que, quaisquer que sejam suas pretensões, têm conhecimentos limitados, para um processo, a ordem ampliada, que faz o máximo uso do conheci-mento de todos, beneficiando assim os que não possuem propriedades quase tanto quanto aqueles que as possuem.

Tampouco a liberdade de todos perante a lei exige que *todos sejam* capazes de possuir propriedades individuais, mas que *muitas pessoas* sejam. Eu mesmo, com certeza, preferiria não ter propriedades num país em que muitos outros possuem alguma coisa a ter de viver num lugar onde toda a propriedade "pertence à coletividade" e é alocada mediante autoridade a usos específicos.

107

Mas esse argumento também é contestado, até ridicularizado, por ser considerado uma desculpa egoísta das classes privilegiadas. Os intelectuais, pensando em função de processos causais limitados que aprenderam a interpretar em campos como a física, acham fácil persuadir os trabalhadores braçais de que foram decisões egoístas dos proprietários individuais do capital — e não o próprio processo de mercado — que fizeram uso de oportunidades amplamente dispersas e fatos relevantes em constante mutação. Até mesmo todo o processo de cálculo em função de preços de mercado, aliás, foi retratado como parte de uma manobra dissimulada dos proprietários do capital para ocultar o modo como exploram os trabalhadores. Mas essas réplicas não passam nem perto de abordar os fatos e os argumentos que acabamos de relatar: *não está disponível aos capitalistas um conjunto hipotético de fatos objetivos com o qual poderiam manipular o todo, assim como não está disponível aos administradores que os socialistas gostariam de colocar no lugar deles.* Fatos objetivos desse tipo simplesmente não existem e não estão disponíveis a ninguém.

Em terceiro lugar, existe *uma diferença entre seguir regras de conduta, de um lado, e o conhecimento de algo, do outro* (diferença enfatizada por várias pessoas de várias maneiras, por exemplo, por Gilbert Ryle, na distinção entre "saber como" e "saber que" (1945-46:1-16; 1949)). O hábito de seguir regras de conduta é uma habilidade totalmente diferente do conhecimento de que as próprias ações terão certos tipos de efeitos. Esta conduta deve ser vista por aquilo que é: a capacidade de se adaptar, ou de se alinhar, a um padrão de cuja existência mesma mal se pode estar ciente e de cujas ramificações não se tem quase nenhum conhecimento. A maioria das pessoas, afinal, é capaz de reconhecer diferentes padrões de conduta e adaptar-se a eles sem conseguir explicá-los nem descrevê-los. A maneira pela qual reagimos aos acontecimentos percebidos não é, portanto, de modo algum necessariamente determinada pelo conhecimento dos efeitos de nossas próprias ações, pois muitas vezes não temos nem podemos ter conhecimento deles. Se não podemos tê-lo, não é nada racional a exigência de que *deveríamos* tê-lo; e, de fato, seríamos mais pobres se o que fizéssemos fosse orientado apenas pelo conhecimento limitado que possuímos desses efeitos.

A prefiguração de uma ordem ou padrão num cérebro ou numa mente não apenas *não* é um método superior de chegar à ordem, mas é um método inferior. Pois ela será sempre uma pequena parcela do sistema global no qual podem se refletir algumas características desse sistema maior. Tão pequena quanto é a possibilidade de o cérebro humano chegar a explicar plenamente a si mesmo (Hayek, 1952:8.66-8.86) é a possibilidade de esse cérebro explicar, ou prever, o resultado da interação de um grande número de cérebros humanos.

Em quarto lugar, há a importante questão de que *uma ordem que emerge das decisões distintas de muitos indivíduos com base em diferentes informações não pode ser determinada por uma escala comum da importância relativa de fins diferentes.* Isso nos leva ao tópico da utilidade marginal, uma questão importante cuja discussão adiaremos até o capítulo 6. Aqui, contudo, cabe discutir de maneira geral as vantagens da diferenciação que uma ordem ampliada torna possível. A liberdade envolve a liberdade de ser diferente — de ter os próprios fins na própria esfera; contudo, ordem, não apenas nos assuntos humanos, mas em toda a parte, pressupõe também diferenciação de elementos. Esta diferenciação poderia ser limitada apenas à posição local ou temporal dos elementos, mas uma ordem dificilmente teria alguma relevância se as diferenças não fossem maiores do que isso. A ordem é desejável não para manter todas as coisas no lugar, mas para gerar novas forças que de outro modo não existiriam. O grau de ordenação — os novos poderes que a ordem cria e confere — depende mais da variedade dos elementos do que de sua posição temporal ou local.

Ilustrações disto se encontram em toda parte. Considere-se como a evolução genética favoreceu a extensão única da infância e da adolescência na humanidade porque isso possibilita uma diversidade imensa e, portanto, uma grande aceleração da evolução cultural e do aumento do número de indivíduos da espécie *homo*. Embora as diferenças biologicamente determinadas entre os homens sejam talvez menores do que as de alguns animais domésticos (sobretudo os cachorros), esse longo período de aprendizado após o nascimento permite aos indivíduos ter mais tempo de adaptar-se a determinados ambientes e absorver as diferentes correntes da tradição nas quais nasceram. A variedade de habilidades que torna

OS ERROS FATAIS DO SOCIALISMO

possível a divisão do trabalho, e com esta a ordem ampliada, deve-se em larga medida a essas diferentes correntes de tradição, estimuladas pelas dissemelhanças subjacentes de dons e preferências naturais. A totalidade da tradição é, ademais, tão incomparavelmente mais complexa do que aquilo que qualquer mente individual consegue controlar, que só pode ser transmitida de todo se existirem muitos indivíduos diferentes para absorver dela diferentes parcelas. A vantagem da diferenciação individual é ainda maior por tornar os grupos grandes mais eficientes.

Assim, as diferenças entre os indivíduos aumentam o poder do grupo em colaboração para além da soma dos esforços individuais. A colaboração sinergética coloca em jogo diferentes talentos que não seriam usados se seus possuidores fossem obrigados a lutar pela sobrevivência sozinhos. A especialização liberta e encoraja o desenvolvimento de alguns indivíduos cujas distintivas contribuições podem bastar para fornecer-lhes uma forma de subsistência ou mesmo para superar as contribuições feitas por outros ao todo. A civilização, segundo a famosa expressão de Wilhelm von Humboldt que Stuart Mill colocou na página de rosto de seu ensaio *Sobre a liberdade*, baseia-se no "desenvolvimento humano em sua mais rica diversidade".

O conhecimento que desempenha talvez o principal papel nessa diferenciação — longe de ser o de qualquer ser humano específico, muito menos de um supercérebro diretor — surge num processo de interação experimental de crenças amplamente dispersas, diferentes e até conflitantes de milhões de indivíduos comunicantes. Do mesmo modo, a crescente inteligência demonstrada pelo homem não se deve tanto a aumentos do conhecimento separado dos indivíduos, mas a procedimentos para a combinação de informações diferentes e esparsas que, por sua vez, geram ordem e aumentam a produtividade.

Deste modo, o desenvolvimento da variedade é uma parte importante da evolução cultural, e uma grande parcela do valor de um indivíduo para os outros se deve às suas diferenças em relação a eles. A importância e o valor de uma ordem crescerão com a variedade de elementos, enquanto uma ordem maior, por sua vez, aumenta o valor da variedade, e portanto a ordem da cooperação humana se torna indefinidamente ampliável. Se as coisas fossem diferentes, se, por exemplo, todos os homens fossem idênticos e não fosse possível distinguir uns dos outros, não haveria muito sentido na divisão do trabalho (exceto, talvez, entre pessoas em diferentes localidades), mas sim poucas vantagens nos esforços coordenados e poucas perspectivas de criar ordens de alguma força ou magnitude.

Portanto, os indivíduos tiveram de tornar-se diferentes antes que pudessem ser livres para se combinarem em estruturas complexas de cooperação. Além disso, eles tinham de combinar-se em entidades de caráter distinto: não apenas uma soma, mas uma estrutura de certa forma análoga a um organismo, embora diferente de um em aspectos importantes.

Em quinto lugar, há a questão *de onde, pois, em face de todas essas dificuldades e objeções, surge a exigência de restringir a ação de alguém à busca deliberada de fins benéficos conhecidos e observáveis.* Trata-se, em parte, de um remanescente da microética instintiva e cautelosa do pequeno grupo, no qual propósitos percebidos em comum eram dirigidos para as necessidades visíveis de companheiros conhecidos pessoalmente (isto é, solidariedade e altruísmo). Afirmei antes que, numa ordem ampliada, a solidariedade e o altruísmo são possíveis apenas de forma limitada no interior de alguns subgrupos e que limitar o comportamento do grupo em geral de acordo com eles contraria a coordenação dos *esforços* de seus membros. Uma vez que a maioria das atividades produtivas dos membros de um grupo cooperativo transcende a esfera de percepção do indivíduo, o velho impulso de seguir instintos altruístas inatos é, em verdade, empecilho à formação de ordens mais amplas.

No sentido de inculcar uma conduta que beneficie outros, é evidente que todos os sistemas morais enaltecem a ação altruísta; mas a questão é como obter esse resultado. Boas intenções não bastam — todos sabemos para onde elas conduzem. A orientação exclusiva por efeitos favoráveis perceptíveis sobre outras pessoas específicas é insuficiente para a ordem espontânea e mesmo incompatível com ela. O fato é que a moral do mercado nos leva a beneficiar outros, não por termos a intenção de fazê-lo, mas por nos fazer agir de uma maneira que, não obstante, terá exatamente esse efeito. A ordem ampliada *contorna* a ignorância individual (e portanto também nos adapta ao desconhecido, como discutido) de um modo que apenas boas intenções não conseguem — e assim de fato torna altruístas os efeitos dos nossos esforços.

Numa ordem que aproveita a produtividade maior da ampla divisão do trabalho, o indivíduo não é mais capaz de saber de quem são as necessidades que seus esforços satisfazem ou deveriam satisfazer, nem quais serão os efeitos de suas ações sobre essas pessoas desconhecidas que consomem seus produtos ou os produtos para os quais contribuiu. Dirigir seus esforços produtivos de maneira altruísta torna-se, desse modo, literalmente impossível para ele. Na medida em que ainda podemos chamar suas motivações de altruístas, por acabarem revertendo em benefício de outros, isto se dará não porque ele visa ou pretende atender a necessidades concretas dos demais, mas porque observa regras abstratas. Nosso "altruísmo", neste novo sentido, é muito diferente do altruísmo instintivo. Não é mais o fim perseguido, mas as regras observadas que tornam uma ação boa ou má. Embora faça com que a maioria dos nossos esforços se dirija a ganhar a vida, a obediência a essas regras permite-nos conceder benefícios que ultrapassam o âmbito de nosso conhecimento concreto (contudo, ao mesmo tempo, não nos impede em nada de usar ganhos extras que tenhamos para gratificar também nosso desejo instintivo de fazer o bem visível). Tudo isso fica obscurecido pelo abuso sistemático do termo "altruísta" pelos sociobiólogos.

Pode-se mencionar ainda uma outra explicação para a exigência de que as ações de um indivíduo se limitem à busca deliberada de fins benéficos conhecidos. Ela decorre não apenas do instinto arcaico e desordenado, mas também de uma característica peculiar aos intelectuais que a defendem — uma característica que, embora plenamente compreensível, nem por isso deixa de ser autodestrutiva. Saber para que fim último será utilizado aquilo que eles próprios chamam de "filhos do meu cérebro" deixa os intelectuais ansiosíssimos e, portanto, ardentemente preocupados com o destino de suas ideias, o que faz com que hesitem muito mais em liberar os próprios pensamentos para o mundo do que os trabalhadores manuais hesitam em produzir coisas materiais. Essa reação faz muitas vezes com que pessoas instruidíssimas relutem em integrar-se aos processos de intercâmbio, que compreendem trabalhar para fins não perceptíveis numa situação em que o único resultado *identificável* dos próprios esforços, quando existe, pode ser de fato o lucro de outro. O trabalhador manual de pronto supõe que de fato cabe ao seu empregador saber, se é que alguém sabe, a que necessidades o trabalho de suas mãos acabará satisfazendo. Mas o lugar do trabalho intelectual individual no *produto de* muitos intelectuais interagindo numa cadeia *de serviços* ou ideias será menos identificável. O fato de que pessoas mais instruídas relutem mais em sujeitar-se a uma direção ininteligível — tal como o mercado (ainda que falem em "mercado de ideias") — provoca assim o resultado (também não intencional) de que elas tendem a resistir exatamente àquilo que (sem que elas o entendam) aumentaria sua utilidade para seus semelhantes.

Essa relutância ajuda a explicar um pouco melhor a hostilidade que os intelectuais nutrem pela ordem de mercado e algo da sua suscetibilidade ao socialismo. Talvez essa hostilidade e essa suscetibilidade diminuíssem se eles compreendessem melhor o papel que os modelos ordenadores abstratos e espontâneos desempenham em toda a vida, como sem dúvida compreenderiam se soubessem mais a respeito de evolução, biologia e economia. Mas ao depararem com informações dessas áreas, costumam relutar em ouvir ou mesmo em considerar a possibilidade de reconhecer a existência de entidades complexas de cuja atuação nossa mente pode ter apenas conhecimento abstrato. Pois o simples conhecimento abstrato da estrutura geral dessas entidades é insuficiente para nos permitir literalmente "construí-las" (ou seja, montá-las a partir de peças conhecidas) ou prever a forma específica que assumirão. Na melhor das hipóteses, poderá indicar em que condições gerais muitas dessas ordens ou sistemas se formarão, condições que podemos, algumas vezes, ser capazes de criar. Esse tipo de problema é comum para o químico que lida com fenômenos do mesmo modo complexos, mas em geral incomum a cientistas acostumados a explicar tudo em função de conexões simples entre um punhado de acontecimentos observáveis. O resultado é que esses são tentados a interpretar estruturas mais complexas de maneira animista, como consequência de desígnio, e a suspeitar de alguma manipulação secreta e desonesta — uma conspiração, como de uma "classe" dominante — por trás de "desígnios" cujos autores não se encontram em parte alguma. Isto, por sua vez, contribui para reforçar sua relutância inicial em renunciar ao controle de seus próprios produtos numa ordem de mercado. Para os intelectuais em geral, a sensação de ser mero instrumento de forças de mercado ocultas, mesmo que impessoais, parece quase uma humilhação pessoal.

É claro que não lhes ocorreu que os capitalistas, que eles suspeitam que controlem tudo isso, também são, na realidade, instrumentos de um processo impessoal, tão ignorantes quanto eles dos efeitos e propósitos últimos de suas ações, mas simplesmente preocupados com um nível mais elevado e, portanto, uma esfera maior, de eventos em toda a estrutura. Além disso, a ideia de que a realização de seus próprios fins dependa das atividades de *tais* homens — homens preocupados unicamente com meios — é uma abominação para eles.

O ORDENAMENTO DO DESCONHECIDO

Existe em alemão uma palavra bastante popular — *Machbarkeit*. Às vezes eu me pergunto se não se poderia servir a uma boa causa cunhar o vocábulo equivalente em inglês *makeability* [algo como "fazibilidade"] — *manufacturability* ["manufaturabilidade"] não funciona bem (e o meu próprio "construtivismo" não pode ser expresso por "construtível") — para descrever a posição com que nos confrontamos, examinada e contestada ao longo deste capítulo e do anterior: a saber, a de que qualquer coisa que a evolução tenha produzido poderia ser melhor se feita mediante o emprego da engenhosidade humana.

Essa posição é indefensável. Pois nós, na realidade, podemos produzir um ordenamento do desconhecido *somente fazendo com que ele ordene a si mesmo*. Ao lidar com nosso meio físico, às vezes podemos mesmo alcançar nossos fins confiando nas forças auto-ordenadoras da natureza, mas não tentando deliberadamente combinar elementos na ordem que desejamos que assumam. Isto é, por exemplo, o que fazemos quando desencadeamos processos que produzem cristais ou novas substâncias químicas (ver a seção anterior e também o apêndice C). Na química, e ainda mais na biologia, devemos usar processos auto-ordenadores em grau crescente; podemos criar as condições nas quais operarão, mas não podemos determinar o

A PRESUNÇÃO FATAL

que acontecerá a nenhum elemento específico. A maioria dos compostos químicos sintéticos não são "construtíveis" no sentido de podermos criá-los colocando os elementos individuais que os compõem nos lugares apropriados. Tudo o que podemos fazer é induzir a sua formação.

Procedimento similar deverá ser seguido para desencadear processos que coordenarão ações individuais que transcendem nossa observação. A fim de induzir a autoformação de certas estruturas abstratas de relações interpessoais, precisamos garantir a concomitância de algumas condições bastante gerais e depois permitir que cada elemento individual encontre o próprio lugar na ordem maior. O máximo que podemos fazer para favorecer o processo é admitir apenas os elementos que obedecem às regras exigidas. Essa limitação dos nossos poderes aumenta necessariamente com a complexidade da estrutura que desejamos criar.

Um indivíduo que se encontra em algum ponto de uma ordem ampliada, no qual seu ambiente imediato lhe é conhecido, pode aplicar esse conselho à própria situação. Talvez comece tentando uma contínua exploração para além dos limites daquilo que consegue ver, a fim de estabelecer e manter a comunicação que cria e sustenta a ordem global. De fato, manter a comunicação no interior da ordem requer que informações dispersas sejam utilizadas por muitos indivíduos diferentes, desconhecidos entre si, de uma forma que permita que os diferentes conhecimentos de milhões formem um modelo exossomático ou material. Cada indivíduo passa a ser um elo em muitas cadeias de transmissão através das quais recebe sinais que lhe permitem adaptar seus planos a circunstâncias que não conhece. A ordem global torna-se, assim, infinitamente ampliável, fornecendo de modo espontâneo informações a respeito de uma crescente gama de recursos sem servir tão só a fins específicos.

Consideramos, anteriormente, alguns importantes aspectos desses processos de comunicação, inclusive o mercado, com sua variação de preços necessária e contínua. Aqui precisamos apenas acrescentar e salientar que, além de regular a atual produção de mercadorias e ofertas de serviços, as mesmas tradições e práticas proveem também ao futuro; seus efeitos se manifestarão não apenas como uma ordem interlocal, mas também como uma ordem intertemporal. As ações serão adaptadas não só a outros distantes no espaço, mas da mesma forma a eventos que ultrapassam a expectativa de vida dos indivíduos que estão agindo. Somente um imoralista confesso, de fato, poderia defender políticas específicas com a justificativa de que "a longo prazo, estaremos todos mortos". Pois os únicos grupos que se difundiram e se desenvolveram foram aqueles entre os quais se tornou costumeiro tentar prover a filhos e descendentes mais distantes que ninguém jamais veria.

Alguns ficam tão perturbados com certos efeitos da ordem de mercado que desconsideram o quanto é inacreditável e até maravilhoso descobrir que esta ordem predomina na maior parte do mundo moderno, um mundo no qual encontramos milhões de pessoas trabalhando num ambiente em constante mutação, fornecendo meios de subsistência a outras cuja maioria desconhecem e, ao mesmo tempo, vendo atendidas suas próprias expectativas de que receberão bens e serviços produzidos por indivíduos igualmente desconhecidos. Mesmo na pior das épocas, a expectativa de cerca de nove em dez delas se realizará.

Essa ordem, embora longe do ideal e com frequência ineficiente, pode se ampliar muito mais do que qualquer ordem que o homem poderia criar colocando deliberadamente incontáveis elementos em lugares "adequados" selecionados. A maior parte dos defeitos e das ineficiências das ordens espontâneas é resultado da tentativa de interferir em seus mecanismos, de impedi-los de operar ou de melhorar os detalhes de seus resultados. Raras vezes essas tentativas resultam em algo que chegue perto de corresponder aos desejos do homem, pois essas ordens são determinadas por fatos mais específicos do que aqueles que qualquer agência de interferência pode conhecer. Contudo, embora a intervenção deliberada para, digamos, diminuir as desigualdades no interesse de um membro aleatório da ordem ameace prejudicar o funcionamento do todo, o processo auto-ordenador garantirá a qualquer membro aleatório desse grupo possibilidades maiores, numa gama mais ampla de oportunidades disponíveis a todos, do que qualquer outro sistema rival poderia oferecer.

O QUE NÃO PODE SER CONHECIDO NÃO PODE SER PLANEJADO

Para onde nos trouxe a discussão dos nossos dois últimos capítulos? As dúvidas lançadas por Rousseau sobre a instituição da propriedade separada tornaram-se os fundamentos do socialismo e continuaram a influenciar alguns dos maiores pensadores do nosso século. Mesmo uma grande personalidade como Bertrand Russell definiu a liberdade como a "ausência de obstáculos à realização de nossos desejos" (1940:251). Pelo menos antes do óbvio fracasso econômico do socialismo na Europa Oriental, os racionalistas costumavam acreditar que uma economia planificada proporcionaria não apenas "justiça social" (ver capítulo 7) como também o emprego mais eficiente dos recursos econômicos. Essa ideia parece sensatíssima à primeira vista, mas demonstra menosprezar os fatos que acabamos de revisar: que a totalidade dos recursos que se poderia empregar em tal plano *simplesmente não é cognoscível a ninguém* e, portanto, não pode ser controlada por um poder central.

Não obstante, os socialistas continuam a não encarar os obstáculos no caminho da inserção de decisões individuais distintas num padrão comum concebido como um "plano". O conflito entre nossos instintos, que desde Rousseau passaram a ser identificados com a "moralidade", e as tradições morais que sobreviveram à evolução cultural e servem para restringir esses instintos está encarnado na divisão que hoje se costuma fazer entre certos tipos de filosofia ética e política, de um lado, e a economia, do outro. A questão não é que tudo o que os economistas estabelecem como eficiente é portanto "certo", mas que a análise econômica pode elucidar a utilidade de práticas até então consideradas certas — utilidade do ponto de vista de qualquer filosofia que não veja com bons olhos o sofrimento humano e a mortandade que se seguiriam ao colapso da nossa civilização. É trair a preocupação com os outros, pois, teorizar a respeito da "sociedade justa" sem considerar cuidadosamente as consequências econômicas de implementar as convicções expressas por essa teoria. Contudo, após setenta anos de experiência com o socialismo, pode-se afirmar com segurança que a maioria dos intelectuais fora das regiões em que se tentou o socialismo — Europa Oriental e Terceiro Mundo — contenta-se

OS ERROS FATAIS DO SOCIALISMO

em pôr de lado as lições que poderiam repousar na economia, pois não está disposta a se perguntar se não poderia haver uma *razão* pela qual o socialismo, todas as vezes em que é experimentado, jamais parece funcionar da acordo com o que era a *intenção* de seus líderes intelectuais. A busca vã dos intelectuais por uma comunidade verdadeiramente socialista, que resulta na idealização de uma série ao que parece interminável de "utopias" — a União Soviética, depois Cuba, China, Iugoslávia, Vietnã, Tanzânia, Nicarágua — sucedida pelo desencanto, deveria sugerir que pode haver algo no socialismo que não se conforma a certos fatos. Mas tais fatos, explicados pelos economistas pela primeira vez há mais de um século, continuam inexplorados por aqueles que se orgulham de seu repúdio racionalista à ideia de que pode haver acontecimentos que transcendam o contexto histórico ou apresentem uma barreira intransponível aos desejos humanos.

Enquanto isso, entre aqueles que, seguindo a tradição de Mandeville, Hume e Smith, estudaram economia, emergiu gradativamente não apenas uma compreensão dos processos de mercado, mas uma poderosa crítica da possibilidade de substituí-los pelo socialismo. As vantagens dos processos de mercado eram tão contrárias às expectativas, que só podiam ser explicadas de modo retroativo, mediante a análise dessa formação espontânea em si. Quando isto foi feito, verificou-se que o controle descentralizado dos recursos, o controle por meio da propriedade separada, leva à geração e ao uso de mais informações do que é possível sob controle central. Ordem e controle que se estendem para além do alcance imediato de qualquer autoridade central só poderiam ser alcançados pela direção central se, ao contrário do que ocorre, os administradores locais capazes de medir os recursos visíveis e potenciais *também* estivessem informados de forma adequada da importância relativa em mutação constante de tais recursos e pudessem, assim, comunicar detalhes completos e precisos a esse respeito a alguma autoridade de planejamento central a tempo de isto lhe revelar o que fazer à luz de todas as outras informações concretas diferentes que ela tivesse recebido de outros administradores regionais ou locais — que, é claro, por sua vez, se encontrariam em dificuldades semelhantes para obter e transmitir qualquer informação desse tipo.

A PRESUNÇÃO FATAL

Quando compreendemos qual seria a tarefa dessa autoridade de planejamento central, torna-se claro que as ordens que ela teria de emitir não poderiam decorrer das informações que os administradores locais tivessem reconhecido como importantes, mas só poderiam ser determinadas pelo relacionamento direto entre indivíduos e grupos que controlassem conjuntos de meios claramente delimitados. A hipótese, que se costuma empregar nas descrições teóricas do processo de mercado (descrições feitas por pessoas que em geral não têm nenhuma intenção de apoiar o socialismo), de que se pode supor que todos esses fatos (ou "parâmetros") são conhecidos pelo teórico obscurece tudo isto e, por consequência, produz os curiosos artifícios que contribuem para sustentar várias formas de pensamento socialista.

A ordem da economia ampliada é, e só pode ser, formada por um processo totalmente diferente — a partir de um método desenvolvido de comunicação que torna possível transmitir não uma infinita multiplicidade de relatos sobre determinados fatos, mas apenas certas propriedades abstratas de várias situações específicas, tais como preços competitivos, que devem ser colocados em correspondência mútua para obter a ordem global. Essas comunicam as diferentes relações de substituição ou equivalência que as várias partes envolvidas verificam predominar entre os vários bens e serviços cujo uso têm à disposição. Certas quantidades de qualquer um desses objetos podem se revelar equivalentes a outras ou possíveis substitutas delas, quer para satisfazer a certas necessidades humanas, quer para produzir, direta ou indiretamente, meios de satisfazê-las. Por mais surpreendente que possa parecer a existência desse processo, e mais ainda que tenha surgido por seleção evolutiva sem ser deliberadamente planejado, não conheço nenhuma tentativa de refutar essa afirmação nem de desacreditar o processo em si — a não ser que se levem em consideração simples declarações de que todos esses fatos podem, de algum modo, ser conhecidos por alguma autoridade de planejamento central. (Ver também, a este respeito, o debate sobre cálculo econômico, em Babbage (1832), Gossen (1854/1889/1927), Pierson (1902/1912), Mises (1922/81), Hayek (1935), Rutland (1985), Roberts (1971).)

Em verdade, toda a ideia de "controle central" é confusa. Não existe, nem jamais poderia existir, uma única mente controladora; sempre haverá

OS ERROS FATAIS DO SOCIALISMO

um conselho ou uma comissão encarregada de elaborar um plano de ação para algum empreendimento. Embora membros individuais possam vez ou outra, para convencer os outros, citar certas informações que influenciaram suas posições, em geral as conclusões do conselho não se basearão no conhecimento comum, mas no acordo entre várias opiniões baseadas em informações diferentes. Cada partícula de conhecimento com a qual uma pessoa contribuiu tenderá a levar alguma outra a evocar outros fatos de cuja importância só se tornou ciente ao ser informada de ainda outras circunstâncias que não conhecia. Esse processo continua, portanto, a consistir antes na utilização de conhecimentos dispersos (e a simular, portanto, o comércio, embora de um modo muitíssimo ineficiente, que, em geral, carece de concorrência e de responsabilidade por seus atos) que na unificação do conhecimento de várias pessoas. Os membros do grupo poderão comunicar entre si poucas de suas razões distintas; eles comunicarão sobretudo conclusões tiradas de seu respectivo conhecimento individual do problema presente. Além disso, só em raras ocasiões as circunstâncias realmente serão as mesmas para diferentes pessoas que contemplam a mesma situação — pelo menos na medida em que isso preocupa algum setor da ordem ampliada e não apenas um grupo mais ou menos autônomo.

O melhor exemplo da impossibilidade de fazer alocação "racional" deliberada dos recursos numa ordem econômica ampliada sem a orientação dada pelos preços formados nos mercados competitivos é, talvez, o problema de alocar a oferta atual de capital líquido entre todos os diferentes usos por meio dos quais ela poderia aumentar o produto final. A questão fundamental é determinar quanto dos recursos produtivos que geram receitas atualmente pode ser poupado para prover ao futuro mais distante em relação às necessidades atuais. Adam Smith tinha ciência do caráter representativo desse tema quando, referindo-se à situação enfrentada por um proprietário individual de capital, escreveu: "Que espécie de indústria doméstica seu capital pode empregar, e de cujo produto é provável que seja do maior valor, todo indivíduo, lógico, é capaz, em sua situação local, de julgar muito melhor do que qualquer estadista ou legislador pode julgar por ele" (1776/1976).

A PRESUNÇÃO FATAL

Se considerarmos o problema do uso de todos os recursos disponíveis para investimento em um sistema econômico amplo sob uma autoridade controladora única, a primeira dificuldade é que ninguém pode saber qual é a quantidade agregada de capital disponível para emprego atual, embora evidentemente ela seja limitada no sentido de que o efeito de investir mais ou menos do que ela levará a discrepâncias entre a demanda de vários tipos de bens e serviços. Essas discrepâncias não serão autocorretivas, mas se manifestarão em instruções dadas pela autoridade diretora que se provam de execução impossível, quer porque alguns dos bens necessários não estão disponíveis, quer porque alguns dos materiais ou instrumentos fornecidos não podem ser usados devido à falta de recursos complementares necessários (equipamentos, materiais ou mão de obra). Nenhuma das magnitudes que teriam de ser levadas em conta poderia ser determinada por uma inspeção ou pela medição de quaisquer objetos "dados", mas todas dependerão das possibilidades entre as quais outras pessoas terão de escolher à luz do conhecimento que possuem no momento. Uma solução aproximada dessa tarefa só se tornará possível pela ação recíproca daqueles capazes de investigar determinadas circunstâncias que as condições do momento mostram ser relevantes pelos seus efeitos sobre os preços de mercado. A "quantidade de capital" disponível prova, por exemplo, o que ocorre quando a parcela de recursos atuais utilizada para prover as necessidades do futuro mais distante é superior àquilo que as pessoas estão dispostas a poupar do consumo atual a fim de aumentar as provisões para esse futuro, ou seja, sua disposição de poupar.

Compreender o papel desempenhado pela transmissão de informação (ou de conhecimento factual) abre as portas para entender a ordem ampliada. Contudo, estas questões são muitíssimo abstratas e particularmente difíceis de apreender para aqueles que foram educados nos cânones mecanicistas, cientificistas e construtivistas de racionalidade que dominam nossos sistemas educacionais — e que, por consequência, tendem a ser ignorantes em biologia, economia e evolução. Confesso que também levei muito tempo, desde o meu primeiro avanço, no ensaio

121

"Economics and Knowledge" [Economia e conhecimento] (1936/48), passando pelo reconhecimento de "Competition as a Discovery Procedure" [Competição como processo de descoberta] (1978:179-190), até meu ensaio "The Pretence of Knowledge" [A simulação de conhecimento] (1978:23-34), para enunciar minha teoria da dispersão da informação, da qual derivam minhas conclusões sobre a superioridade das formações espontâneas em relação ao controle centralizado.

6
O misterioso mundo do comércio e do dinheiro

DESDÉM PELO COMERCIAL

NEM TODA ANTIPATIA À ORDEM DE MERCADO DERIVA DE questões de epistemologia, metodologia, racionalidade e ciência. Existe uma aversão adicional e mais sombria. Para compreendê-la, precisamos recuar para além dessas áreas relativamente racionais até algo mais arcaico e mesmo arcano: as atitudes e emoções que surgem de maneira tão poderosa quando a atividade econômica, o comércio e as instituições financeiras são discutidos pelos socialistas — ou combatidos pelos primitivos.

Como vimos, com frequência negócios e comércio dependem significativamente de confidencialidade, bem como do conhecimento especializado ou individual; e isto é ainda mais verdadeiro quando se trata de instituições financeiras. Nas atividades comerciais, por exemplo, há mais em risco do que o próprio tempo e o próprio esforço, e a informação específica permite aos indivíduos julgar suas oportunidades e sua vantagem competitiva em determinados empreendimentos. Só vale a pena lutar pela obtenção de conhecimento de circunstâncias especiais se a posse desse conhecimento conferir alguma vantagem que compense o custo de sua aquisição. Se cada comerciante tivesse de tornar público como e onde obter mercadorias melhores ou mais baratas, de modo que todos os seus concorrentes pudessem imitá-lo imediatamente, não valeria a pena para ele sequer participar do processo — e os benefícios decorrentes do comércio jamais surgiriam. Além disso, uma parte tão grande desse conhecimento de circunstâncias específicas é inarticulado, e mesmo inarticulável (por exemplo, a intuição de um empresário de que um novo produto pode ter sucesso), que seria impossível torná-lo "público" mesmo sem as questões de motivação.

É claro que a ação em conformidade com aquilo que não é percebido por todos nem plenamente especificado de antemão — o que Ernst Mach chamava de "observável e tangível" — fere os requisitos racionalistas já discutidos. Ademais, o que é intangível é também muitas vezes objeto de desconfiança e até mesmo de temor. (Pode-se mencionar de passagem que não apenas os socialistas temem (ainda que por razões diferentes) as circunstâncias e as condições do comércio. Bernard Mandeville "estremecia" quando se defrontava com "o mais terrível panorama que deixamos para trás quando refletimos sobre a labuta e o perigo enfrentados no exterior, os vastos mares que temos de atravessar, os climas diferentes que temos de suportar e as várias nações com as quais contraímos obrigações pela assistência que nos prestaram" (1715/1924:1, 356). Tornar-se ciente de que dependemos de maneira significativa de esforços humanos que não temos condições de conhecer ou controlar é de fato desanimador — tanto para os que neles se envolvem quanto para os que deixam de fazê-lo.)

Desconfiança e temor semelhantes, desde a Antiguidade e em muitas partes do mundo, levaram tanto pessoas comuns quanto pensadores socialistas a considerar o comércio não apenas algo distinto da produção material — não só caótico e supérfluo em si, não apenas um erro metodológico, por assim dizer —, mas também algo suspeito, inferior, desonesto e desprezível. Ao longo da história, "os mercadores foram alvo do mais amplo desprezo e opróbrio moral ... O homem que comprava barato e vendia caro era fundamentalmente desonesto ... O comportamento comercial violava os padrões de reciprocidade que predominavam nos agrupamentos primitivos" (McNeill, 1981:35). Como me lembro de Eric Hoffer observar em certa ocasião: "A hostilidade, em particular dos escribas, para com os mercadores é tão antiga quanto a história escrita."

São muitas as razões para essas atitudes e muitas as formas em que se expressam. Nos tempos primitivos, os comerciantes costumavam ser isolados do resto da comunidade. E isto não acontecia apenas com eles.

O MISTERIOSO MUNDO DO COMÉRCIO E DO DINHEIRO

Era comum que mesmo certos trabalhadores manuais, em especial os fer-reiros, que lavradores e pastores suspeitavam serem bruxos, fossem segregados da aldeia. Afinal, os ferreiros, com seus "mistérios", não transformavam as substâncias materiais? Mas isso aconteceu em grau muito maior com comerciantes e mercadores, que faziam parte de uma rede totalmente externa à percepção e à compreensão das pessoas comuns. Eles se dedicavam a algo parecido com a transformação do ima-terial ao alterar o valor dos bens. Como o poder das coisas de satisfazer às necessidades humanas podia mudar sem que se mudasse a quanti-dade delas? O comerciante ou mercador, aquele que parecia realizar essas mudanças, ficando de fora da ordem percebida, convencionada e compreendida dos assuntos cotidianos, também era empurrado para a margem da hierarquia estabelecida de status e respeito. Assim é que os comerciantes mereceram desprezo mesmo de Platão e Aristóteles, cida-dãos de uma cidade que em seu tempo devia sua posição de destaque ao comércio. Mais tarde, no período feudal, a atividade comercial continuou a merecer relativamente pouca estima, pois os comerciantes e os arte-sãos, pelo menos fora de algumas cidadezinhas, dependiam, na época, para a segurança da sua existência e integridade física, bem como das suas mercadorias, daqueles que manejavam a espada e com ela prote-giam as estradas. O comércio só pôde se desenvolver sob a proteção de uma classe cuja profissão eram as armas, cujos membros dependiam da própria destreza física e reivindicavam em troca um status elevado e um alto padrão de vida. Essas atitudes, mesmo quando as condições come-çaram a mudar, tendiam a perdurar sempre que o feudalismo persistisse ou não encontrasse a oposição de uma burguesia afluente ou dos centros comerciais das cidades autônomas. Assim, ainda no final do século pas-sado, conta-se que no Japão "aqueles que ganhavam dinheiro eram quase uma casta de intocáveis".

O ostracismo dos comerciantes torna-se ainda mais compreensível quando se considera que a atividade mercantil muitas vezes está, de fato, envolta em mistério. A expressão "os mistérios do comércio" significava que alguns ganhavam com um conhecimento de que outros careciam, conhecimento este mais misterioso pelo fato de lidar muitas vezes com costumes estrangeiros — e talvez até repugnantes — bem como terras

OS ERROS FATAIS DO SOCIALISMO

desconhecidas: terras de lendas e boatos. *Ex nihilo nihil fit** pode já não ser parte da ciência (ver Popper, 1977/84:14; e Bartley, 1978:675-76), mas ainda domina o senso comum. As atividades que parecem contribuir para a riqueza disponível "do nada", sem criação física e pelo simples rearranjo do que já existe, cheiram a bruxaria.

Uma influência que tem sido negligenciada no reforço a esses preconceitos diz respeito ao esforço físico, à atividade muscular, ao "suor do teu rosto". A força física e os instrumentos e as armas que muitas vezes acompanham seu emprego são não apenas observáveis, mas tangíveis. Não há nada de misterioso a seu respeito, mesmo para a maioria das pessoas que não os possuem. A convicção de que o esforço físico e a capacidade de exercê-lo são em si meritórios e conferem status não precisou esperar pela época feudal. Fazia parte do instinto herdado do pequeno grupo e foi preservada por agricultores, aradores, pastores, guerreiros e inclusive simples chefes de família e artesãos. As pessoas podiam ver que o esforço físico do agricultor ou do artesão contribuía para a totalidade das coisas úteis visíveis — e explicava as diferenças de riqueza e poder em função de causas cognoscíveis.

Assim, a competição física foi introduzida e valorizada desde cedo, à medida que o homem primitivo, competindo pela liderança e também em jogos de habilidade (ver apêndice E), se familiarizava com maneiras de testar a superioridade de força visível. Mas assim que foi introduzido como elemento da competição o conhecimento — que não era "aberto" nem visível — que outros participantes não possuíam e que deve também ter parecido a muitos deles além da possibilidade de posse, a familiaridade e o senso de justiça desapareceram. Essa competição ameaçava a solidariedade e a busca de finalidades comuns. Vista da perspectiva da ordem ampliada, é claro, essa reação deve parecer bastante egoísta, ou talvez uma forma curiosa de egoísmo grupal na qual a solidariedade do grupo excede o bem-estar de seus indivíduos.

Esse sentimento era ainda forte no século XIX. Assim, quando Thomas Carlyle, que exerceu grande influência sobre os literatos desse século,

---

* "Nada surge do nada." (N. do T.)

pregou que "só o trabalho é nobre" (1909:160), ele queria dizer explicitamente o esforço físico, mesmo muscular. Para ele, como para Karl Marx, o trabalho era a verdadeira fonte de riqueza. Esse sentimento particular pode estar desaparecendo hoje. De fato, a relação da produtividade com a coragem física humana, embora ainda valorizada pelos nossos instintos, desempenha um papel cada vez menor no esforço humano, enquanto poder agora significa menos esforço físico que direito legal. É claro que ainda não podemos dispensar alguns indivíduos muito fortes, mas eles estão se tornando apenas uma espécie de um número crescente de grupos cada vez mais reduzidos de especialistas. Apenas entre os primitivos o indivíduo fisicamente forte ainda predomina.

Seja como for, atividades como escambo e partilha e formas mais elaboradas de comércio — a organização ou o controle de atividades e a transferência de bens disponíveis para venda de acordo com a lucratividade — ainda não são sempre consideradas *trabalho real*. Continua difícil para muitos aceitar que o aumento quantitativo de suprimentos disponíveis de meios de subsistência e satisfação depende menos da transformação visível de substâncias físicas em outras do que da transferência de objetos que desse modo mudam de magnitude e de valores relevantes. Ou seja, o processo de mercado lida com objetos materiais, mas a mudança de um lugar para outro parece não acrescentar nada às suas quantidades perceptíveis (o que quer que se afirme ou que de fato seja). O mercado transmite informações a respeito destes objetos em vez de produzi-los, e a função crucial desempenhada pela comunicação dessas informações escapa a pessoas orientadas por hábitos mecanicistas ou cientificistas, que dão por pressupostas as informações factuais a respeito dos objetos físicos e menosprezam o papel desempenhado na determinação do valor pela escassez relativa dos diferentes tipos de objetos.

Há uma ironia aqui: que justo aqueles que não pensam nos acontecimentos econômicos em termos literalmente materialistas – ou seja, em função de quantidades físicas de substâncias materiais –, mas são orientados por cálculos em função de valor, isto é, pela avaliação que os homens fazem desses objetos e em particular da diferença entre custos e preços que se chama lucro, costumem ser acusados de materialistas. Ao passo que é justo o esforço pelo lucro que permite aos que estão nele envolvidos pensar não em função de quantidades materiais de necessidades concretas específicas de indivíduos conhecidos, mas da melhor maneira pela qual podem contribuir para um rendimento agregado resultante de esforços semelhantes distintos realizados por inúmeros outros indivíduos desconhecidos.

E aqui há também um erro de economia – uma ideia que o próprio irmão de Carl Menger, Anton, propagou: a de que "todo o produto do trabalho" origina-se acima de tudo do esforço físico; e embora este seja um erro antigo, é provável que tenha sido John Stuart Mill o maior responsável por sua difusão. Mill escreveu, em seus *Principles of Political Economy* [*Princípios de economia política*] (1848, "Of Property", Book II, ch. I, sect. 1; Works, 11:260), que embora "as leis e as condições da produção da riqueza partilhem do caráter das verdades físicas", a distribuição é "uma questão de instituições humanas apenas. Uma vez que as coisas estejam disponíveis, a humanidade, individual ou coletivamente, pode fazer com elas o que quiser", do que ele concluiu que "a sociedade pode sujeitar essa distribuição da riqueza a quaisquer regras em que consiga pensar". Mill, que está considerando aqui a quantidade do produto como um problema puramente tecnológico, independente de sua distribuição, desconsidera que a quantidade depende do *uso* feito das oportunidades existentes, o que é um problema econômico, e não tecnológico. Devemos aos métodos de "distribuição", ou seja, à determinação de preços, que o produto seja tão abundante quanto é. O que há para compartilhar depende do princípio pelo qual a produção é organizada – isto é, numa economia de mercado, da determinação dos preços e da distribuição. É simplesmente errado concluir que, "uma vez que as coisas estejam disponíveis", estamos livres para fazer com elas o que quisermos, *pois elas não estarão disponíveis* a não ser que os indivíduos tenham gerado informações sobre preços garantindo para si certas parcelas do total.

Há ainda outro erro. Como Marx, Mill trata os valores de mercado tão só como efeitos, e não também como causas, de decisões humanas. Veremos mais tarde, quando passarmos a discutir de maneira explícita a teoria da utilidade marginal, como isto é impreciso – e como estava errada a afirmação de Mill de que "não há nada nas leis de valor que algum escritor do presente ou do futuro precise esclarecer; a teoria do tema está completa" (1848:111, I, sect. 1, in Works, 11:199-200).

O comércio — considerado trabalho real ou não — trouxe não apenas riqueza individual, mas também a riqueza coletiva, graças aos esforços do cérebro, e não dos músculos. Que uma simples mudança de mãos conduza a um ganho de valor para todos os participantes, que isso não precise significar ganho para um à custa dos outros (ou o que foi chamado de exploração), foi e é, não obstante, intuitivamente difícil de apreender. O exemplo de Henry Ford às vezes é apresentado para dirimir suspeitas, para ilustrar como a luta pelo lucro beneficia as massas. E ele é de fato esclarecedor, porque nele se vê com facilidade que um empresário pode visar diretamente à satisfação de uma necessidade visível de um grande número de pessoas e que seus esforços de fato contribuem para elevar o padrão de vida delas. Mas o exemplo é também insuficiente; pois, na maioria dos casos, os efeitos do aumento da produtividade são demasiado indiretos para ser traçados de maneira simples. Uma melhora, digamos, da produção de parafusos, de metal, de cordas, de vidros ou de papel espalharia seus benefícios de modo tão amplo que restaria uma percepção muito menos concreta de causa e efeitos.

Como consequência de todas essas circunstâncias, muitos continuam a achar fácil desconsiderar as aptidões mentais relacionadas ao comércio, mesmo quando não as atribuem à bruxaria nem acreditam que dependem de artifício, fraude ou astúcia maligna. A riqueza assim obtida parece ainda menos relacionada a mérito visível (isto é, mérito dependente do esforço físico) do que a sorte do caçador ou do pescador.

Mas se a riqueza gerada por essas "reorganizações" desconcertava a comunidade, as atividades dos comerciantes na busca de informações evocou uma desconfiança realmente grande. Em geral, o leigo consegue compreender, ainda que em parte, pelo menos depois de lhe ser explicado e demonstrado com paciência, que o transporte envolvido no comércio é produtivo. Por exemplo, a concepção de que o comércio apenas muda de lugar as coisas já existentes pode ser prontamente corrigida ao se destacar que há muitas coisas que só é possível fazer mediante a coleta de substâncias de lugares muito distantes. O valor relativo dessas substâncias não dependerá dos atributos de cada componente material em que consistem, mas das quantidades relativas disponíveis *em conjunto* nos locais exigidos. Portanto, o comércio de matérias-primas e produtos semiacabados é um pré-requisito do aumento das quantidades físicas de muitos produtos finais que só podem ser fabricados graças à disponibilidade (talvez em pequenas quantidades) de materiais buscados em lugares muito distantes. A quantidade de um determinado produto que se pode produzir a partir de recursos encontrados num lugar específico pode depender da disponibilidade de uma quantidade muito menor de outra substância (como mercúrio ou fósforo, ou mesmo um catalisador) que só pode ser obtida do outro lado do mundo. O comércio cria, assim, a possibilidade mesma de produção física.

A ideia de que a produtividade e mesmo a reunião dos suprimentos também dependem da busca contínua e bem-sucedida de informações amplamente dispersas e em constante mutação continua difícil de apreender, por mais óbvia que possa parecer àqueles que compreendem o processo pelo qual o comércio cria e orienta a produção física quando guiado por informações sobre a escassez relativa de diferentes coisas em diferentes lugares.

Talvez a principal força oculta sob a persistente aversão às transações comerciais não passe, pois, de simples ignorância e dificuldade conceitual. Isto se une, porém, ao preexistente medo do desconhecido: um medo da bruxaria e do antinatural, e também do próprio conhecimento, que remonta às nossas origens e está registrado, de forma indelével, nos primeiros capítulos do livro do Gênesis, na história da expulsão do homem do Jardim do Éden. Todas as superstições, inclusive o socialismo, se alimentam desse medo.

UTILIDADE MARGINAL VERSUS MACROECONOMIA

O medo pode ser grande, mas é infundado. Essas atividades, é claro, não são *realmente* incompreensíveis. A economia e as ciências biológicas, como vimos nos capítulos anteriores, fornecem hoje boas explicações dos processos auto-organizáveis, e nós esboçamos, nos capítulos 2 e 3, uma reconstrução racional parcial de certos aspectos da história deles e dos efeitos benéficos que tiveram no surgimento e na difusão da civilização (ver também Hayek, 1973).

O intercâmbio é produtivo; ele de fato aumenta a satisfação das necessidades humanas por meio de recursos disponíveis. A civilização é tão complexa — e o comércio, tão produtivo — porque os mundos subjetivos dos indivíduos que vivem na civilização são tão diferentes. De um modo aparentemente paradoxal, a diversidade dos propósitos individuais gera uma capacidade maior de satisfazer às necessidades em geral do que a homogeneidade, a unanimidade e o controle — e, também de modo paradoxal, isto ocorre porque a diversidade permite que os homens aprendam a controlar uma quantidade *maior* de informações e a dispor dela. Apenas uma análise clara do processo de mercado pode resolver esses aparentes paradoxos.

Aumentos de valor — cruciais no intercâmbio e no comércio — são de fato diferentes de aumentos de quantidades observáveis pelos nossos sentidos. O aumento do valor é algo que as leis que regem os eventos físicos, pelo menos como compreendidos nos modelos materialista e mecanicista, não explicam. O valor indica capacidades potenciais de um objeto ou de uma ação de satisfazer a necessidades humanas e só pode ser avaliado pelo ajustamento mútuo por meio da troca das respectivas taxas (marginais) de substituição (ou equivalência) que diferentes bens e serviços têm para vários indivíduos. O valor não é um atributo ou uma propriedade física que as próprias coisas possuem, independentemente das suas relações com os homens, mas tão só um aspecto dessas relações que permite aos homens levar em conta, ao decidir sobre o emprego delas, as melhores oportunidades que outros poderiam ter para seu uso. O aumento do valor aparece apenas com os propósitos humanos e só é relevante em relação a eles. Como Carl Menger explicou (1871/1981:121), o valor "é um juízo que homens que atuam na economia fazem da importância dos bens à sua disposição para a manutenção de suas vidas e de seu bem-estar". O valor econômico expressa graus mutáveis da capacidade das coisas de satisfazer a algumas das várias escalas de finalidades separadas e individuais.

Cada pessoa tem sua própria ordem peculiar para classificar os fins que busca. Quase ninguém é capaz de conhecer as classificações individuais alheias, e nem aquele que as faz as conhece por completo. Os esforços de milhões de indivíduos em diferentes situações, com diferentes posses e desejos, com acesso a diferentes informações sobre os recursos, conhecendo pouco ou nada sobre as necessidades específicas dos outros e visando a diferentes escalas de fins, são coordenados por meio de sistemas de intercâmbio. À medida que os indivíduos se alinham reciprocamente, nasce um sistema não planejado de uma ordem de complexidade maior e cria-se um fluxo contínuo de bens e serviços que, para um número muito elevado dos indivíduos participantes, preenche as expectativas e os valores que os orientam.

A multiplicidade de diferentes classificações de fins diferentes produz uma escala comum e uniforme de valores intermediários ou refletidos dos recursos materiais pelos quais os fins competem. Como a maioria dos recursos materiais pode ser usada para muitos fins diferentes, de importância variável, e recursos diversos muitas vezes podem ser mutuamente substituídos, os valores últimos dos fins passam a ser refletidos numa única escala de valores dos recursos — isto é, os preços — que depende de sua escassez relativa e da possibilidade de intercâmbio entre seus proprietários.

Como a mudança das circunstâncias factuais exige uma constante adaptação dos fins específicos a cujo serviço é preciso destinar determinados tipos de recursos, os dois conjuntos de escalas de valor estão fadados a mudar de maneiras diferentes e em proporções diferentes. As várias ordens de classificação dos fins individuais últimos, embora diferentes, exibirão certa estabilidade, mas os valores relativos dos recursos para cuja produção os esforços daqueles indivíduos são direcionados estarão sujeitos a contínuas flutuações fortuitas que não podem ser previstas e cujas causas serão ininteligíveis para a maioria das pessoas.

O fato de a hierarquia de fins ser relativamente estável (refletindo o que muitos podem considerar seu valor constante ou "duradouro"), ao passo que a hierarquia de recursos flutua tanto, leva muitos idealistas a valorizar aquela e a desprezar esta. Atender a uma escala de valores em constante mutação pode parecer de fato repulsivo. É esta talvez a razão

O MISTERIOSO MUNDO DO COMÉRCIO E DO DINHEIRO

fundamental pela qual a maioria dos indivíduos que se preocupa com os fins últimos tenta muitas vezes, apesar de isso se opor aos seus próprios objetivos, coibir o procedimento pelo qual poderia contribuir mais para a sua concretização. Para atingir os próprios fins, a maioria das pessoas deve perseguir o que constituem meros meios para elas próprias e para os demais. Isto é, devem ingressar em algum ponto de uma longa cadeia de atividades que as levará a satisfazer, em algum momento, uma necessidade desconhecida em dado tempo e espaço remotos, depois de passar por muitos estágios intermediários voltados a diferentes fins. O rótulo que o processo de mercado atribui ao produto imediato é tudo o que o indivíduo pode conhecer na maioria dos casos. Ninguém que esteja envolvido em algum estágio do processo de fabricação de parafusos metálicos, por exemplo, poderá determinar racionalmente quando, onde ou de que maneira aquela peça determinada na qual está trabalhando poderá ou deverá contribuir para satisfazer às necessidades humanas. Tampouco as estatísticas podem ajudar a decidir qual, entre os diversos usos potenciais que se poderia dar ao parafuso (ou a qualquer outro item semelhante), deve ser posto em prática e qual não.

Mas, ao que parece, também contribuindo para a ideia de que a escala de valores dos recursos, isto é, os preços, é comum ou vulgar está o fato de que é a mesma para todos, enquanto escalas diferentes de finalidades são distintas e pessoais. Nós provamos nossa individualidade afirmando nossos gostos peculiares ou mostrando nossa apreciação mais refinada da qualidade. Contudo, é somente graças à informação, fornecida pelos preços, sobre a relativa escassez de recursos diferentes que podemos perceber tantas das nossas finalidades.

O aparente conflito entre os dois tipos de hierarquias de valores torna-se conspícuo na ordem ampliada, na qual a maioria das pessoas consegue seu ganha-pão proporcionando recursos a outras que lhe são desconhecidas e obtém do mesmo modo, de outras que também desconhece, os recursos exigidos para seus próprios fins. As únicas escalas comuns de valores tornam-se, assim, as dos recursos, cuja importância não depende fundamentalmente dos efeitos percebidos por aqueles que usam um artigo específico, mas são com facilidade substituíveis entre si. Devido às exigências de uma grande variedade de fins por uma

OS ERROS FATAIS DO SOCIALISMO

multiplicidade de indivíduos, os usos concretos para os quais uma coisa específica é desejada por outros (e portanto o valor que cada um lhe atribui) não serão conhecidos. Esse caráter abstrato do valor meramente instrumental dos recursos também contribui para o desdém pelo caráter que se sente ser "artificial" ou "antinatural" de seu valor.

Interpretações adequadas desses fenômenos desconcertantes e mesmo alarmantes, descobertas há menos de cem anos, disseminaram-se à medida que o trabalho de William Stanley Jevons, Carl Menger e Léon Walras se transformava, sobretudo pelas mãos da escola austríaca, que seguia Menger, no que ficou conhecido na teoria econômica como a revolução "subjetiva" ou da "utilidade marginal". Se aquilo que foi dito nos parágrafos anteriores soa pouco familiar assim como difícil, isto sugere que as descobertas mais elementares e importantes dessa revolução não chegaram até agora ao conhecimento geral. O que permitiu a esses pensadores revolucionários unificar a teoria econômica, transformando-a num sistema coerente, foi a descoberta de que os acontecimentos econômicos não podem ser explicados por acontecimentos precedentes agindo como causas determinantes. Embora a economia clássica, ou o que costuma ser chamado de "economia política clássica", já tivesse analisado o processo de concorrência, especificamente o modo pelo qual o comércio internacional integrou as ordens nacionais de cooperação numa única ordem internacional, só a teoria da utilidade marginal trouxe verdadeira compreensão do modo como a oferta e a demanda são determinadas, de como as quantidades se adaptam às necessidades e de como certa escassez decorrente de ajustamento mútuo guia os indivíduos. Compreendeu-se, assim, que todo o processo de mercado é um processo de transferência de informações que permite às pessoas usar e pôr em ação muito mais informações e habilidades do que aquelas às quais teriam acesso individualmente.

Que a utilidade de um objeto ou ação, em geral definida como sua capacidade de satisfazer aos desejos humanos, não tenha a mesma magnitude para diferentes indivíduos parece hoje tão óbvio que é difícil compreender que cientistas importantes a tenham tratado como um atributo objetivo, comum e mesmo mensurável dos objetos físicos. Que se possa distinguir a utilidade relativa de diferentes objetos para diferentes pessoas não oferece a menor base para comparações de sua magnitude absoluta. Tampouco, embora as pessoas possam chegar a um acordo a respeito de quanto estão individualmente dispostas a contribuir para os custos de diferentes utilidades, denota a "utilidade coletiva" um objeto que é possível descobrir: ela tem tanta existência quanto uma mente coletiva e é, na melhor das hipóteses, uma metáfora. Além disso, o fato de que todos decidamos vez ou outra que um objeto é mais ou menos importante para outro indivíduo como para nós também não representa uma razão para se acreditar na comparação interpessoal objetiva de utilidade.

Na realidade, em certo sentido, a atividade que a economia se propõe a explicar não *diz respeito* a fenômenos físicos, mas a pessoas. Os valores econômicos são interpretações de fatos físicos à luz dos graus de adequação de tipos de objetos físicos em situações específicas para a satisfação de necessidades. Portanto, poderíamos definir a economia (que agora prefiro chamar catalática (Hayek, 1973) como uma metateoria, *uma teoria sobre* as teorias que as pessoas elaboram para explicar qual o modo mais eficiente de descobrir e utilizar recursos diferentes para fins diferentes. Nessas circunstâncias, não é tão surpreendente que os cientistas que lidam com o mundo físico, ao depararem com argumentos como estes, muitas vezes se encontrem em território desconhecido e achem os economistas que os empregam mais parecidos com filósofos que com cientistas "verdadeiros".

Embora constitua um avanço fundamental, a teoria da utilidade marginal foi obscurecida desde o seu ponto de partida. A primeira exposição mais acessível da ideia nos países de língua inglesa, por W. S. Jevons, continuou a ser menosprezada por muito tempo depois de sua morte prematura devido ao predomínio da autoridade acadêmica de Alfred Marshall, que relutava em abandonar a posição de John Suart Mill, e também em consequência da posição extra-acadêmica do único seguidor eminente de Jevons, Wicksteed. O codescobridor austríaco da teoria, Carl Menger, teve mais sorte e logo encontrou dois discípulos talentosíssimos (Eugen von Bohm-Bawerk e Friedrich von Wieser), que deram sequência à sua obra e estabeleceram uma tradição — e como resultado a teoria econômica moderna passou a ser, aos poucos, acolhida com o nome de "Escola Austríaca". Enfatizando o que chamava de natureza "subjetiva" dos valores econômicos, ela produziu um novo paradigma para explicar as estruturas que nasciam sem planejamento da interação humana. Contudo, nos últimos quarenta anos, suas contribuições foram obscurecidas pela ascensão da "macroeconomia", que busca conexões causais entre entidades hipoteticamente mensuráveis ou agregados estatísticos. Reconheço que estes podem, às vezes, indicar probabilidades *vagas*, mas com certeza não explicam os processos implícitos envolvidos em sua formação.

Entretanto, devido ao delírio (encorajado pelo fato de a macroeconomia fazer amplo uso da matemática, o que sempre impressiona os políticos sem formação matemática e que é sem dúvida a coisa mais próxima da prática da magia encontrada entre os economistas profissionais) de que a macroeconomia é tanto viável quanto útil, muitas opiniões que regem o governo e a política contemporânea ainda se baseiam em explicações ingênuas de fenômenos econômicos como o valor e os preços, que tentam, em vão, caracterizá-los como ocorrências "objetivas" que independem dos conhecimentos e das finalidades dos seres humanos. Essas explicações não são capazes de interpretar a função do comércio e dos mercados nem de avaliar o quanto são indispensáveis para a coordenação dos esforços produtivos de grandes números de indivíduos.

Alguns hábitos que se insinuaram na análise matemática do processo de mercado muitas vezes induzem ao erro economistas preparados. Por exemplo, o costume de referir-se ao "estado existente do conhecimento" e às informações disponíveis aos participantes de um processo de mercado como "números" ou como "dados" (ou mesmo pelo pleonasmo "dados numéricos") muitas vezes leva os economistas a pressupor que esse conhecimento não existe apenas de forma dispersa, mas que todo o seu conjunto poderia estar disponível a uma mente única. Isto oculta o caráter da competição como processo de descoberta. Aquilo que se representa nessas interpretações como um "problema" a ser resolvido, na realidade, não constitui problema para ninguém no mercado, uma vez que as circunstâncias factuais determinantes das quais o mercado, nessa ordem, depende não podem ser conhecidas por ninguém e o problema não está em como usar o conhecimento *numérico* disponível como um todo, mas em como fazer com que o conhecimento que não está, e não pode estar, disponível a nenhuma mente única possa, contudo, ser usado, em sua forma fragmentária e dispersa, por muitos indivíduos em interação – um problema que não se coloca para os atores, mas para os teóricos que tentam explicar essas ações.

A criação da riqueza não é simplesmente um processo físico e não pode ser explicada por uma cadeia de causa e efeito. Ela é determinada não por fatos físicos objetivos conhecidos por uma mente única, mas pelas informações isoladas e distintas de milhões, que são lançadas em preços que servem de guia para decisões ulteriores. Quando o mercado informa a um empresário que é possível obter mais lucro de determinada forma, ele pode tanto servir à sua própria vantagem quanto fazer uma contribuição mais ampla ao agregado (em termos das mesmas unidades de cálculo que a maioria dos outros usa) do que conseguiria de qualquer outra maneira disponível. Pois os preços informam aos participantes do mercado as condições momentâneas cruciais das quais depende toda a divisão do trabalho: a taxa real de convertibilidade (ou "substituibilidade") de diferentes recursos uns pelos outros, quer como recursos para a produção de outros bens, quer para a satisfação de necessidades humanas específicas. Por isso é até irrelevante saber que quantidades estão disponíveis para a humanidade como um todo. Esse conhecimento "macroeconômico" das quantidades agregadas de diferentes coisas não está disponível nem é necessário, e não seria sequer útil. Qualquer ideia de medir o produto agregado composto de uma grande variedade de mercadorias em combinações variadas está equivocada: a equivalência delas para os propósitos humanos depende do conhecimento humano e só depois de traduzir as quantidades físicas em valores econômicos podemos começar a avaliar essas questões.

O que é decisivo para a magnitude do produto, e o principal determinante que gera quantidades específicas, é o modo como estes milhões de indivíduos que possuem conhecimentos distintos de recursos específicos os combinam em conjuntos em vários lugares e momentos, escolhendo entre as grandes variedades de possibilidades — nenhuma das quais pode em si ser considerada a mais eficaz sem se conhecer a relativa escassez dos diferentes elementos como indicada pelos seus preços.

O passo decisivo para a compreensão do papel dos preços relativos na determinação do melhor uso dos recursos foi a descoberta do princípio dos custos comparativos por Ricardo, a respeito do qual Ludwig von Mises disse, corretamente, que deveria ser chamado lei ricardiana da associação (1949:159-64). Só as relações dos preços revelam ao empresário quando o retorno excede os custos em grau suficiente para que seja lucrativo devotar capital limitado a um empreendimento específico. Esses sinais o guiam a uma meta invisível: a satisfação do consumidor, desconhecido e distante do produto final.

A IGNORÂNCIA ECONÔMICA DOS INTELECTUAIS

A compreensão do comércio e das explicações da determinação dos valores relativos em termos da utilidade marginal é fundamental para entender a ordem da qual depende o sustento das multidões de seres humanos existentes. Toda pessoa instruída deveria conhecer essas questões. Mas a compreensão é obstruída pelo desprezo generalizado com que os intelectuais tendem a tratar todo o problema. Pois o fato explicado pela teoria da utilidade marginal — a saber, que poderia se tornar tarefa distinta de todo indivíduo, em função de seus conhecimentos e habilidades separados, ajudar, por uma contribuição *de sua escolha*, a satisfazer às necessidades da comunidade — é estranho tanto à mente primitiva quanto ao construtivismo reinante, bem como ao socialismo explícito.

Não é exagero dizer que essa ideia marca a emancipação do indivíduo. Ao desenvolvimento do espírito individualista deve-se (ver capítulos 2 e 3) a divisão das habilidades, de conhecimento e de trabalho na qual repousa a civilização avançada. Como começaram a compreender historiadores contemporâneos como Braudel (1981-84), buscando lucro o intermediário vítima de desdém tornou possível a ordem ampliada moderna, a tecnologia moderna e a magnitude da nossa população atual. A habilidade, não menos que a liberdade, de guiar-se pelos próprios conhecimentos e decisões, em vez ser levado pelo espírito do grupo, é um avanço do intelecto que nossas emoções só acompanham de forma imperfeita. Nesse caso, além disso, embora os membros de um grupo primitivo possam reconhecer facilmente no líder venerado o conhecimento superior, eles o criticam no semelhante que conhece um meio de obter por um pequeno esforço perceptível o que os outros só conseguem a duras penas. Ocultar e utilizar informações melhores para o ganho individual ou particular ainda é considerado de certo modo impróprio — ou pelo menos contrário às relações de boa vizinhança. E essas reações primitivas permanecem vivas muito depois de a especialização se tornar a única forma de utilizar a aquisição da grande variedade de informações.

Ainda hoje elas continuam a influenciar também a opinião e a ação política, a prejudicar o desenvolvimento de formas mais eficientes de organizar a produção e a encorajar as falsas esperanças de socialismo. Que a humanidade — que deve os suprimentos dos quais vive tanto ao comércio quanto à produção — despreze aquele, mas preze esta em demasia, cria uma situação que não pode deixar de ter efeitos deturpadores nas posturas políticas.

A ignorância da função do comércio, que de início levou ao medo, na Idade Média à regulamentação sem base em informações, que só numa época mais recente alcançou melhor entendimento, foi revivida nesta altura sob uma forma pseudocientífica. Neste formato, ela se presta às tentativas tecnocráticas de manipulação econômica que, quando inevitavelmente fracassam, estimulam um tipo moderno de desconfiança do "capitalismo". Contudo, a situação pode parecer ainda pior quando voltamos nossa atenção a certos processos de organização ainda mais difíceis de compreender do que o comércio, ou seja, aqueles que governam o dinheiro e as finanças.

A DESCONFIANÇA DO DINHEIRO E DAS FINANÇAS

O preconceito gerado pela desconfiança diante do que é misterioso atinge um grau ainda mais elevado quando direcionado às instituições mais abstratas de uma civilização avançada, das quais depende o comércio, que são mediadoras dos efeitos mais gerais, indiretos, remotos e despercebidos da ação individual e que, embora indispensáveis para a formação de uma ordem ampliada, tendem a ocultar da observação analítica os mecanismos que as orientam: o dinheiro e as instituições financeiras nele baseadas. No momento em que o escambo é substituído pela troca indireta mediada pelo dinheiro, a inteligibilidade imediata cessa e iniciam-se processos interpessoais abstratos que transcendem até a mais esclarecida percepção individual.

O dinheiro, a verdadeira "moeda" da interação comum, é, pois, a menos conhecida de todas as coisas e — talvez junto com o sexo — objeto das fantasias mais irracionais; e, como o sexo, ao mesmo tempo fascina, intriga e repele. A literatura que versa sobre essa matéria talvez seja mais ampla do que aquela dedicada a qualquer outra; e sua leitura faz com que as pessoas se sintam levadas a concordar com o escritor que há muito tempo declarou que nenhum outro tema, nem mesmo o amor, levou mais homens à loucura. "O amor ao dinheiro", declara a Bíblia, "é a raiz de todos os males" (I Timóteo, 6:10). Mas a *ambivalência* a respeito dele talvez seja ainda mais comum: o dinheiro aparece ao mesmo tempo como o mais poderoso instrumento de liberdade e o mais sinistro instrumento de opressão. Esse que é o meio de troca mais amplamente difundido evoca todo o mal-estar que os indivíduos sentem em relação a um processo que não podem compreender, que amam e odeiam ao mesmo tempo e de cujos efeitos desejam com tanta intensidade alguns ao passo que detestam outros que são inseparáveis dos primeiros.

O funcionamento da estrutura do dinheiro e do crédito, entretanto, ao lado da linguagem e da moral, é uma das ordens espontâneas que mais resistem às tentativas de explicação teórica adequada e continua objeto de profundas divergências entre os especialistas. Até alguns estudiosos profissionais se resignaram à intuição de que os detalhes necessariamente escapam à percepção e de que a complexidade do todo nos compele a nos contentarmos com explicações de modelos abstratos que se formam de maneira espontânea, explicações que, por mais esclarecedoras que sejam, não conferem nenhum poder de prever resultados específicos.

O dinheiro e as finanças não perturbam apenas os estudiosos. Como o comércio, e por muitas das mesmas razões, eles continuam suspeitos para os moralistas. O moralista tem várias razões para desconfiar desse

O MISTERIOSO MUNDO DO COMÉRCIO E DO DINHEIRO

meio universal de obtenção e manipulação do poder sobre a maior variedade de fins da maneira menos visível possível. Em primeiro lugar, embora se possa ver facilmente que quantidades de outros objetos de riqueza são usadas, os efeitos concretos ou específicos do emprego do dinheiro em si próprio ou em outras pessoas muitas vezes permanecem indiscerníveis. Em segundo lugar, mesmo quando alguns dos seus efeitos são discerníveis, ele pode ser usado tanto para bons quanto para maus objetivos — por isso a suprema versatilidade que o torna tão útil ao seu possuidor o torna mais suspeito para o moralista. Por fim, seu uso hábil e os amplos ganhos e magnitudes que decorrem disso parecem, como no caso do comércio, divorciados do esforço físico e do mérito reconhecível e nem sequer precisam estar ligados a nenhum substrato material — como nas "transações exclusivamente com papel". Se artesãos e ferreiros eram temidos por transformar a substância material, se os comerciantes o eram por transformar qualidades intangíveis como o valor, quanto mais não será temido o banqueiro pelas transformações que realiza com a mais abstrata e imaterial de todas as instituições econômicas? Assim, chegamos ao clímax da progressiva substituição do perceptível e concreto por conceitos abstratos como molde das regras que orientam a atividade: o dinheiro e as suas instituições parecem ficar além da fronteira dos louváveis e compreensíveis esforços físicos da criação, num campo em que a compreensão do concreto cessa e as abstrações incompreensíveis reinam.

Assim, o tema a um só tempo atordoa os especialistas e ofende os moralistas: ambos ficam alarmados ao verificar que o todo ultrapassou nossa capacidade de examinar e controlar a sequência de eventos dos quais dependemos. Tudo parece ter escapado de nossas mãos, ou, como diz bem a expressão alemã, *ist uns über den Kopf gewachsen**. Não espanta que as palavras que se referem a dinheiro sejam tão enfáticas, até mesmo hiperbólicas. Talvez alguns ainda acreditem, como Cícero (*De officiis*, 11:89) conta a respeito de Catão, o Velho, que emprestar dinheiro é tão mau quanto matar. Embora os estoicos romanos, como Sêneca e o próprio Cícero, tenham mostrado alguma compreensão dessas questões, as

---

* "Isto ultrapassou as nossas capacidades." (N. do T.)

opiniões atuais sobre as taxas de juros a empréstimos determinadas pelo mercado não são mais lisonjeiras, apesar da enorme importância que tenham na orientação do capital para o seu uso mais produtivo. Assim, ainda ouvimos falar das "relações do dinheiro", dos "lucros sujos", do "instinto de posse" e das atividades do "mercenário" (para um relato de tudo isso, ver Braudel, 1982b).

Tampouco são os epítetos rudes o término dos problemas. Como a moral, a lei, a linguagem e os organismos biológicos, as instituições monetárias são resultado da ordem espontânea — e são igualmente suscetíveis à variação e à seleção. Contudo, as instituições monetárias revelam-se, de todas as formações surgidas de forma espontânea, aquelas que se desenvolveram de modo menos satisfatório. Poucos, por exemplo, ousarão afirmar que seu funcionamento melhorou nos últimos setenta anos, pois o que constituía um mecanismo essencialmente automático baseado num padrão metálico internacional foi substituído, sob a orientação de especialistas, por "políticas monetárias" estatais deliberadas. Na realidade, as experiências da humanidade com o dinheiro ofereceram boas razões para desconfiar dele, mas não pelos motivos que em geral se supõe. *Ao contrário, os processos seletivos sofrem, aqui, mais interferência do que em qualquer outro caso: a seleção por evolução é impedida por monopólios governamentais que tornam impossível a experimentação competitiva.*

Sob patrocínio do governo, o sistema monetário alcançou grande complexidade, mas sempre se permitiu tão pouca experimentação e seleção privada entre os meios alternativos, que ainda não sabemos direito que bem o dinheiro seria — ou o quanto ele poderia ser bom. Tampouco são essa interferência e esse monopólio criações recentes: eles se deram quase logo após a adoção da moeda como meio de troca geralmente aceito. Embora seja um requisito indispensável para o funcionamento de uma ordem ampliada de cooperação entre pessoas livres, quase desde seu surgimento o dinheiro sofreu tantos abusos vergonhosos por parte dos governos que se tornou a causa fundamental de perturbação de todos os processos auto-ordenáveis dessa ordem. A história da administração do dinheiro pelo governo, com exceção de breves períodos felizes, é uma história de fraudes e logros incessantes. Nesse caso, os governos revelaram-se muito mais imorais do que seria possível a qualquer entidade privada que fornecesse diferentes tipos de dinheiro concorrentes entre si. Já sugeri em outro lugar, e não o discutirei aqui mais uma vez, que a economia de mercado estaria mais apta a desenvolver suas potencialidades se o monopólio monetário do Estado fosse abolido (Havek, 1976/78 e 1986:8-10).

Seja como for, nosso tema principal aqui — a persistente opinião desfavorável das "considerações pecuniárias" — baseia-se em ignorância do papel indispensável desempenhado pelo dinheiro em tornar possível a ordem ampliada da cooperação humana e o cálculo geral em valores de mercado. O dinheiro é indispensável para ampliar a cooperação recíproca para além dos limites do entendimento humano — e portanto também para além dos limites do que era explicável e poderia ser prontamente reconhecido como oportunidades em expansão.

A CONDENAÇÃO DO LUCRO E O DESPREZO PELO COMÉRCIO

As objeções dos *beaux esprits* do nosso tempo — os intelectuais que acabamos de mencionar mais uma vez e dos quais tratamos nos capítulos anteriores — não diferem tanto assim daquelas dos membros dos grupos primitivos; e foi isto que me inclinou a classificar suas exigências e anseios de atávicos. O que os intelectuais formados nos pressupostos construtivistas acham mais censurável na ordem de mercado, no comércio, no dinheiro e nas instituições financeiras é que produtores, comerciantes e financistas não estejam preocupados com as necessidades concretas de pessoas conhecidas, mas com cálculos abstratos de custos e lucros. Mas eles esquecem, ou não conhecem, os argumentos que acabamos de expor. A preocupação com o lucro é precisamente o que torna possível o uso mais eficiente dos recursos. Ela faz o uso mais produtivo da variedade de apoio potencial que pode ser angariado de outros empreendimentos econômicos. O magnânimo chavão socialista, "produção para uso, não para lucro", que encontramos de uma forma ou de outra desde Aristóteles a Bertrand Russell, de Albert Einstein ao arcebispo [dom Hélder] Câmara do Brasil (e, com frequência, desde Aristóteles, com o acréscimo de que esses lucros são obtidos "à custa dos outros"), trai a ignorância de que a capacidade produtiva é multiplicada por diferentes indivíduos que obtêm acesso a diferentes conhecimentos cujo total ultrapassa o que qualquer um deles poderia reunir. Em suas atividades, o empresário *tem de* investigar para além dos usos e das finalidades conhecidas com o objetivo de proporcionar os recursos para a produção de outros recursos que, por sua vez, servem a ainda outros, e assim por diante — isto é, para que ele atenda a uma *multiplicidade* de fins últimos. Os preços e o lucro são tudo de que a maioria dos produtores necessita para poder atender de modo mais efetivo às necessidades de pessoas que não conhecem. São um instrumento de investigação — assim como, para o soldado ou o caçador, o marinheiro ou o piloto, o telescópio amplia o alcance da visão. O processo de mercado proporciona à maioria das pessoas os recursos materiais e informacionais de que precisam para obter *o que desejam*. Assim, poucas atitudes são mais irresponsáveis do que a ridicularização da preocupação com os custos por parte de intelectuais que, em geral, não sabem enfrentar o problema de descobrir como se podem obter resultados específicos com o menor sacrifício possível de outros fins. Eles estão cegos de indignação com a *possibilidade* essencial de obter, numa determinada situação, lucros muito grandes que parecem desproporcionais ao esforço exigido, mas que são a única coisa que torna praticável esse tipo de experimentação.

É, portanto, difícil de acreditar que qualquer um que entenda o mercado de maneira correta possa condenar honestamente a busca do lucro. O desdém pelo lucro se deve à ignorância e a uma postura que, se quisermos, podemos admirar no asceta que preferiu contentar-se com uma pequena parcela das riquezas deste mundo, mas que, quando posta em prática na forma de restrições aos lucros de outrem, é egoísta na medida em que impõe aos outros o ascetismo e, aliás, privações de toda espécie.

7
Nossa linguagem envenenada

> Quando as palavras perdem o significado,
> as pessoas perdem a liberdade
>
> **CONFÚCIO**

AS PALAVRAS COMO GUIAS DA AÇÃO

O COMÉRCIO, A MIGRAÇÃO, O CRESCIMENTO E A MISCIGE-
nação das populações devem ter não apenas aberto os olhos das pessoas, mas também soltado suas línguas. Não só os comerciantes inevitavelmente encontravam, e às vezes dominavam, línguas estrangeiras em suas viagens, como isto, por sua vez, deve tê-los obrigado a refletir sobre as diferentes conotações de palavras importantes (pelo menos para não ofender os anfitriões e para entender de maneira adequada os termos dos acordos de comércio) e, assim, eles passaram a conhecer novos e diferentes pontos de vista sobre as questões mais fundamentais. Eu gostaria agora de considerar alguns dos problemas relativos à linguagem que acompanham o conflito entre o grupo primitivo e a ordem ampliada.

Todos os povos, sejam primitivos ou civilizados, organizam o que percebem em parte por meio de atributos que a linguagem lhes ensinou a atribuir a grupos de características sensoriais. A linguagem nos permite não apenas categorizar os objetos que se apresentam aos nossos sentidos como entidades distintas, mas também classificar uma infinita variedade de combinações de marcas distintivas de acordo com o que esperamos desses objetos e aquilo que podemos fazer com eles. Essa categorização,

OS ERROS FATAIS DO SOCIALISMO

classificação e distinção, muitas vezes, evidentemente, é vaga. E, mais importante, o emprego da linguagem está eivado de interpretações ou teorias sobre o que nos cerca. Como Goethe constatou, tudo aquilo que imaginamos ser factual já é teoria: o que "sabemos" sobre os nossos arredores é nossa interpretação deles.

Em consequência disso, surgem várias dificuldades para analisar e criticar os nossos pontos de vista. Por exemplo, muitas crenças amplamente aceitas vivem apenas de forma implícita nas palavras ou expressões que as implicam e é possível que jamais venham a ser explicitadas; portanto, nunca estão expostas à possibilidade de crítica, de modo que a linguagem transmite não apenas sabedoria, mas também um tipo de insensatez que é difícil erradicar.

Também é difícil explicar com determinado vocabulário — por causa das suas próprias limitações e das conotações que carrega — algo diferente daquilo que aquela linguagem costumava exprimir. Não só é difícil elucidar, ou mesmo descrever, algo novo com termos já existentes, também é difícil ordenar aquilo que a linguagem já havia classificado de determinada maneira — sobretudo se essa classificação se basear nas distinções inatas dos nossos sentidos.

Dificuldades desse tipo levaram alguns cientistas a inventar novas linguagens para suas disciplinas. Os reformadores, em especial os socialistas, foram movidos pelo mesmo anseio e alguns deles propuseram a reforma deliberada da linguagem a fim de converter as pessoas com mais facilidade às suas convicções (ver Bloch, 1954-59).

Diante dessas dificuldades, o vocabulário que empregamos e as teorias que ele contém são fundamentais. Na medida em que falamos numa linguagem baseada numa teoria errônea, geramos e perpetuamos o erro. Contudo, o vocabulário tradicional — e as teorias e interpretações contidas nele — que ainda expressa profundamente nossa percepção do mundo e a interação humana em seu interior continua muito primitivo em vários aspectos. Em geral, ele se formou ao longo de épocas muito remotas nas quais nossas mentes interpretavam de maneira bem diferente o que nossos sentidos transmitiam. Assim, embora aprendamos muito do que sabemos por meio da linguagem, o significado de cada palavra nos induz ao erro: continuamos a usar termos que possuem conotações arcaicas quando tentamos expressar nossa compreensão nova e melhor dos fenômenos aos quais eles se referem.

Um exemplo pertinente é o modo como os verbos transitivos atribuem a objetos inanimados uma espécie de ação intencional. Assim como a mente ingênua ou inculta tende a pressupor a presença de vida sempre que percebe movimento, também tende a pressupor a atividade da mente ou espírito sempre que imagina que existe um propósito. A situação é agravada porque, até certo ponto, a evolução da raça humana parece repetir-se no desenvolvimento inicial de cada mente humana. Ao descrever a concepção de mundo das crianças (*The Child's Conception of the World* [*A representação do mundo na criança*], 1929:359), Jean Piaget escreve: "A criança começa vendo um propósito em toda parte." Só em segundo lugar a mente se preocupa em diferenciar entre os propósitos das coisas em si (animismo) e os propósitos dos produtores das coisas (artificialismo). As conotações animistas prendem-se a muitas palavras básicas e particularmente àquelas que descrevem ocorrências que produzem ordem. Não só a palavra "fato" em si como também "causar", "coagir", "distribuir" "preferir" e "organizar", termos indispensáveis à descrição de processos impessoais, ainda evocam em muitas mentes a ideia de um agente pessoal.

A própria palavra "ordem" é um claro exemplo de uma expressão que, antes de Darwin, era usada quase universalmente para designar um agente pessoal. No começo do século passado, até mesmo um pensador da importância de Jeremy Bentham afirmava que "ordem pressupõe um fim" (1789/1887, *Works:II*, 399). Na realidade, poderíamos dizer que, até a "revolução subjetiva" na teoria econômica nos anos 1870, a compreensão da criação humana foi dominada pelo animismo — concepção da qual a própria "mão invisível" de Adam Smith representou apenas uma exceção parcial, até que, nos anos 1870, a função orientadora dos preços de mercado determinados pela concorrência passou a ser mais bem compreendida. Contudo, mesmo hoje, fora do exame científico das leis, da linguagem e do mercado, os estudos dos temas humanos continuam a ser dominados por um vocabulário derivado, acima de tudo, do pensamento animista.

Um dos exemplos mais importantes é o dos escritores socialistas. Quanto mais a fundo investigamos suas obras, com mais clareza percebemos que sua contribuição foi muito maior para a preservação do que para a reforma do pensamento e da linguagem animista. Tomemos por exemplo a personificação da "sociedade" na tradição historicista de Hegel, Comte e Marx. O socialismo, com sua "sociedade", é de fato a mais recente das interpretações animistas da ordem representada historicamente por várias religiões (com seus "deuses"). O fato de que ele se dirige com frequência contra a religião não mitiga o argumento. Imaginando que toda ordem é resultado de desígnio, os socialistas concluem que a ordem deve ser aperfeiçoável pelo desígnio melhor de uma mente superior. Por isso, o socialismo merece lugar num inventário respeitado das formas de animismo — como aquele fornecido, de maneira preliminar, por E. E. Evans-Pritchard em *Theories of Primitive Religion* [Teorias de religião primitiva] (1965). Em vista da contínua influência deste animismo, parece prematuro, mesmo hoje, concordar com W. K. Clifford, um pensador profundo que, já na época de Darwin, afirmava que *"propósito* deixou de sugerir *desígnio* para as pessoas instruídas, salvo nos casos em que a ação dos homens pode ser demonstrada de maneira independente" (1879:117).

A contínua influência do socialismo sobre a linguagem dos intelectuais e dos estudiosos fica evidente também em estudos descritivos da história e da antropologia. Como pergunta Braudel: "Quem entre nós não falou em *luta de classes, meios de produção, força de trabalho, mais-valia, pauperização relativa, práxis, alienação, infraestrutura, superestrutura, valor de uso, valor de troca, acumulação primitiva, dialética, ditadura do proletariado* ... ?" (Tudo isto, ao que se supõe, popularizado por Karl Marx ou derivado de sua obra: ver Braudel, 1982b.)

Na maioria dos casos, subjacente a esse modo de falar não há na verdade simples afirmações, mas interpretações ou teorias sobre consequências ou causas de supostos fatos. Também a Marx, em especial, devemos o emprego do termo "sociedade" ao invés de estado ou organização coercitiva, que é do que na realidade ele está falando, uma circunlocução que sugere que podemos controlar deliberadamente as ações dos indivíduos por algum método mais gentil e bondoso de direção do que a coerção. É claro que a ordem espontânea ampliada, que é o tema principal deste livro, seria tão capaz de "agir" ou de "tratar" pessoas específicas quanto um povo ou uma população. Por outro lado, o "estado", ou melhor, o "governo", que antes de Hegel era a palavra comum (e mais honesta) utilizada, evidentemente também representava para Marx, de forma aberta e clara, a ideia de autoridade, ao passo que o termo vago "sociedade" permitia-lhe insinuar que o domínio dela garantiria algum tipo de liberdade.

Portanto, se a sabedoria está com frequência oculta no sentido das palavras, o mesmo ocorre com o erro. As interpretações ingênuas que agora sabemos serem falsas, assim como recomendações utilíssimas ainda que muitas vezes despercebidas, sobrevivem e determinam nossas decisões por meio das expressões que usamos. De relevância especial para nossa análise é o fato lamentável de que muitos vocábulos que aplicamos a vários aspectos da ordem ampliada da cooperação humana carregam conotações enganosas de um tipo primitivo de comunidade. Na realidade, muitas palavras incorporadas à nossa linguagem são de tal caráter que, se as empregarmos habitualmente, seremos levados a conclusões que nenhum pensamento mais sóbrio sobre o tema em questão sugeririam e que, além disso, conflitam com as evidências científicas. Foi por esta razão que, ao escrever este livro, impus a mim mesmo o regulamento abnegado de jamais utilizar as expressões "sociedade" ou "social" (embora seja inevitável que elas apareçam vez por outra nos títulos de livros e nas citações de textos de outros autores e apesar de, em algumas ocasiões, eu ter mantido as expressões "ciências sociais" ou "estudos sociais"). Não obstante eu ter *usado* tais termos até aqui, quero *discuti-los* no presente capítulo — bem como algumas outras palavras que funcionam de maneira semelhante — a fim de revelar um pouco do veneno que se oculta em nossa linguagem, particularmente naquela que diz respeito às ordens e às estruturas da interação e das inter-relações humanas.

A citação algo simplificada de Confúcio na epígrafe deste capítulo deve ser a mais antiga expressão dessa preocupação que se preservou. Uma forma abreviada em que a encontrei pela primeira vez deve-se, ao que parece, ao fato de não existir em chinês uma palavra única (ou conjunto de caracteres) para liberdade. No entanto, o trecho traduziria legitimamente a definição de Confúcio da condição desejável de qualquer grupo ordenado de pessoas, definição que se encontra em sua obra *Analects* [*Os analectos*] (tr. A. Waley, 1938:XIII, 3, 171-2):

OS ERROS FATAIS DO SOCIALISMO

"Se a linguagem for incorreta ... as pessoas não terão onde pôr as mãos e os pés." Agradeço a David Hawkes, de Oxford, por ter encontrado uma tradução mais autêntica de um trecho que muitas vezes citei de forma incorreta.

O caráter insatisfatório do nosso vocabulário contemporâneo de termos políticos deve-se ao fato de ele ser derivado, em grande medida, de Platão e Aristóteles, que, não possuindo o conceito de evolução, consideravam a ordem dos negócios humanos uma combinação de um número fixo e imutável de homens plenamente conhecida pela autoridade governante – ou, como a maioria das religiões até o socialismo, o produto planejado de uma mente superior. (Quem quiser traçar a influência das palavras no pensamento político encontrará informações abundantes em Demandt (1978). Em inglês, uma análise útil sobre os enganos provocados pela linguagem metafórica se encontra em Cohen (1931); mas as discussões mais completas que eu conheço sobre o abuso político da linguagem encontram-se nos estudos alemães de Schoeck (1973) e em H. Schelsky (1975:233-249). Eu mesmo tratei de alguns desses assuntos antes (1967/78:71-97; 1973:26-54; 1976:78-80).)

AMBIGUIDADE TERMINOLÓGICA E DISTINÇÕES ENTRE SISTEMAS DE COORDENAÇÃO

Tentamos, em outro lugar, desemaranhar algumas das confusões provocadas pela ambiguidade de termos como "natural" e "artificial" (ver apêndice A), "genético" e "cultural" e assim por diante, e, como o leitor deve ter observado, em geral prefiro o termo menos usual, mas mais preciso, "propriedade separada", à expressão mais comum "propriedade privada". Existem, é claro, muitas outras ambiguidades e confusões, algumas das quais de maior importância.

Por exemplo, houve a trapaça proposital dos socialistas americanos de apropriarem-se do termo "liberalismo". Como disse com precisão Joseph A. Schumpeter (1954:394): "Como uma homenagem suprema, embora involuntária, os inimigos do sistema de iniciativa privada acharam por bem apropriar-se de seu rótulo." O mesmo se aplica cada vez mais aos partidos políticos europeus de centro, os quais ou têm o nome de liberais, como na Grã-Bretanha, ou se declaram liberais, mas não hesitam em formar coalizões com partidos abertamente socialistas, como na Alemanha Ocidental. Como lamentei há mais de 25 anos (1960, Posfácio), tornou-se quase impossível para um liberal gladstoniano* definir-se como liberal sem dar a impressão de que acredita no socialismo. Tampouco trata-se de uma novidade: já em 1911, L. T. Hobhouse publicava um livro com o título *Liberalism*, que seria mais adequado ter chamado de *Socialism*, seguido prontamente por um outro intitulado *The Elements of Social Justice* [Os elementos da justiça social] (1922).

Por mais importante que seja essa mudança específica — que talvez já não se possa mais corrigir —, devemos nos ater aqui, de acordo com o tema geral deste livro, às ambiguidades e vaguezas causadas pelas denominações dadas em geral aos fenômenos da interação humana. A inadequação dos termos usados para nos referirmos a formas diferentes de interação humana é apenas mais um sintoma, mais uma manifestação, da compreensão predominante e inadequadíssima dos processos pelos quais os esforços humanos são coordenados. Esses termos são de fato tão impróprios, que, ao usá-los, não conseguimos sequer delimitar com clareza aquilo de que estamos falando.

Poderíamos começar com os termos que costumam-se usar para distinguir os dois princípios opostos da ordem da colaboração humana, capitalismo e socialismo, ambos enganosos e de conotação política tendenciosa. Embora visem a lançar um pouco de luz sobre estes sistemas, não revelam nada importante do caráter deles. A palavra "capitalismo", em particular (ainda desconhecida por Karl Marx em 1867 e nunca usada por ele), "só adentrou o debate político como o oposto natural do socialismo" com o explosivo livro de Werner Sombart, *Der moderne Kapitalismus*, em 1902 (Braudel, 1982a:227). Como esse termo sugere um

---

* A referência é ao lendário primeiro-ministro inglês William Gladstone (1809- 1898), do Partido Liberal ou Partido Whig. (N. do T.)

OS ERROS FATAIS DO SOCIALISMO

sistema que serve aos interesses específicos dos proprietários de capital, naturalmente provocou a oposição daqueles que, como vimos, eram seus principais beneficiários, os membros do proletariado. O proletariado pôde sobreviver e aumentar graças à atividade dos proprietários de capital e, em certo sentido, foi até mesmo criado por estes. É verdade que os proprietários de capital tornaram possível a ordem ampliada das relações humanas e isto pode ter levado alguns capitalistas a aceitar orgulhosamente a denominação pelo resultado de seus esforços. Tratou-se, não obstante, de um desenvolvimento infeliz, por sugerir uma oposição de interesses que na realidade não existe.

Uma definição um pouco mais satisfatória para a ordem econômica ampliada de colaboração é a expressão "economia de mercado", importada do alemão. Contudo, ela também tem graves desvantagens. Em primeiro lugar, a chamada economia de mercado não é de fato uma economia em sentido estrito, e sim um complexo de vastos números de economias individuais em interação com as quais compartilha algumas das características distintivas, mas de modo algum todas. Se damos às estruturas complexas resultantes da interação de economias individuais uma denominação que sugere tratar-se de construções deliberadas, isto abre as portas à personificação ou ao animismo, ao qual, como vimos, devem-se tantas concepções equivocadas dos processos de interação humana e do qual tentamos escapar. É necessário sempre lembrar que a economia produzida pelo mercado não é de fato semelhante aos produtos do desígnio humano deliberado, mas uma estrutura que, embora em muitos aspectos pareça semelhante a uma economia, em outros, sobretudo por não servir a uma hierarquia unitária de fins, difere fundamentalmente de uma economia verdadeira.

Uma segunda desvantagem do termo "economia de mercado" é que em inglês não é possível derivar dele nenhum adjetivo conveniente, e uma expressão que indique a adequação de ações específicas é de fato necessária na prática. Por isso eu propus, há algum tempo (1967/1978b:90), a introdução de um novo termo técnico obtido a partir de um radical grego que já fora usado num contexto muito semelhante. Em 1838, o arcebispo Whately sugeriu "catalática" [*catallactics*] para definir a ciência teórica que explica a ordem de mercado e sua sugestão foi revivida de tempos em tempos; mais recentemente, por Ludwig von Mises. O adjetivo "catalático" [*catallactic*] pôde então ser criado a partir do termo cunhado por Whately e já foi usado de modo bastante amplo. Esses termos são sem dúvida tentadores, porque a palavra do grego clássico da qual derivam, *katalattein* ou *katalassein*, significa não apenas "trocar", mas também "receber na comunidade" e "passar de inimigo a amigo", outra prova da profunda percepção dos antigos gregos sobre essas questões (Liddell & Scott, 1940, *s.v. katallasso*). Isso me leva a sugerir a formação do termo "catalaxia" [*catallaxy*] para definir o objeto da ciência que em geral chamamos economia, a qual, então, segundo Whately, deveria ser chamada catalática. A utilidade dessa inovação foi confirmada pelo fato de a expressão já ter sido adotada por alguns dos meus colegas mais jovens, e estou convencido de que se fosse adotado de maneira mais ampla isto poderia realmente contribuir para a clareza das nossas discussões.

NOSSO VOCABULÁRIO ANIMISTA E O CONFUSO CONCEITO DE "SOCIEDADE"

Como mostram muito bem esses exemplos, no estudo dos temas humanos as dificuldades de comunicação começam com a definição e a nomeação dos objetos que desejamos analisar. A principal barreira terminológica à compreensão, ultrapassando em importância os outros vocábulos que acabamos de estudar, é a própria expressão "sociedade" — e não apenas na medida em que, desde Marx, ela foi usada para confundir as distinções entre governos e outras "instituições". Como palavra usada para descrever uma variedade de sistemas de inter-relações de atividades humanas, "sociedade" sugere de maneira errônea que todos estes sistemas são do mesmo tipo. Trata-se também de uma das palavras mais antigas do gênero, presente, por exemplo, no latim, como *societas*, de *socius*, o colega ou companheiro que se conhece pessoalmente; e foi usada para definir tanto uma situação de fato existente quanto uma relação entre indivíduos. Do modo como se costuma usá-la, pressupõe ou implica uma busca comum de propósitos comuns que em geral só podem ser alcançados pela colaboração consciente.

Como vimos, é uma das condições necessárias para a ampliação da cooperação humana para além dos limites da percepção individual que a esfera dessas buscas seja cada vez mais governada não por propósitos compartilhados, mas por regras abstratas de conduta cuja observância faz com que cada vez mais atendamos às necessidades de pessoas que não conhecemos e, do mesmo modo, que nossas próprias necessidades sejam atendidas por indivíduos desconhecidos. Assim, quanto mais se amplia a esfera da cooperação humana, menos a motivação no interior desta corresponde à imagem mental do que as pessoas imaginam que deveria acontecer numa "sociedade" e mais o termo "social" se torna não a palavra essencial numa declaração de fatos, mas o cerne do apelo a um ideal antigo, agora obsoleto, de comportamento humano geral. Toda compreensão real da diferença entre o que verdadeiramente caracteriza o comportamento individual num grupo específico, de um lado, e, do outro, o pensamento mágico a respeito do que a conduta individual *deveria* ser (de acordo com costumes mais antigos) vai aos poucos se perdendo. Não só se chama "sociedade" a qualquer grupo de pessoas que se relacionam entre si das mais variadas maneiras como também se conclui que todos os grupos que recebem esse nome deveriam se comportar do mesmo modo que um grupo primitivo de companheiros.

Assim, a palavra "sociedade" tornou-se um rótulo conveniente para denotar praticamente qualquer grupo de pessoas, a respeito de cuja estrutura ou razão de coerência não é necessário conhecer nada — uma improvisação à qual os indivíduos recorrem quando não sabem sequer do que estão falando. Pelo visto, um povo, uma nação, uma população, uma empresa, uma associação, um grupo, uma horda, um bando, uma tribo, os membros de uma raça, de uma religião, de uma modalidade esportiva, de um espetáculo, os habitantes de qualquer lugar específico são todos, ou constituem todos, sociedades.

Dar o mesmo nome a constituições tão fundamentalmente distintas quanto à camaradagem de indivíduos em constante contato pessoal e à estrutura formada por milhões de pessoas ligadas apenas por sinais resultantes de longas cadeias de intercâmbio infinitamente ramificadas não só induz de maneira concreta ao erro como também, quase sempre, contém um desejo oculto de moldar a ordem ampliada de acordo com a associação íntima pela qual nossas emoções anseiam. Bertrand de Jouvenel descreveu bem essa nostalgia instintiva do pequeno grupo: "... o ambiente primitivo do homem, que conserva para ele uma infinita atração: mas qualquer tentativa de enxertar as mesmas características dele numa sociedade vasta é utópica e leva à tirania" (1957:136).

A diferença crucial negligenciada nessa confusão é que o grupo reduzido pode ser guiado em suas atividades por propósitos convencionados ou pela vontade de seus membros, ao passo que a ordem ampliada, que é também uma "sociedade", compõe-se numa estrutura harmônica porque seus membros observam regras de conduta semelhantes na busca de propósitos individuais diferentes. O resultado desses esforços diversos na observância de regras semelhantes de fato mostrará algumas características similares àquelas de um organismo que possui cérebro ou mente, ou àquilo que um organismo desse tipo organiza deliberadamente, mas é errôneo considerar tal "sociedade" sob o aspecto animista ou personificá-la atribuindo-lhe vontade, intenção ou desígnio. Por isso, é perturbador encontrar um importante estudioso contemporâneo a confessar que, para qualquer utilitarista, a "sociedade" deve se manifestar não "como uma pluralidade de pessoas ... [mas] como uma espécie de grande pessoa única" (Chapman, 1964:153).

A PALAVRA DONINHA "SOCIAL"

O substantivo "sociedade", equívoco como é, torna-se um tanto inócuo quando comparado ao adjetivo "social", que passou a ser talvez a expressão que mais gera confusões em todo o nosso vocabulário moral e político. Isso aconteceu apenas nos últimos cem anos, período no qual seu uso moderno, seu poder e sua influência logo se expandiram da Alemanha de Bismarck para todo o globo. A confusão que ele difunde, no campo mesmo em que é mais usado, deve-se em parte ao fato de definir não apenas fenômenos produzidos por vários modos de cooperação entre os homens, como em uma "sociedade", mas também os tipos de ações que promovem essas ordens e as servem. A partir deste uso, ele se tornou cada vez mais uma exortação, uma espécie de palavra de ordem para a moral racionalista que pretende substituir a moral tradicional, e agora suplanta cada vez mais a palavra "bom" como designação do que é moralmente certo. Como resultado desse caráter "distintamente dicotômico", como diz com propriedade o *Webster's New Dictionary of Synonyms*, o sentido descritivo e o normativo da palavra "social" sempre se alternam e o que parece, à primeira vista, uma descrição torna-se sem que se perceba uma prescrição.

A respeito dessa questão específica, o emprego do termo em alemão influenciou a linguagem americana mais do que a inglesa; pois, por volta dos anos 1880, um grupo de estudiosos alemães, conhecidos como a escola histórica ou ética de pesquisa econômica, vinha usando cada vez mais o termo "política social" em lugar de "economia política" para designar o estudo da interação humana. Um dos poucos a não se deixar arrastar por essa nova moda, Leopold Von Wiese, observou mais tarde que apenas aqueles que eram jovens durante a "era social" – nas décadas imediatamente anteriores à Primeira Guerra Mundial – tinham condições de avaliar como era forte, naquela época, a tendência a considerar a esfera "social" um substituto para a religião. Uma das manifestações mais ilustrativas desse fato foi o aparecimento dos chamados pastores sociais. Mas "ser 'social'", insiste Wiese, "não é o mesmo que ser bom, nem justo, nem 'justo aos olhos de Deus'"(1917). A alguns discípulos de Wiese devemos instrutivos estudos históricos sobre a difusão do termo "social" (ver as referências em 1976:180).

A extraordinária variedade de empregos da palavra "social" nas línguas modernas desde então aparece com nitidez quando se encontra, no já citado *Fontana/Harper Dictionary of Modern Thought* (1977), apropriadamente precedida por "Soap Opera" [novela], uma série de nada menos que 35 combinações de "social" com algum substantivo, de "ação social" a "conjuntos sociais". Num esforço semelhante, no dicionário *Key Words* (1976), de R. Williams, o autor, embora remetendo em geral o leitor aos verbetes correspondentes com a abreviatura convencional "q.v.", abandonou o método com relação a "social". Pelo visto, ele não achou prático seguir a própria política aqui e teve de simplesmente descartá-la. Esses exemplos levaram-me a anotar, durante algum tempo, todas as ocorrências da palavra "social" que encontrava, produzindo assim a seguinte lista instrutiva de cerca de 160 substantivos qualificados pelo adjetivo "social"*:

ação	corpo	estudos
acordo	crédito	ética
administração	crítica	etiqueta
ajustamento	crítico	evento
alpinista	cruzado	fascismo
ambiente	decisão	fato
animal	democracia	fatores
anseio	descrição	filosofia
apelo	desenvolvimento	finalidade
bem	desperdício	força
benefícios	dever	função
características	dimensão	geografia
caráter	direito	grupo
causação	discriminação	harmonia
ciência	disposição	história
círculo	distância	ideal
compacto	doença	implicação
composição	dogmas	inadequação
compreensão	economia	independência
concepção	economia de mercado	inferioridade
conflito	entidade	instituição
conhecimento	epistemologia	intercurso
consciência	era	inválidos
consideração	espírito	justiça
construção	estabilidade	legislação
contabilidade	estado de direito	líder
contrato	estrutura	mal
controle	estudioso	medicina

---

* Sem contexto, a tradução adequada dos termos é problemática. Entretanto, o leitor nada perde, pois a função da lista é apenas ilustrativa e quase todas as expressões, numa tradução ou em outra, existem em português. (N. do T.)

OS ERROS FATAIS DO SOCIALISMO

mente	pontos de opinião	saúde
meta	posição	segurança
migração	prazer	seguro
moral	preocupação	ser
moralidade	prioridade	serviço
mundo	privilégio	significado
necessidades	problema	sinais
obra	processo	sistema
obrigação	progresso	sócio
oportunidade	propriedade	solidariedade
ordem	psicologia	*Soziolekt* (discurso
organismo	realismo	de grupo)
paixão	*Rechtsstaat* (estado	status
papel	de direito)	talento
pária	reconhecimento	teleologia
paz	reforma	temas
pensadores	reino	tensão
pensamento	reivindicação	teoria
pensão	relações	trabalhador
parceiro	remédio	trabalho
percepção	responsabilidade	utilidade
pesquisa	resposta	valor
pessoa	reunião	vida
poder	revolução	virtude
política	riqueza	vontade
ponto de vista	satisfação	

Muitas das combinações aqui apresentadas são ainda mais usadas numa forma negativa ou crítica: assim, "ajustamento social" se torna "desajustamento social" e o mesmo ocorre com "desordem social", "injustiça social", "insegurança social", "instabilidade social" e assim por diante.

É difícil saber, com base apenas nessa lista, se a palavra "social" adquiriu tantos significados diferentes que acabou se tornando inútil como instrumento de comunicação. Seja como for, seu efeito é bastante claro e no mínimo triplo. Em primeiro lugar, ela tende viciosamente a insinuar um conceito que nos capítulos anteriores vimos ser equivocado — a saber, que aquilo que foi gerado pelos processos impessoais e espontâneos da ordem ampliada é na verdade resultado da criação humana deliberada. Em segundo lugar, em consequência disso, a palavra apela às pessoas para que planejem melhor o que jamais poderiam ter planejado. E em terceiro lugar, ela adquiriu ainda o poder de esvaziar de significado os substantivos que qualifica.

Neste último efeito, ela tornou-se de fato o exemplo mais perigoso daquilo que, fazendo referência a Shakespeare — "Eu chupo melancolia de uma canção como a doninha faz com ovos"* —, alguns americanos chamam de "palavra doninha" [*weasel word*]. Assim como a doninha seria supostamente capaz de esvaziar um ovo sem deixar sinais visíveis, essas palavras esvaziam de conteúdo qualquer termo que qualificam, deixando-o aparentemente intacto. Usam-se as palavras doninhas para cortar as garras de um conceito que se é obrigado a empregar, mas do qual se deseja eliminar todas as implicações que ameaçam as próprias premissas ideológicas.

Sobre o emprego atual da expressão pelos americanos, ver o livro *Weasel Words: The Art of Saying What You Don't Mean* [Palavras doninhas: a arte de dizer o que você não quer dizer] (1978), do falecido Mario Pei, que atribui a Theodore Roosevelt o fato de ter cunhado o termo em 1918, sugerindo assim que há setenta anos os estadistas americanos eram notavelmente cultos. Contudo, o leitor não encontrará nesse livro a palavra doninha campeã "social".

Embora o abuso do termo "social" seja internacional, a palavra assumiu talvez suas formas mais radicais na Alemanha Ocidental, onde a constituição de 1949 empregava a expressão *sozialer Rechtsstaat* (estado de direito social), a partir da qual espalhou-se o conceito de "economia de mercado social" — com um sentido que seu popularizador, Ludwig Erhard, com certeza jamais pretendeu lhe atribuir. (Erhard garantiu-me certa vez, numa conversa, que para ele a economia de mercado não tinha

---

* "*I can suck melancholy out of a song, as a weasel sucks eggs*" (*Do jeito que você gosta*, 11, 5), tradução do verso de Carlos Alberto Nunes. (N. do T.)

OS ERROS FATAIS DO SOCIALISMO

de se *tornar* social, pois ela já o era como resultado de sua origem). Mas embora o estado de direito e o mercado sejam, desde o início, conceitos bastante claros, o atributo "social" esvazia-os de qualquer sentido evidente. A partir desses usos da palavra "social", eruditos alemães chegaram à conclusão de que seu governo está sujeito por constituição ao *Sozialstaatsprinzip*, o que significa pouco menos do que a suspensão do estado de direito. Além disso, eles identificaram um conflito entre o *Rechtsstaat* e o *Sozialstaat* e fortificam o *soziale Rechtsstaat* em sua constituição — a qual foi redigida, eu talvez possa dizer, por estúpidos fabianos inspirados pelo inventor do "nacional-socialismo" no século XIX, Friedrich Naumann, (H. Maier, 1972:8).

Similarmente, o termo "democracia" costumava ter sentido bastante claro; contudo, "democracia social" não só servia para designar o radical austro-marxismo do período entreguerras como foi escolhido agora na Grã-Bretanha para denominar um partido político comprometido com uma espécie de socialismo fabiano. Entretanto, o termo tradicional usado para expressar o que chamamos hoje de "estado social" era "despotismo benevolente" e o problema bastante real da aplicação deste despotismo de maneira democrática, isto é, preservando a liberdade individual, simplesmente desaparece num passe de mágica na mistura "democracia social".

"JUSTIÇA SOCIAL" E "DIREITOS SOCIAIS"

Grande parte do pior emprego que se faz do adjetivo "social", que destrói por completo o significado de toda palavra que qualifica, é a expressão de uso quase universal "justiça social". Embora eu já tenha tratado deste tema com certa minúcia, em especial no segundo volume de minha obra *Law, Legislation and Liberty* [Direito, legislação e liberdade] — *The Mirage of Social Justice* [A miragem da justiça social] —, preciso voltar à questão, pelo menos por um instante, pois ela desempenha um importante papel nos argumentos favoráveis e contrários ao socialismo. A expressão "justiça social", como disse rudemente, há muito tempo, um ilustre indivíduo mais corajoso do que eu, não passa de "uma fraude semântica da mesma lavra de

160

'democracia popular'" (Curran, 1958:8). O grau alarmante com que o termo parece já ter pervertido o pensamento da geração mais jovem é demonstrado pela recente tese de um doutor de Oxford, *Social Justice* (Miller, 1976), na qual se faz referência ao conceito tradicional de justiça com a extraordinária observação de que "parece existir uma categoria de justiça privada".

Já vi sugerirem que "social" se aplica a tudo o que reduz ou elimina as diferenças de renda. Mas por que chamar essa ação de "social"? Talvez porque fazê-lo seja um método de garantir maiorias, ou seja, mais votos do que esperamos obter por outras razões? Parece que é esse o caso, mas isso significa também, é lógico, que toda a exortação para que sejamos "sociais" é um apelo para que se avance rumo à "justiça social" do socialismo. Assim, o emprego do termo "social" torna-se praticamente equivalente à convocação pela "justiça distributiva". Isto é, porém, irreconciliável com uma ordem de mercado competitiva e com o desenvolvimento e mesmo a manutenção da população e da riqueza. Assim, por meio desses erros, as pessoas passaram a chamar de "social" o que constitui o principal obstáculo à manutenção mesma da "sociedade". O "social" deveria chamar-se, na verdade, "antissocial".

É provável que seja verdade que os homens ficariam mais felizes com sua condição econômica se sentissem que as posições relativas dos indivíduos são justas. Entretanto, todo o conceito por trás da expressão justiça distributiva — segundo a qual cada indivíduo deveria receber o que merece moralmente — é desprovido de sentido na ordem ampliada da cooperação humana (ou catalaxia), pois o produto disponível (sua quantidade e inclusive sua existência) depende de uma forma de alocar suas partes que é, em certo sentido, moralmente indiferente. Por razões já examinadas, o mérito moral não pode ser determinado de forma objetiva e, seja como for, a adaptação do todo maior aos fatos ainda a descobrir exige que aceitemos que "o sucesso se baseia nos resultados, não na motivação" (Alchian, 1950:213). Todo sistema ampliado de cooperação deve sempre se adaptar às mudanças de seu meio natural (que inclui a vida, a saúde e a força de seus membros); a exigência de que só ocorram mudanças cujo efeito seja justo é ridícula. Quase tão ridícula quanto a convicção de que a organização deliberada da reação a tais mudanças possa ser justa. A humanidade não poderia ter alcançado, tampouco poderia manter agora o número de indivíduos que tem hoje, sem uma desigualdade que não é determinada por nenhum juízo moral deliberado nem é conciliável com um. O esforço sem dúvida melhorará as chances individuais, mas apenas o esforço não pode garantir resultados. A inveja daqueles que se esforçaram com o mesmo afinco, embora muitíssimo compreensível, contraria o interesse comum. Assim, se o interesse comum é *de fato* nosso interesse, não devemos ceder a esse aspecto instintivo demasiado humano, mas, ao contrário, permitir que o processo de mercado determine as recompensas. Ninguém pode avaliar, salvo por intermédio do mercado, a dimensão de uma contribuição individual ao produto global; tampouco seria possível determinar, de outro modo, que remuneração deve ser proposta a alguém para que possa escolher a atividade mediante a qual poderá prestar uma contribuição maior ao fluxo de bens e serviços oferecidos em geral. É claro que se estes forem considerados moralmente bons, o mercado passará a produzir um resultado supremamente moral.

A humanidade foi dividida em dois grupos hostis por promessas que não têm conteúdo realizável. As fontes desse conflito não podem ser dissipadas por concessões, pois toda concessão ao erro factual simplesmente cria novas expectativas irrealizáveis. Contudo, uma ética anticapitalista continua evoluindo com base em erros cometidos por pessoas que condenam as instituições geradoras de riqueza, às quais devem a própria existência. Fingindo-se amantes da liberdade, elas condenam a propriedade separada, o acordo, a concorrência, a propaganda, o lucro e até o próprio dinheiro. Imaginando que sua razão pode lhes revelar como organizar os esforços humanos para melhor servir aos seus desejos inatos, elas mesmas representam uma grave ameaça à civilização.

8
A ordem ampliada e o crescimento populacional

> O fator mais decisivo para a prosperidade de qualquer país é o aumento do número de seus habitantes.
>
> ADAM SMITH

A AMEAÇA MALTHUSIANA: O TEMOR DA SUPERPOPULAÇÃO

TENTEI EXPLICAR COMO A ORDEM AMPLIADA DA COOPE-ração humana se desenvolveu apesar da oposição dos nossos instintos, apesar do temor de todas as incertezas inerentes aos processos espontâneos, apesar da ignorância econômica generalizada e da destilação de todos estes elementos em movimentos que procuram utilizar supostos recursos racionais para alcançar fins genuinamente atávicos. Também afirmei que a ordem ampliada desmoronaria, e grande parte da nossa população sofreria e morreria, se esses movimentos algum dia conseguissem de fato suplantar o mercado. Goste-se ou não disso, a população mundial atual já existe. Destruir sua base material a fim de obter as melhorias "éticas" ou instintivamente gratificantes defendidas pelos socialistas equivaleria a condenar à morte bilhões de pessoas e ao empobrecimento as restantes. (Ver também minhas obras 1954/1967:208; e 1983:25-29).

A estreita relação entre o número de habitantes e a presença e os benefícios de certas práticas, instituições e formas desenvolvidas de interação humana não constitui uma descoberta nova. Foi uma das mais profundas intuições de Adam Smith que "como é o poder de troca que possibilita a

OS ERROS FATAIS DO SOCIALISMO

divisão do trabalho, a extensão dessa divisão deve ser sempre limitada pela extensão desse poder ou, em outras palavras, pela extensão do mercado" (1776/1976:31; vejam-se também os dois "Fragments on The Division of Labour", em *Lectures on Jurisprudence*, (1978:582-586). Que aqueles que seguiam práticas de mercado, ao crescer numericamente, suplantariam outros que seguiam costumes diferentes também foi visto desde cedo. Baseando-se numa afirmação semelhante de John Locke no *Second Treatise* [*Segundo tratado*] (1690/1887), o historiador americano James Sullivan observava, já em 1795, que, em decorrência de os indígenas americanos terem sido desalojados e expulsos pelos colonos europeus, agora quinhentos entes racionais prosperavam na mesma região em que antes um único selvagem "arrastava uma existência faminta" como caçador (1795:139). (As tribos indígenas americanas que continuaram a se dedicar antes de tudo à caça foram desalojadas também a partir de outra direção: pelas tribos que haviam aprendido a praticar a agricultura).

Embora a expulsão de um grupo por outro e a substituição de um conjunto de práticas por outro tenha sido muitas vezes sangrento, não é preciso que seja sempre assim. Com certeza o curso dos eventos variou de um lugar para outro, e não podemos entrar em detalhes aqui, mas é possível imaginar várias e diferentes sequências de acontecimentos. Em alguns lugares quase invadidos, por assim dizer, pela ordem ampliada, aqueles que seguiam novas práticas, que conseguiam explorar melhor a terra recebida, muitas vezes podiam oferecer a outros ocupantes, em troca do acesso à sua terra (sem que os ocupantes tivessem de desempenhar nenhum trabalho e sem que os "invasores" precisassem usar a força), o mesmo que conseguiam mediante dura labuta, e às vezes até mais. Por outro lado, a própria densidade de seus núcleos coloniais teria permitido a um povo mais avançado resistir às tentativas de expulsão dos amplos territórios que utilizavam, e de que necessitavam, nas épocas em que praticavam métodos mais primitivos de utilização da terra. Muitos desses desenvolvimentos podem ter ocorrido de modo totalmente pacífico, embora o poderio militar maior dos povos organizados comercialmente muitas vezes tenha acelerado o processo.

Mesmo que a ampliação do mercado e o crescimento populacional possam ser obtidos por meios inteiramente pacíficos, há hoje pessoas bem informadas e ponderadas que relutam cada vez mais em continuar aceitando a relação entre o crescimento populacional e a evolução da civilização. Ao contrário, ao constatar a atual densidade da nossa população e, de modo mais específico, a aceleração da taxa de crescimento populacional nos últimos trezentos anos, ficam alarmadíssimas e imaginam o cenário de um progressivo crescimento populacional como um desastre similar a um pesadelo. Até mesmo um filósofo sensato como A. G. N. Flew (1967:60) louvou Julian Huxley por reconhecer prematuramente, "antes que isto fosse aceito de forma tão ampla quanto é hoje, que a fertilidade do homem representa a ameaça número um para o bem-estar presente e futuro da espécie humana".

Eu afirmei que o socialismo constitui uma ameaça para o bem-estar presente e futuro da raça humana no sentido de que nem o socialismo nem nenhum outro substituto conhecido da ordem de mercado poderá sustentar a atual população mundial. Mas reações como a que acabei de mencionar, muitas vezes de pessoas que não advogam o socialismo elas próprias, sugerem que uma ordem de mercado que produz uma população tão numerosa, e que é por ela produzida, *também* representa uma grave ameaça para o bem-estar da humanidade. Obviamente, é preciso lidar com esse conflito agora.

A ideia moderna de que o crescimento populacional é uma ameaça de empobrecimento para o mundo é simplesmente um erro. Ela é, em grande medida, consequência de uma simplificação da teoria malthusiana da população; a teoria de Thomas Malthus foi uma primeira abordagem racional do problema na época dele, mas as condições modernas a tornam irrelevante. Sua suposição de que o trabalho humano poderia ser considerado um fator de produção mais ou menos homogêneo (isto é, a mão de obra assalariada seria toda da mesma categoria, empregada na agricultura, com as mesmas ferramentas e as mesmas oportunidades) não estava longe da verdade na ordem econômica então existente (uma teoria de dois fatores da economia). Para Malthus, que foi também um dos primeiros descobridores da lei dos rendimentos decrescentes, isso deve ter indicado que todo aumento do número de trabalhadores levaria a uma redução do que chamamos agora de produtividade marginal e, portanto, da renda do trabalhador, sobretudo depois de as melhores terras terem sido ocupadas por lotes de ótimo tamanho. (Sobre a relação entre os dois teoremas de Malthus, ver McCleary, 1953:111.)

Isso deixa de ser assim, entretanto, nas condições modificadas que analisamos, quando a mão de obra não é homogênea, mas diversificada e especializada. Com a intensificação do intercâmbio e a melhoria das técnicas de comunicação e transporte, o aumento numérico da população e da densidade de ocupação torna vantajosa a divisão do trabalho, leva à diversificação, à diferenciação e à especialização radicais, torna possível desenvolver novos fatores de produção e eleva a produtividade (ver capítulos 2 e 3, e também mais adiante neste capítulo). Especializações diferentes, naturais ou adquiridas, tornam-se fatores escassos distintos, muitas vezes complementares sob vários aspectos; isso faz com que seja vantajoso para os trabalhadores adquirir novas habilidades, que então valerão preços diferentes no mercado. A especialização voluntária é orientada por diferenças nas recompensas esperadas. Assim, o trabalho pode produzir rendimentos antes crescentes que decrescentes. Uma população mais densa pode também empregar métodos e tecnologia que seriam inúteis em regiões menos densamente ocupadas; e se essas tecnologias já tiverem sido desenvolvidas em outra parte, elas podem logo ser importadas e adotadas (desde que seja possível obter o capital exigido). Até o simples fato de viver em contato constante com um número maior de pessoas de forma pacífica permite utilizar os recursos disponíveis mais plenamente.

Quando, desse modo, o trabalho deixa de ser um fator de produção homogêneo, as conclusões de Malthus deixam de se aplicar. Ao contrário, o crescimento populacional pode, agora, devido ao aumento da diferenciação, *tornar ainda outros* aumentos da população possíveis, além de poder, *por períodos indefinidos,* tanto acelerar a si mesmo quanto ser um pré-requisito de qualquer avanço material e (graças à individualização que se tornou possível) também espiritual da civilização.

Portanto, não simplesmente mais pessoas, mas um número maior de pessoas diferentes são o que leva ao aumento da produtividade. Os homens se tornaram poderosos porque se tornaram tão diferentes: novas possibilidades de especialização — dependentes não tanto do aumento da inteligência individual, mas da crescente diferenciação dos indivíduos — fornecem a base para a utilização mais exitosa dos recursos da terra. Isso exige, por sua vez, a ampliação da rede de serviços recíprocos indiretos garantidos pelo mecanismo sinalizador do mercado. À medida que o mercado revela sempre novas oportunidades de especialização, o modelo de dois fatores, com suas conclusões malthusianas, torna-se cada vez menos aplicável.

O temor amplamente vigente de que o crescimento populacional que acompanha e fomenta tudo isso possa levar ao empobrecimento e à catástrofe geral é, deste modo, em grande medida, fruto da compreensão errada de um cálculo estatístico.

Não nego que o crescimento populacional possa levar à redução das rendas médias. Mas essa possibilidade também é interpretada de maneira equivocada — o equívoco se deve, aqui, à fusão da renda média de um número determinado de pessoas existentes em diferentes classes de renda com a renda média de um número posterior, maior, de pessoas. O proletariado é uma população *adicional* que, sem novas oportunidades de emprego, jamais teria crescido. A queda da renda média ocorre tão só porque o grande crescimento populacional implica, em geral, o aumento antes dos estratos mais pobres que dos mais ricos da população. Mas é incorreto concluir que alguém precisar ficar *mais pobre* ao longo do processo. Nenhum membro específico de uma comunidade existente precisa empobrecer (embora seja provável que algumas pessoas abastadas, no decorrer do processo, sejam deslocadas por alguns dos recém-chegados e desçam a um nível mais baixo). Na realidade, todos os que *já* existiam podem ter ficado algo mais ricos; e contudo as rendas médias podem ter diminuído porque um número maior de pessoas pobres foi *acrescido* às já existentes. É uma verdade trivial que uma redução da média é compatível com o crescimento numérico de todos os grupos de renda, mas com os grupos de rendas mais elevadas tendo crescido menos em números que os de renda mais baixa. Isto é, se a base da pirâmide da renda aumenta mais do que sua altura, a renda média do total maior será menor.

Mas seria mais exato concluir disto que o processo de crescimento beneficia mais o número maior de pessoas pobres do que o número menor de pessoas ricas. O capitalismo criou a possibilidade do emprego. Criou as condições pelas quais aqueles que não receberam dos pais os instrumentos e a terra necessários para manter a si e a seus filhos pudessem ser equipados por outros, em benefício mútuo. Pois o processo permitiu que vivessem

OS ERROS FATAIS DO SOCIALISMO

pobremente e tivessem filhos pessoas que, não fosse isso, sem a oportunidade de trabalho produtivo, nem sequer teriam alcançado a idade adulta e
se multiplicado: ele fez nascer e manteve vivos milhões de pessoas que,
caso contrário, não estariam sequer vivos e que, se tivessem vivido por
algum tempo, não teriam podido procriar. Assim, os pobres foram os mais
beneficiados pelo processo. Desse modo, Karl Marx estava certo ao afirmar
que *o "capitalismo" criou o proletariado: ele lhe deu e lhe dá vida.*

Assim, a ideia de que os ricos arrancaram dos pobres aquilo que, sem
tais atos de violência, lhes pertenceria, ou pelo menos poderia lhes perten-
cer, é absurda.

O volume de capital de um povo, ao lado de suas tradições e práticas
acumuladas para captar e comunicar informações, determina se ele pode
manter grandes números de indivíduos. Indivíduos serão empregados e
materiais e ferramentas, produzidos, a fim de atender às necessidades
futuras de pessoas desconhecidas somente se aqueles que podem investir
o capital para atravessar o intervalo existente entre o desembolso atual e
o lucro futuro ganharem com isso um incremento pelo menos tão grande
quanto o que poderiam obter usando esse capital de outras formas.

Deste modo, sem os ricos — sem aqueles que acumularam capital —,
os pobres que pudessem chegar a existir seriam de fato muito mais
pobres, arrancando a duras penas seu sustento de terras marginais nas
quais cada seca acabaria matando a maioria dos filhos que tentassem
criar. A geração de capital alterou essas condições mais do que qualquer
outra coisa. À medida que o capitalista se tornou capaz de empregar
outras pessoas para seus propósitos, sua capacidade de alimentá-las aten-
deu tanto a ele quanto a elas. Essa capacidade aumentou ainda mais à
medida que alguns indivíduos passaram a ter condições de empregar
outros não apenas diretamente, para atender às suas próprias necessidades, mas para comercializar bens e serviços com um incontável número
de outros. Assim, a propriedade, os contratos, o comércio e o uso do capital não beneficiariam apenas uma minoria.

A inveja e a ignorância levam as pessoas a considerar motivo antes de
censura que de mérito a posse de mais do que se necessita para o consumo
presente. Contudo, a ideia de que o capital tem de ser acumulado "à custa
de outros" é um retrocesso a concepções econômicas que, por mais óbvias

168

que possam parecer a alguns, são na realidade infundadas e tornam impossível a compreensão correta do desenvolvimento da economia.

O CARÁTER REGIONAL DO PROBLEMA

Outra fonte de mal-entendidos é a tendência a considerar o crescimento populacional em termos puramente globais. O problema da população deve ser visto como regional, com aspectos diferentes em áreas diferentes. O verdadeiro problema está na possibilidade de o número de habitantes de determinadas regiões, por qualquer razão, ser superior aos recursos daquelas áreas (inclusive os recursos que podem usar para praticar o comércio).

Enquanto o crescimento populacional for possibilitado pela crescente produtividade das populações nas regiões em questão ou pela utilização mais eficiente de seus recursos, e não pelo incentivo artificial e deliberado a esse crescimento desde fora, haverá pouca causa para preocupações. Do ponto de vista moral, temos tão pouco direito de impedir o crescimento da população em outras partes do mundo quanto o dever de incentivá-lo. Por outro lado, um conflito moral poderá de fato surgir se os países materialmente avançados continuarem a incentivar, e aliás até a subsidiar, o crescimento populacional em regiões, como por exemplo a zona do Sahel, na África Central, em que parecem existir poucas perspectivas de a população atual ter condições de se manter pelos próprios esforços num futuro previsível, quanto mais uma população maior. Com qualquer tentativa de manter uma população além do volume no qual o capital acumulado ainda pudesse ser reproduzido sem obstáculos, o número de pessoas que poderia ser mantido diminuiria. Se não houver interferência nossa, só aumentarão as populações capazes de sustentar-se. Os países avançados, incentivando o crescimento de populações como a do Sahel, estão alimentando expectativas, criando situações que envolvem obrigações e, portanto, assumindo uma grave responsabilidade com a qual é muito provável que falhem mais cedo ou mais tarde. O homem não é onipotente e reconhecendo os limites de seus poderes poderá chegar mais perto da realização de seus desejos do que seguindo seus impulsos naturais de aliviar um sofrimento remoto a respeito do qual, infelizmente, pouco ou nada pode fazer.

Seja como for, não há nenhum perigo de que, num futuro previsível com o qual possamos nos preocupar, o conjunto da população mundial ultrapasse os recursos de matérias-primas e há todas as razões para supor que forças inerentes deterão este processo muito antes que isso possa acontecer. (Ver os estudos de Julian L. Simon (1977, 1981 a & b), Esther Boserup (1981), Douglas North (1973, 1981) e Peter Bauer (1981), bem como o meu próprio (1954:15 e 1967:208).)

Pois existem, nas zonas temperadas de todos os continentes com exceção da Europa, vastas regiões que não só têm capacidade de suportar crescimento populacional, mas cujos habitantes podem esperar alcançar os padrões de riqueza, conforto e civilização geral que o mundo "ocidental" já alcançou mediante tão só o aumento da densidade da ocupação das terras e da intensidade da exploração dos recursos. As populações dessas regiões precisam se multiplicar para que seus membros atinjam o padrão pelo qual estão lutando. É de seu interesse crescer numericamente e seria presunçoso, além de indefensável do ponto de vista moral, aconselhá-las, quanto mais coagi-las, a manter seu número reduzido. Embora graves problemas possam surgir caso tentemos preservar de modo indiscriminado todas as vidas humanas em todos os pontos do globo, outros não poderão legitimamente apresentar objeções sérias ao aumento numérico de um grupo que é capaz de manter-se pelos próprios esforços. Os habitantes de países já afluentes não têm nenhum direito de clamar pelo "fim do crescimento" (como fizeram o Clube de Roma e o Global 2000*), nem de obstruir os países em questão, que com justiça se ofendem com políticas desse tipo.

---

* O "fim do crescimento" é referência ao estudo *The End of Growth*, publicado em 1972 pelo Clube de Roma, influente organização globalista europeia. Com base em simulações computadorizadas, o estudo, um dos primeiros do gênero, previa um futuro negro de superpopulação, esgotamento de recursos e mudanças climáticas e exortava o mundo a uma drástica redução populacional. O Global 2000, inspirado em grande medida pelo estudo anterior, foi um relatório, encomendado pelo presidente Jimmy Carter em 1977 e concluído em 1980, que trazia conclusões e exortações similares. (N. do T.)

Certas ideias que acompanham as políticas recomendadas para limitar a população — por exemplo, a ideia de que povos avançados deveriam transformar partes dos territórios habitados por povos ainda subdesenvolvidos numa espécie de reserva natural — são de fato ultrajantes. A imagem idílica dos selvagens felizes que desfrutam de sua bucólica pobreza e renunciam de bom grado ao desenvolvimento, que é a única coisa que pode dar a muitos deles acesso ao que já consideram os benefícios da civilização, baseia-se na fantasia. Esses benefícios, como vimos, exigem certos sacrifícios dos instintos e outros mais. No entanto, os povos menos desenvolvidos devem decidir por si sós, unicamente, se o conforto material e a cultura avançada valem os sacrifícios que implicam. Eles não devem, é claro, ser obrigados a se modernizar; tampouco devem ser impedidos, por meio de uma política de isolamento, de buscar as oportunidades de modernização.

Com a única exceção dos casos em que o aumento do número de pobres levou os governos a redistribuir a renda em seu favor, não há exemplos na história em que o crescimento da população tenha reduzido o padrão de vida daqueles que já haviam alcançado vários níveis. Como Simon demonstrou convincentemente, "não existe hoje, e nunca existiu, nenhum dado empírico mostrando que o crescimento, o tamanho ou a densidade populacional tenham efeitos negativos sobre o padrão de vida" (1981a:18, e ver também suas obras principais sobre o tema, 1977 e 1981b).

DIVERSIDADE E DIFERENCIAÇÃO

A diferenciação é a chave para compreender o crescimento populacional e devemos nos deter aqui para desenvolver essa questão crucial. A conquista singular do homem, que leva a muitas de suas outras características distintas, são a sua diferenciação e a sua diversidade. À parte algumas outras espécies nas quais a seleção imposta artificialmente pelo homem produziu diversidade comparável, a diversificação da humanidade não tem paralelos. Isto ocorreu porque, no curso da seleção natural, os seres humanos desenvolveram um órgão eficientíssimo por meio do qual

OS ERROS FATAIS DO SOCIALISMO

podiam aprender com seus semelhantes. Isto fez com que o aumento numérico dos homens, ao longo de sua história, fosse não autolimitante, como em outros casos, mas, ao contrário, autoestimulante. A população humana cresceu numa espécie de reação em cadeia, na qual a densidade maior de ocupação territorial tendeu a produzir novas oportunidades de especialização e, portanto, levou ao aumento da produtividade individual, que, por sua vez, levou a novo crescimento numérico. Desenvolveu-se entre essa numerosa população não apenas uma variedade de atributos inatos, mas também uma enorme variedade de correntes de tradições culturais entre as quais sua grande inteligência permitia-lhes selecionar — particularmente durante a adolescência prolongada. A maior parte da humanidade pode sustentar-se hoje só porque os membros da espécie são tão flexíveis, só porque existem tantos indivíduos diferentes cujos diferentes talentos lhes permitem diferenciar-se ainda mais entre si absorvendo uma variedade ilimitada de combinações de correntes distintas de tradições.

As diversidades para as quais a densidade crescente forneceu novas oportunidades foram essencialmente do trabalho e das habilidades, da informação e do conhecimento, da propriedade e da renda. O processo não é elementar, nem causal, nem previsível, pois a cada passo a crescente densidade populacional simplesmente cria possibilidades não realizadas que podem ou não ser descobertas e realizadas com rapidez. O processo só pode ser veloz onde uma população anterior já tenha passado por este estágio e seja possível imitar seu exemplo. O aprendizado ocorre por uma multiplicidade de canais e pressupõe grande variedade de posições e relações individuais entre grupos e indivíduos através da qual emergem possibilidades de colaboração.

Uma vez que as pessoas aprendem a aproveitar novas oportunidades proporcionadas pelo aumento da densidade populacional (não apenas por causa da especialização produzida pela divisão do trabalho, pelo conhecimento e pela propriedade, mas também por alguma acumulação individual de novas formas de capital), isso se torna a base de ainda outros crescimentos. Graças à multiplicação, à diferenciação, à comunicação e à interação ao longo de distâncias cada vez maiores, e à transmissão ao longo do tempo, a humanidade tornou-se uma entidade distinta que preserva certas características estruturais que podem produzir efeitos benéficos para crescimentos numéricos adicionais.

Até onde sabemos, a ordem ampliada deve ser a estrutura mais complexa do universo — na qual organismos biológicos que já são extremamente complexos adquiriram a capacidade de aprender, de assimilar partes de tradições suprapessoais que lhes permitem adaptar-se de momento a momento a uma estrutura em mudança constante que possui uma ordem com um nível de complexidade ainda mais elevado. Passo a passo, impedimentos momentâneos a crescimentos populacionais ulteriores são vencidos, os crescimentos fornecem fundamentos para novos crescimentos, e assim por diante, levando a um processo progressivo e cumulativo que não terminará enquanto todas as regiões férteis ou ricamente dotadas da terra também não estiverem densamente ocupadas.

O CENTRO E A PERIFERIA

E posso de fato parar aqui: eu não acho que a tão temida explosão populacional — com gente saindo pelo ladrão — vá ocorrer. Toda a história do crescimento populacional no mundo pode estar se aproximando do fim, ou pelo menos de um novo nível. Pois aumentos populacionais mais elevados jamais ocorreram nas economias de mercado desenvolvidas, mas sempre nas periferias destas, entre os pobres que não possuíam terra fértil nem equipamentos que lhes permitissem manter-se, mas aos quais os "capitalistas" ofereciam novas oportunidades de sobrevivência.

Essas periferias, porém, estão desaparecendo. Além disso, não há mais países a ingressar na periferia: o processo explosivo de expansão populacional, nas duas últimas gerações, praticamente já alcançou os últimos cantos do globo.

Por consequência, há fortes razões para duvidar que esteja correta a extrapolação da tendência dos últimos séculos — de uma aceleração indefinidamente expansiva do crescimento populacional — para o futuro indefinido. Podemos aguardar e esperar que quando as últimas reservas de povos que estão ingressando hoje na ordem ampliada estiverem esgotadas, seu crescimento numérico, que tanto preocupa as pessoas, aos poucos retrocederá. Afinal, nenhum grupo razoavelmente rico mostra essa tendência. Não sabemos o suficiente para dizer quando alcançaremos o momento crítico, mas é uma suposição adequada a de que ainda levará muito tempo até nos aproximarmos dos horrores conjurados pela fantasia do inelutável crescimento indefinido da humanidade.

Presumo que o problema já esteja diminuindo: a taxa de crescimento populacional está se aproximando do seu ápice, ou já o alcançou, e não aumentará muito mais, mas declinará. É lógico que não se pode afirmar com certeza, mas parece que — mesmo que isto ainda não tenha ocorrido — em algum momento da última década deste século o crescimento populacional alcançará um máximo e depois declinará, a não ser que ocorram intervenções deliberadas para estimulá-lo.

Já em meados da década de 1960, a taxa de crescimento anual das regiões em desenvolvimento alcançou um pico por volta de 2,4% e começou a declinar ao nível atual de cerca de 2,1%. E a taxa de crescimento populacional de regiões mais desenvolvidas já estava em declínio nessa mesma época. Em meados daquela década, a população parece ter alcançado a maior taxa anual de crescimento de todos os tempos, mas recuou em seguida (Nações Unidas, 1980, e J. E. Cohen, 1984:50-51). Como escreve Cohen, "... a humanidade começou a exercer ou a experimentar o comedimento que rege todas as outras espécies".

Os processos em andamento podem se tornar mais compreensíveis se olharmos mais de perto para as populações das periferias das economias em desenvolvimento. Os melhores exemplos se encontram talvez nas cidades que mais crescem no mundo em desenvolvimento — Cidade do México, Cairo, Calcutá, São Paulo, Jacarta, Caracas, Lagos, Bombaim —, onde a população mais do que dobrou num breve espaço de tempo e onde os antigos centros urbanos tendem a ser circundados por moradias inadequadas ou favelas.

O crescimento populacional que ocorre nessas cidades origina-se do fato de que as pessoas que vivem nas periferias das economias de mercado, embora já se beneficiem por participarem delas (por exemplo, pelo acesso a uma medicina mais avançada, a melhores informações de todo tipo e a instituições e práticas econômicas avançadas), não se adaptaram

A ORDEM AMPLIADA E O CRESCIMENTO POPULACIONAL

plenamente às tradições, à moralidade e aos costumes dessas economias. Por exemplo, elas podem seguir ainda os costumes de procriação oriundos de circunstâncias externas à economia de mercado na qual, digamos, a primeira reação dos pobres a um pequeno aumento da riqueza seja gerar um número de descendentes suficiente, pelo menos, para ampará-los na velhice. Esses costumes antigos estão agora desaparecendo pouco a pouco, e em alguns lugares até rapidamente. Esses grupos periféricos, em particular os mais próximos do centro, vêm absorvendo as tradições que lhes permitem regular melhor sua propagação. Afinal, os centros comerciais em desenvolvimento se tornam ímãs, em parte, justo por oferecerem modelos de como alcançar pela imitação aquilo que muitos desejam.

Essas favelas, que são interessantes em si, também ilustram muitos outros temas já desenvolvidos. Por exemplo, a população das zonas rurais ao redor dessas cidades não foi esgotada à custa das favelas; em geral ela também terá se beneficiado com o crescimento das cidades. As cidades ofereceram sustento a milhões de pessoas que de outro modo teriam morrido ou nunca teriam nascido se elas (ou seus pais) não tivessem migrado para aqueles centros. Os que migraram para as cidades (ou suas periferias) não foram conduzidos para elas nem pela benevolência dos habitantes que lhes ofereceram empregos ou equipamentos nem pelo conselho benévolo de seus "vizinhos" rurais mais abastados — mas, ao contrário, seguiram boatos a respeito de outros pobres desconhecidos (talvez em algum remoto vale serrano) que se salvaram por terem sido atraídos às cidades em desenvolvimento pelas notícias de que lá encontrariam trabalho remunerado. Foi a ambição, mesmo a cobiça de uma vida melhor, que salvou essas vidas, não a benevolência: contudo, ela deu mais certo do que a benevolência poderia ter dado. Aqueles que migraram do campo aprenderam com os sinais do mercado — embora não fossem capazes de compreender o problema em termos tão abstratos — que a renda não consumida atualmente pelos ricos das cidades estava sendo usada para fornecer instrumentos ou meios de vida a outras pessoas como pagamento por seu trabalho, o que permitia a sobrevivência de indivíduos que não haviam herdado terra arável nem ferramentas para cultivá-la.

É claro que pode ser difícil para alguns aceitar que quem vive nessas favelas as tenha escolhido por vontade própria, em detrimento do campo (a respeito do qual as pessoas têm sentimentos tão românticos), como lugares de subsistência. Contudo, como no caso dos camponeses irlandeses e ingleses que Engels encontrou nas favelas de Manchester do seu tempo, foi o que aconteceu.

A miséria dessas áreas periféricas deve-se sobretudo à própria marginalidade econômica que obrigou os indivíduos a residir nesses locais, e não no campo. Além disso, não se devem negligenciar os efeitos "cíclicos" negativos das tentativas dos governos do Terceiro Mundo de administrar suas economias e da capacidade desses governos de remover oportunidades de emprego dos grupos periféricos, concedendo-as a interesses trabalhistas constituídos ou a reformadores sociais equivocados.

Por fim — e aqui se pode às vezes testemunhar o processo de seleção quase em primeira mão, e em sua forma mais crua —, os efeitos da moral comercial não recaem de modo mais cruel e visível sobre aqueles que já aprenderam a praticá-los de forma um tanto mais avançada, mas antes sobre os recém-chegados que ainda não aprenderam a lidar com eles. Os que vivem nas periferias ainda não observam por completo as novas práticas (e, portanto, são quase sempre considerados "indesejáveis" e com frequência à beira da criminalidade). E também experimentam pessoalmente o primeiro impacto que algumas práticas de civilização mais avançada exercem sobre aqueles que ainda sentem e pensam de acordo com a moralidade da tribo e da aldeia. Por mais penoso que este processo possa ser para essas pessoas, elas também, ou sobretudo elas, se beneficiam com a divisão do trabalho constituída pelas práticas das classes empresariais; e muitos mudam aos poucos sua maneira de ser, só então melhorando de qualidade de vida. Pelo menos uma mudança mínima de conduta de sua parte será uma condição para que lhes seja permitido ingressar no grupo maior já constituído e ganhar, gradativamente, uma parcela cada vez maior do produto total dele.

Pois as multidões mantidas vivas por diferentes sistemas de regras decidem qual sistema predominará. Esses sistemas de regras não serão necessariamente aqueles que as próprias massas (das quais os habitantes das favelas são apenas um exemplo dramático) já adotaram por completo, mas aqueles seguidos por um núcleo ao redor de cuja periferia vai-se concentrando um número crescente de indivíduos para participar dos ganhos do produto total crescente. Os que adotam pelo menos em parte as práticas da ordem ampliada e delas se beneficiam, em geral, o fazem sem ter consciência dos sacrifícios que essas mudanças acabarão por incluir. Tampouco foram apenas os primitivos habitantes do campo que tiveram de aprender duras lições: os conquistadores militares que dominaram uma população submetida e inclusive destruíram sua elite muitas vezes aprenderam mais tarde, às vezes para o próprio pesar, que desfrutar dos benefícios requeria adotar práticas locais.

O CAPITALISMO DEU VIDA AO PROLETARIADO

Nas seções restantes, talvez possamos reunir alguns dos nossos principais argumentos e observar algumas de suas implicações.

Se perguntarmos o que os homens devem, antes de tudo, às práticas morais dos chamados capitalistas, a resposta é: suas próprias vidas. A literatura socialista que atribui a existência do proletariado à exploração de grupos que já eram capazes de se manter é totalmente ficcional. A maioria dos indivíduos que hoje constituem o proletariado não teria condições de existir se outros não lhe proporcionassem meios de subsistência. Embora essas pessoas possam se sentir exploradas, e os políticos possam estimular esses sentimentos e jogar com eles para ganhar poder, a maior parte do proletariado ocidental e dos milhões que vivem no mundo em desenvolvimento devem sua existência às oportunidades que os países avançados criaram para ela. Nada disso se limita aos países ocidentais e ao mundo em desenvolvimento. Os países comunistas, como a Rússia, estariam morrendo de fome hoje se suas populações não fossem mantidas vivas pelo mundo ocidental — embora os líderes desses países jamais venham a admitir publicamente que nós só podemos sustentar a atual população mundial, inclusive a dos países comunistas, preservando e melhorando com sucesso a base da propriedade privada que torna possível nossa ordem ampliada.

O capitalismo também introduziu uma nova maneira de obter renda com a produção que *liberta* as pessoas ao torná-las, bem como com frequência do mesmo modo sua progênie, independentes dos grupos familiares ou das tribos. Isto ocorre ainda que, às vezes, o capitalismo seja impedido, por monopólios de grupos organizados de trabalhadores, os"sindicatos", de proporcionar tudo o que poderia àqueles que dele desejam se beneficiar, pois tais organizações criam uma escassez artificial de sua categoria de mão de obra, embargando, àqueles que desejem fazê-lo, a possibilidade de trabalhar por salários inferiores.

A vantagem geral de substituir propósitos concretos específicos por regras abstratas manifesta-se claramente em casos como esses. Ninguém anteviu o que iria acontecer. Não foi o desejo consciente de fazer com que a espécie humana crescesse o mais rápido possível, nem a preocupação com certas existências conhecidas, que levou a esse resultado. Nem sempre foram os descendentes diretos daqueles que deram início às novas práticas (poupança, propriedade privada e coisas semelhantes) que ganharam melhores oportunidades de sobrevivência com elas. Pois essas práticas não preservam vidas *específicas*, mas antes aumentam as *possibilidades* (ou perspectivas ou probabilidades) de uma propagação mais rápida do *grupo*. Tais resultados não foram mais desejados que previstos. Aliás, algumas dessas práticas podem ter implicado menor apreço por algumas vidas específicas, a disposição ao sacrifício pelo infanticídio, a abandonar os velhos e doentes, ou a matar os perigosos, com a finalidade de melhorar as perspectivas de sustento e multiplicação do restante.

Não podemos afirmar que aumentar o número de seres humanos é bom em algum sentido absoluto. Sugerimos apenas que esse efeito, o crescimento de determinadas populações pela obediência a determinadas regras, levou à seleção das práticas cujo predomínio se tornou causa de multiplicação ulterior. (Tampouco, como vimos no capítulo 1, sugere-se que a moral desenvolvida que limita e suprime certos sentimentos inatos deveria suplantar totalmente esses sentimentos. Nossos instintos inatos ainda são importantes nas relações com nossos semelhantes mais próximos e também em algumas outras situações.)

Contudo, se a economia de mercado de fato predominou sobre outros tipos de ordem por permitir aos grupos que adotaram suas regras básicas se multiplicar melhor, então, *o cálculo em valores de mercado é um cálculo em termos de vidas*: os indivíduos guiados por esse cálculo fizeram o que contribuía mais para que aumentasse a sua população, embora dificilmente tenham tido a intenção de fazê-lo.

O CÁLCULO DE CUSTOS É UM CÁLCULO DE VIDAS

Embora não possa ser tomado em sentido literal, o conceito de "cálculo de vidas" é mais do que uma metáfora. Talvez não existam simples relações quantitativas regendo a preservação da vida humana pela ação econômica, mas não se pode superestimar a importância dos efeitos últimos da conduta de mercado. No entanto, é preciso acrescentar vários qualificativos. Em geral, somente vidas *desconhecidas* serão consideradas unidades similares quando se tratar da questão de sacrificar algumas delas a fim de servir a um número maior em outro lugar.

Mesmo que não gostemos de encarar esse fato, temos de tomar decisões semelhantes o tempo todo. Vidas desconhecidas não constituem valores absolutos nas decisões pessoais nem públicas, e o construtor de rodovias, de hospitais ou de equipamento elétrico jamais tomará as precauções máximas contra acidentes mortais, porque, ao evitar os custos que isso acarretaria em outras partes, os riscos gerais para as vidas humanas podem ser bastante reduzidos. Quando o cirurgião militar realiza uma "triagem" depois da batalha — quando deixa morrer um soldado que poderia ser salvo porque no tempo que teria de dedicar-se a salvá-lo poderia salvar outras três vidas (ver Hardin, 1980:59, que define "triagem" como "o procedimento que salva o máximo de vidas") — está agindo com base num cálculo de vidas. Este é outro exemplo de como a alternativa entre salvar mais ou menos vidas molda nossas concepções, mesmo que seja como um vago sentimento a respeito do que deveria ser feito. A exigência de preservar o número máximo de vidas não significa que todas as vidas sejam consideradas do mesmo modo importantes. Pode ser mais importante salvar a vida do médico, no exemplo acima, do que a de qualquer paciente específico seu: caso contrário, ninguém poderia sobreviver. Algumas vidas são sem dúvida mais importantes porque criam ou preservam outras. O bom caçador ou defensor da comunidade, a mãe fértil e talvez até o velho sábio podem ser mais importantes do que a maioria dos bebês e dos idosos. Da preservação da vida de um bom chefe podem depender inúmeras outras. E o indivíduo extremamente produtivo pode ser mais valioso para a comunidade do que outros indivíduos adultos. *Não é o número presente de vidas que a evolução tenderá a maximizar, mas a corrente prospectiva de vidas futuras.* Se fossem preservados num grupo todos os homens em idade fértil, ou todas as mulheres, e o número de pessoas necessário para defendê-los e alimentá-los, as perspectivas de crescimento futuro praticamente não seriam afetadas, ao passo que a morte de todas as mulheres com menos de 45 anos destruiria toda possibilidade de preservar a estirpe.

Mas se por essa razão todas as vidas desconhecidas devem ter igual valor na ordem ampliada — e em nossos próprios ideais chegamos bem perto desse objetivo no que concerne à ação do Estado —, tal objetivo jamais pautou o comportamento no pequeno grupo ou em nossas reações inatas. Portanto, somos impelidos a levantar a questão da moralidade ou da validade do princípio.

Contudo, como acontece com todos os outros organismos, o principal "propósito" ao qual se adapta a constituição física do homem, assim como suas tradições, é produzir outros seres humanos. Nisso ele foi surpreendentemente bem-sucedido e sua luta consciente terá efeito mais duradouro apenas se, com ou sem seu conhecimento, contribuir para esse resultado. Não há nenhum sentido real em perguntar se algumas de suas ações que contribuem de fato para isso são de fato "boas", se assim se pretende indagar se *gostamos* dos resultados. Pois, como vimos, nós jamais fomos capazes de escolher nossa moral. Embora exista uma tendência a interpretar a bondade de maneira utilitária, de afirmar que "bom" é aquilo que produz os resultados desejados, esta afirmação não é nem verdadeira nem útil. Ainda que nos limitemos ao uso comum, descobrimos que a palavra "bom" se refere em geral àquilo que a tradição nos diz que devemos fazer sem saber por quê — o que não é negar que sempre se estejam inventando justificativas para tradições específicas. Entretanto, podemos perfeitamente bem perguntar quais, dentre as variadas e conflitantes regras que a tradição considera boas, tendem, em determinadas condições, a preservar e multiplicar os grupos que as seguem.

A VIDA NÃO TEM NENHUM PROPÓSITO ALÉM DE SI MESMA

A vida existe somente na medida em que sustenta a própria continuidade. Qualquer que seja o motivo *por que* as pessoas vivem, hoje a maioria vive apenas *por causa* da ordem de mercado. Nós nos tornamos civilizados mediante o aumento do número de indivíduos humanos tão só porque a civilização permitiu esse aumento: podemos ser poucos e selvagens, ou muitos e civilizados. Se fosse reduzida à sua população de 10 mil anos atrás, a humanidade não poderia preservar a civilização. De fato, mesmo que o conhecimento já conquistado fosse preservado em bibliotecas, pouco serviria se não existissem pessoas em número suficiente para ocupar os empregos exigidos pela ampla especialização e divisão do trabalho. Todo o conhecimento disponível nos livros não evitaria que 10 mil pessoas poupadas em algum lugar após um holocausto nuclear tivessem de voltar à vida de caçadores-coletores, embora seja provável que iria reduzir a duração total de tempo em que a humanidade teria de permanecer nesta condição.

Quando começaram a aumentar mais do que se davam conta porque começaram a subordinar objetivos concretos comuns a regras abstratas que lhes permitiam participar de um processo de colaboração ordenada que ninguém poderia examinar ou sistematizar e que ninguém poderia ter previsto, as pessoas criaram situações involuntárias e por vezes indesejáveis. Podemos não gostar do fato de que nossas regras foram moldadas sobretudo por sua capacidade de favorecer o crescimento numérico da humanidade, mas não temos muita escolha nesse sentido (se é que já tivemos) hoje, pois precisamos lidar com uma situação que já foi criada. Já existem tantas pessoas; somente uma economia de mercado é capaz de manter a maior parte delas viva. Devido à rápida transferência de informações, hoje os seres humanos conhecem em toda parte os elevados padrões de vida possíveis. A maioria dos que vivem em lugares menos povoados só pode esperar alcançar tais padrões multiplicando-se e ocupando suas regiões de forma mais densa — aumentando assim muito mais o número de indivíduos que podem ser mantidos com vida por uma economia de mercado.

OS ERROS FATAIS DO SOCIALISMO

Como só podemos preservar e dar segurança ao número atual de seres humanos se eles aderirem aos mesmos princípios gerais, é nosso dever — a não ser que desejemos realmente condenar milhões de pessoas à inanição — opor-nos às afirmações de certos credos que tendem a destruir os princípios básicos desses costumes morais, como a instituição da propriedade separada.

Seja como for, nossos desejos e anseios são em grande medida irrelevantes. Quer *desejemos* novos crescimentos da produção e da população, quer não, devemos — simplesmente para manter a população e a riqueza existentes e para protegê-las contra a calamidade da melhor maneira possível — lutar por aquilo que, em condições favoráveis, continuará a levar, pelo menos por algum tempo, e em muitos lugares, a crescimentos ulteriores.

Embora não pretendesse avaliar se, existindo a escolha, nós desejaríamos escolher a civilização, examinar as questões da população suscita dois pontos relevantes. Em primeiro lugar, a ameaça de uma explosão populacional que tornaria as vidas em geral miseráveis parece, como vimos, infundada. Uma vez conjurado esse perigo, se considerarmos as realidades da vida "burguesa" — mas não as exigências utópicas de uma vida livre de todo conflito, de dor, de insatisfação e, aliás, da moralidade — poderemos pensar que os prazeres e os estímulos da civilização não constituem um mau negócio para aqueles que ainda não desfrutam deles. Mas provavelmente a questão de se estamos melhores civilizados do que incivilizados não pode ser respondida de maneira absoluta por essas especulações. O segundo ponto é que a única coisa que se aproxima de uma avaliação objetiva da questão é ver o que fazem as pessoas quando lhes dão possibilidade de escolha — o que não é o nosso caso. A rapidez com a qual as pessoas comuns do Terceiro Mundo — em contraste com os intelectuais formados no Ocidente — parecem abraçar as oportunidades que lhes são oferecidas pela ordem ampliada, mesmo que isto implique morar por algum tempo nas favelas da periferia, complementa as evidências concernentes às reações dos camponeses europeus à introdução do capitalismo urbano, indicando que as pessoas em geral irão optar pela civilização se tiverem escolha.

9
A religião e os guardiões da tradição

> A religião, mesmo na sua forma mais rudimentar, sancionou as regras de moralidade muito antes da era do raciocínio artificial e da filosofia.
> ADAM SMITH

> E outros chamavam-na falta de senso sempre a censurar o que amavam.
> BERNARD MANDEVILLE

A SELEÇÃO NATURAL DENTRE OS GUARDIÕES DA TRADIÇÃO

AO CONCLUIR ESTA OBRA, EU GOSTARIA DE FAZER ALGU- mas observações informais — não pretendo que sejam mais do que isto — sobre a relação entre o argumento do livro e o papel da crença religiosa. Essas observações podem ser impalatáveis para alguns intelectuais porque sugerem que, em seu longo conflito com a religião, eles estiveram parcialmente errados — e sofreram de grande deficiência de avaliação crítica.

Este livro retratou a espécie humana como dilacerada entre duas maneiras de ser. De um lado estão as atitudes e emoções adequadas ao comportamento nos grupos reduzidos em que a humanidade viveu por mais de 100 mil anos, onde companheiros conhecidos aprenderam a servir uns aos outros e a perseguir objetivos comuns. Curiosamente, essas atitudes e emoções arcaicas, mais primitivas, hoje são defendidas por grande parte do racionalismo, do empirismo, do hedonismo e do socialismo a ele associado. Do outro lado está o desenvolvimento mais recente da evolução cultural em que já não servimos mais sobretudo aos companheiros conhecidos nem perseguimos mais objetivos comuns, mas onde se deu a evolução das instituições, dos sistemas morais e das tradições que produziram, e agora mantêm com vida, um número muitas vezes maior de indivíduos do que aquele que existia antes da aurora da civilização, indivíduos que se dedicam, em geral de modo pacífico embora competitivo, à busca de milhares de fins diferentes que eles mesmos escolheram em colaboração com milhares de outros indivíduos que jamais poderão conhecer.

Como pôde tal coisa ter acontecido? Como é possível que tradições de que as pessoas não gostam e que não entendem, de cujos efeitos em geral não têm consciência e tampouco podem ver ou prever, e que mesmo assim combatem ardorosamente, tenham sido transmitidas de geração a geração?

Parte da resposta, claro, é aquela com a qual começamos, a evolução das ordens morais pela seleção grupal: grupos que se comportam dessa maneira simplesmente sobrevivem e proliferam. Mas isto não pode ser a história completa. Se não foi pela compreensão de seu efeito benéfico na criação de uma ordem ampliada até o momento inimaginável, como, então, surgiram essas regras de conduta? Mais importante: como foram preservadas em face da forte oposição dos instintos e, mais recentemente, dos ataques da razão? Aqui chegamos à religião.

É mais provável que o costume e a tradição, ambos adaptações não racionais ao ambiente, orientem a seleção do grupo quando sustentados por totens e tabus ou crenças mágicas e religiosas — crenças que surgiram da tendência de interpretar de maneira animista qualquer ordem que as pessoas encontrassem. No início, a principal função dessas restrições à ação individual talvez tenha sido a de servir como sinal de reconhecimento entre os membros do grupo. Mais tarde, a crença em espíritos que puniam os transgressores levou à preservação dessas restrições. "Os espíritos são geralmente concebidos como guardiões da tradição ... Nossos ancestrais vivem agora como espíritos no outro mundo ... Eles se zangam e tornam as coisas ruins quando não obedecemos aos costumes." (Malinowski, 1936:25)

Mas isso ainda não é suficiente para que ocorra alguma seleção real, uma vez que tais crenças e os ritos e cerimônias a elas associados deverão também operar em outro nível. Antes que a seleção pela evolução possa se tornar efetiva, as práticas comuns deverão ter a oportunidade de produzir seus efeitos benéficos sobre determinado grupo em escala progressiva. No meio-tempo, como são transmitidas de geração para geração? Ao contrário das propriedades genéticas, as propriedades culturais não são transmitidas automaticamente. A transmissão e a não transmissão de geração a geração constituem contribuições positivas ou negativas para um estoque de tradições tanto quanto quaisquer contribuições por parte de indivíduos. Portanto, é provável que muitas gerações venham a ser necessárias para garantir que algumas dessas tradições específicas sejam, de fato, continuadas e que elas se difundam mesmo algum dia. Crenças míticas de alguma espécie podem ser necessárias para ocasionar isso, sobretudo no que diz respeito a regras de conduta que conflitem com os instintos. Uma explicação meramente utilitária ou mesmo funcionalista dos diferentes ritos ou cerimônias será insuficiente e até implausível.

Devemos em parte às crenças místicas e religiosas, e, creio, particularmente às principais crenças monoteístas, o fato de as tradições benéficas terem sido preservadas e transmitidas, pelo menos durante tempo suficiente para possibilitar que os grupos que as seguiam crescessem e tivessem a oportunidade de espalhar-se mediante seleção natural ou cultural. Isso significa que, gostemos ou não, devemos a persistência de certas práticas, e a civilização que delas resultou, em parte ao apoio de crenças que não são verdadeiras — nem verificáveis e testáveis — no mesmo sentido em que são os enunciados científicos e que, com certeza, não são resultado de argumentação racional. Às vezes penso que poderia ser apropriado chamar pelo menos algumas delas, ainda que como gesto de reconhecimento, de "verdades simbólicas", uma vez que de fato ajudaram os seus adeptos a "frutificar e multiplicar-se, e encher a terra e sujeitá-la" (Gênesis 1:28). Mesmo aqueles entre nós que, como eu mesmo, não estão dispostos a aceitar a concepção antropomórfica de uma divindade pessoal deveriam admitir que a perda prematura do que consideramos crenças não factuais teria privado a humanidade de um apoio poderoso no longo desenvolvimento da ordem ampliada de que agora desfrutamos, e que mesmo agora a perda dessas crenças, sejam verdadeiras ou falsas, cria grandes dificuldades.

Seja como for, a concepção religiosa de que a moral era determinada por processos incompreensíveis para nós pode, em alguma medida, ser mais verdadeira (ainda que não exatamente da maneira pretendida) do que o delírio racionalista de que o homem, ao exercer sua inteligência, inventou a moral que lhe deu o poder para obter mais do que ele jamais poderia prever. Se mantivermos esses fatos em mente, poderemos entender e avaliar melhor os clérigos que, segundo dizem, tornaram-se de alguma forma céticos quanto à validade de alguns de seus ensinamentos e que, no entanto, continuaram a ensiná-los porque temiam que a perda da fé levaria ao declínio da moral. Não há dúvida de que estavam certos; e mesmo o agnóstico deve admitir que devemos a nossa moral, e a tradição que nos deu não apenas nossa civilização mas nossas vidas mesmas, à aceitação dessas alegações factuais cientificamente inaceitáveis.

A indubitável conexão *histórica* entre a religião e os valores que moldaram e promoveram nossa civilização, como a família e a propriedade separada, não significa obviamente que existe alguma conexão *intrínseca* entre a religião como tal e os valores mencionados. Entre os fundadores de religiões nos últimos 2 mil anos, muitos se opuseram à propriedade e à família. *Mas as únicas religiões que sobreviveram são aquelas que apoiam a propriedade e a família.* Dessa forma, a perspectiva para o comunismo, que se opõe tanto à propriedade quanto à família (e também à religião), não é promissora. Pois ele próprio é, creio eu, uma religião que teve sua época e que está agora em rápido declínio. Em países comunistas e socialistas, estamos observando como a seleção natural das crenças religiosas elimina os inaptos.

É óbvio que o declínio do comunismo de que falo está ocorrendo sobretudo onde ele foi implementado na prática – e pôde, pois, frustrar esperanças utópicas. Ele continua a viver, porém, nos corações daqueles que não experimentaram seus efeitos reais: em intelectuais do Ocidente e entre os pobres na periferia da ordem ampliada, isto é, no Terceiro Mundo. Dentre os primeiros, parece haver uma impressão crescente de que o racionalismo como o criticado aqui é um falso deus; mas a necessidade de algum tipo de deus persiste e é satisfeita em parte mediante meios tais como o retorno a uma curiosa versão da

A RELIGIÃO E OS GUARDIÕES DA TRADIÇÃO

dialética hegeliana que permite que a ilusão de racionalidade coexista com um sistema de crenças fechado a críticas pelo compromisso inquestionável com uma "totalidade humana" (que, na verdade, é ela própria supremamente racionalista, do mesmo modo como no sentido construtivista que critiquei). Como afirma Herbert Marcuse: "A verdadeira liberdade para a existência individual (e não apenas no sentido liberalista) é possível tão só numa pólis especificamente estruturada, numa sociedade organizada 'racionalmente'." (Citado em Jay, 1973:119. Para saber o que esta "racionalidade" significa, ver ibid., 49, 57, 60, 64, 81, 125, *et passim*). Neste caso, a "teologia da libertação" pode fundir-se ao nacionalismo para produzir uma poderosa nova religião com consequências desastrosas para pessoas já em calamitosas dificuldades econômicas (ver O'Brien, 1986).

Como teria a religião sustentado os costumes benéficos? Só é provável que os costumes cujos efeitos benéficos imperceptíveis para aqueles que os praticavam fossem preservados por tempo suficiente para aumentar sua vantagem seletiva quando respaldados por outras fortes crenças; e algumas fés poderosas, sobrenaturais ou mágicas, encontravam-se de pronto disponíveis para exercer este papel. À medida que determinada ordem de interação humana se tornava mais ampla e ainda mais ameaçadora às demandas instintivas, ela poderia por algum tempo tornar-se bastante dependente da influência contínua de algumas dessas crenças — razões falsas que influenciavam as pessoas a fazer o que era necessário para manter a estrutura que lhes possibilitava nutrir seus grupos em expansão (ver apêndice G).

Mas assim como a criação mesma da ordem ampliada nunca foi premeditada, não há razão para supor que o respaldo representado pela religião fosse, em geral, cultivado de maneira deliberada ou que existisse um elemento "conspiratório" em tudo isso. É ingênuo — em especial à luz do nosso argumento de que *não podemos* observar os efeitos da nossa moral — imaginar uma elite de sábios calculando friamente os efeitos dos vários costumes morais, selecionando-os e conspirando para persuadir as massas, com "nobres mentiras" platônicas, a consumir um "ópio do povo" e assim a obedecer o que servia melhor aos interesses de seus governantes. Sem dúvida a escolha de determinadas linhas de crenças religiosas fundamentais se deu muitas vezes por decisões convenientes de governantes seculares. Além disso, o respaldo religioso foi adotado de tempos em tempos, deliberada e até mesmo cinicamente, pelos governantes seculares; mas com frequência esses casos diziam respeito a disputas momentâneas que não foram significativas nos longos períodos evolutivos — períodos nos quais a possibilidade de a regra favorecida contribuir para o crescimento da comunidade era uma questão mais decisiva do que saber qual camarilha dirigente específica pôde tê-la acalentado num período específico.

Também podem surgir algumas questões de linguagem quando descrevemos e avaliamos esses desenvolvimentos. A linguagem comum é inadequada para fazer as distinções necessárias com precisão, sobretudo no que diz respeito ao conceito de conhecimento. Por exemplo, o *conhecimento* está incluso quando uma pessoa tem o hábito de se comportar de um modo que, sem que saiba disso, aumenta a probabilidade de que não apenas ela e sua família, mas também muitos outros indivíduos que desconhece, sobrevivam — em especial se ela preservou este hábito por razões totalmente diferentes e até bastante errôneas? É óbvio que o que a guiou com sucesso não foi aquilo que se quer dizer em geral com conhecimento racional. Tampouco é útil definir essas práticas adquiridas como "emocionais", pois fica claro que elas não são sempre guiadas por aquilo que podemos chamar legitimamente de emoções, embora certos fatores, como o temor de desaprovação ou de punição (humana ou divina), possam muitas vezes secundar ou preservar hábitos específicos. Em muitos casos, quando não na maioria, venceram aqueles que se ativeram a "hábitos cegos" ou aprenderam pelo ensinamento religioso coisas como "a honestidade é a melhor política", derrotando assim indivíduos mais espertos que haviam "raciocinado" de outra maneira. Como estratégias de sobrevivência, as contrapartes tanto da rigidez quanto da flexibilidade desempenharam importantes papéis na evolução biológica; e a moral que assumiu a forma de regras rígidas talvez tenha sido mais eficaz do que regras mais flexíveis das quais os seguidores tentaram orientar a prática e alterar seu curso, de acordo com fatos específicos e consequências previsíveis — e, portanto, por algo que seria mais fácil chamar de conhecimento.

No que me concerne, é melhor que eu diga que me acho tão pouco no direito de afirmar quanto de negar a existência daquilo que outros chamam de Deus, pois devo admitir que não sei exatamente o que esta palavra deve significar. Eu, sem dúvida, rejeito toda interpretação antropomórfica, pessoal ou animista do termo, interpretações mediante as quais muitas pessoas conseguem dar-lhe significado. O conceito de um ser que age como um ser humano ou como uma mente humana parece-me mais o fruto de uma arrogante superestima das capacidades da mente humana. Não posso atribuir sentido a palavras que, na estrutura do meu próprio pensamento e na minha visão de mundo, não têm um lugar que lhes daria sentido. Seria, pois, desonesto de minha parte usar esses vocábulos como se expressassem alguma crença que tenho.

Hesitei muito em introduzir esta observação pessoal aqui, mas por fim decidi fazê-lo porque o respaldo de um agnóstico confesso pode ajudar pessoas religiosas a buscar mais decididamente conclusões que compartilhamos. Talvez o que muitos entendam quando falam em Deus seja apenas uma personificação daquela tradição de moral e de valores que mantêm viva sua comunidade. Compreendemos agora que a origem da ordem que a religião atribui a uma divindade semelhante ao homem — o mapa ou guia que mostrará à parte como deve se movimentar com sucesso no interior do todo — não está fora do mundo físico, mas é uma de suas características, demasiado complexa para que qualquer uma de suas partes possa formar dela uma "imagem" ou "representação". Assim, as proibições religiosas contra a idolatria, contra a produção de imagens, são bem recebidas. Contudo, talvez a maioria das pessoas só consiga conceber a tradição abstrata como uma Vontade pessoal. Neste caso, não estariam elas inclinadas a encontrar esta vontade na "sociedade", numa era em que crenças mais abertamente sobrenaturais são descartadas por serem consideradas superstições?

Sobre esta questão talvez repouse a sobrevivência da nossa civilização.

APÊNDICES

APÊNDICE A
"Natural" *versus* "artificial"

O USO CORRENTE DO VOCABULÁRIO CIENTÍFICO E FILOSÓ-

fico é influenciado de maneira tão profunda pela tradição de Aristóteles, que desconhecia a evolução, que as dicotomias e os contrastes existentes, em geral, não apenas não captam corretamente os processos subjacentes aos problemas e aos conflitos analisados no capítulo 1, mas em verdade até prejudicam sua compreensão. Nesta seção, pretendo rever algumas dessas dificuldades de classificação, na esperança de que certa familiaridade com os obstáculos ao entendimento possa de fato promovê-lo.

Podemos começar com a palavra "natural", fonte de grande controvérsia e muitos equívocos. O significado original de seu radical latino, assim como do radical grego de seu equivalente "físico", deriva de verbos que descrevem tipos de crescimento (*nascor* e *phyo*, respectivamente; ver Kerferd, 1981: 111-150), de modo que seria legítimo definir como "natural" tudo o que nasceu de maneira espontânea e não foi planejado de propósito por uma mente. Neste sentido, nossa moral tradicional, evoluída de forma espontânea, é perfeitamente natural e não artificial, e pareceria adequado chamar essas regras tradicionais de "lei natural".

Mas o uso habitual do termo não permite facilmente entender a lei natural assim. Ao contrário, ele tende a restringir a palavra "natural" a propensões ou instintos inatos que (como vimos no capítulo 1) com frequência contrastam com as regras de conduta que se originam da evolução. Se apenas tais reações inatas são definidas como "naturais" e se — para piorar as coisas — apenas o que é necessário para preservar uma situação existente, particularmente a ordem do pequeno grupo ou da comunidade imediata, é definido como "bom", temos de designar como "antinaturais" e "maus" até mesmo os primeiros passos dados rumo à observância das regras e, portanto, à adaptação a condições mutáveis — isto é, os primeiros passos rumo à civilização.

Ora, se "natural" deve ser usado para indicar inato ou instintivo e "artificial" para indicar o produto de desígnio, os resultados da evolução cultural (tais como as regras tradicionais) evidentemente não são nem uma coisa nem outra — e, portanto, não estão apenas "entre o instinto e a razão" como também, é claro, entre "natural" (isto é, instintivo) e "artificial" (isto é, o produto do desígnio racional). A dicotomia excludente entre "natural" e "artificial", bem como a dicotomia análoga e relacionada entre "paixão" e "razão" — que, sendo excludente, não permite nenhuma área entre estes termos —, contribui assim em grande medida para que se negligencie e se confunda o crucial processo exossomático da evolução cultural das tradições que determinaram o crescimento da civilização. De fato, essas dicotomias transformam essa área e esses processos, por definição, em não existentes.

Contudo, se formos além destas dicotomias rudimentares, veremos que o verdadeiro oposto da paixão não é a razão, mas a moral tradicional. A evolução de uma tradição de regras de conduta — que se encontra *entre* os processos da evolução do instinto e os da razão — é um processo distinto que é bastante equivocado considerar um produto da razão. Na realidade, essas regras tradicionais *cresceram* naturalmente no curso da evolução.

O crescimento não é uma propriedade exclusiva dos organismos biológicos. Da proverbial bola de neve aos depósitos de vento e à formação de cristais — ou a areia da água, o surgimento de montanhas e a formação de moléculas complexas —, a natureza está repleta de exemplos de crescimento em tamanho ou estrutura. Quando estudamos o surgimento de estruturas de inter-relações entre organismos, descobrimos que é também corretíssimo, etimológica e logicamente, usar a palavra "crescimento" para descrevê-las; e é assim que eu uso a palavra: a saber, para designar um processo que ocorre numa estrutura autossustentável.

"NATURAL" *versus* "ARTIFICIAL"

Assim, continuar a contrapor a evolução cultural à natural nos conduz de volta à armadilha mencionada — a dicotomia excludente entre o desenvolvimento "artificial" orientado pelo desígnio consciente e o que se supõe ser "natural" por exibir características instintivas imutáveis. Embora as interpretações construtivistas sejam sem dúvida superiores às "explicações" organísmicas (hoje em geral rejeitadas por serem consideradas vazias) que tão só substituem um processo inexplicado por outro, deveríamos reconhecer que há dois tipos distintos de processo evolutivo — ambos perfeitamente naturais. A evolução cultural, embora um processo distinto, continua, sob importantes aspectos, mais similar à evolução genética ou biológica do que aos desenvolvimentos guiados pela razão ou pela previsão dos efeitos das decisões.

A similaridade entre a ordem da interação humana e a dos organismos biológicos foi, sem dúvida, observada muitas vezes. Mas enquanto éramos incapazes de explicar a formação das estruturas ordenadas da natureza, na medida em que não possuíamos uma história da seleção evolutiva, as analogias percebidas eram de pouca valia. Com a seleção evolutiva, entretanto, agora recebemos a chave para a compreensão geral da formação da ordem na vida, na mente e nas relações interpessoais.

A propósito, algumas dessas ordens, como a da mente, podem ser capazes de constituir ordens de grau inferior, contudo elas não são produto de ordens de nível superior. Isto nos ensina a reconhecer a limitação do nosso poder de explicar ou planejar uma ordem pertencente a um estágio inferior da hierarquia de ordens, assim como a incapacidade de explicar ou planejar outra ordem de uma categoria superior.

Uma vez tendo exposto o problema geral que interfere com o claro emprego desses termos tradicionais, podemos fazer uma breve referência, tomando como exemplo David Hume, de que o próprio pensamento de um dos mais importantes pensadores de nossa tradição foi contaminado pelo equívoco decorrente dessas falsas dicotomias. Hume é um ótimo exemplo, pois, de forma lamentável, escolheu o termo "artificial" para definir as tradições morais que eu de fato preferiria chamar de naturais (talvez tomando emprestada a expressão "razão artificial" dos autores do direito consuetudinário). Por ironia, isso fez com que ele fosse considerado o fundador do utilitarismo, apesar de ter salientado que, "embora as regras da justiça sejam *artificiais*, elas não são arbitrárias" e que, portanto, não é sequer "impróprio chamá-las leis da *natureza*" (1739/1886:11, 258). Ele tentou se preservar dos equívocos construtivistas explicando que "supõe-se apenas que se formem imediatamente reflexões que na realidade aparecem de modo imperceptível e por graus" (1739/1886:11, 274). (Hume utilizou aqui o artifício que os filósofos da moral escoceses chamavam de "história conjectural" (Stewart, 1829:VII, 90, e Medick, 1973:134-176) — artifício mais tarde chamado com frequência de "reconstrução racional" — de uma maneira que pode produzir equívocos e que seu contemporâneo mais jovem, Adam Ferguson, aprendeu a evitar sistematicamente). Como sugerem esses trechos, Hume chegou perto de uma interpretação evolutiva, percebendo até que "forma alguma pode persistir a não ser que possua os poderes e os órgãos necessários à sua subsistência: uma nova ordem ou economia deve ser experimentada, e assim por diante, sem interrupções; até que por fim uma ordem capaz de se sustentar e se manter é alcançada" e que o homem não pode "ter a pretensão de isentar-se do destino de todos os animais vivos [pois a] perpétua guerra entre todas as criaturas vivas" deve continuar (1779/1886:11, 429, 436). Como foi dito com acerto, ele praticamente reconheceu que "existe uma terceira categoria entre o natural e o artificial que compartilha certas características de ambos" (Haakonssen, 1981:24).

Contudo, a tentação de procurar explicar a função das estruturas auto-organizáveis mostrando que poderiam ter sido formadas por uma mente criadora é grande; e portanto é compreensível que alguns seguidores de Hume interpretassem seu termo "artificial" desse modo, construindo sobre ele uma teoria ética utilitária segundo a qual o homem escolhe conscientemente sua moral pela utilidade dela. Pode parecer uma ideia curiosa a ser atribuída a alguém que salientou que "as regras da moral não são produto de conclusões da razão" (1739/1886:11, 235), mas foi um equívoco que ocorreu naturalmente a um racionalista cartesiano como C. V. Helvetius, de quem Jeremy Bentham admitiu ter derivado suas próprias interpretações (ver Everett, 1931:110).

Embora em Hume, e também nas obras de Bernard Mandeville, possamos observar o surgimento gradativo dos conceitos gêmeos das formações das ordens espontâneas e da evolução seletiva (ver Hayek,

1967/78:250, 1963/67:106-121 e 1967/78a:249-266), foram Adam Smith e Adam Ferguson que fizeram pela primeira vez uso sistemático dessa abordagem. A obra de Smith marca o surgimento de uma abordagem evolutiva que suplantou progressivamente a visão estática aristotélica. O entusiasta do século XIX que afirmou que a *Riqueza das nações* só perdia em importância para a Bíblia foi ridicularizado muitas vezes; mas é possível que não tenha exagerado tanto. Mesmo Tomás de Aquino, discípulo de Aristóteles, não pôde ocultar de si próprio que *multae utilitates impedirentur si omnia peccata districte prohiberentur* — que muito do que é útil seria evitado se todos os pecados fossem rigorosamente proibidos *(Summa Theologica*, II, ii, q. 78 i).

Enquanto vários escritores tenham aceito que Smith foi o criador da cibernética (Emmet, 1958:90, Hardin, 1961:54), análises recentes dos cadernos de Charles Darwin (Vorzimmer, 1977; Gruber, 1974) sugerem que a leitura de Adam Smith no ano crucial de 1838 levou Darwin à sua decisiva descoberta.

Portanto, dos moralistas escoceses do século XVIII partem os impulsos principais para uma teoria da evolução, a variedade de disciplinas agora conhecidas como cibernética, teoria geral dos sistemas, sinergética, autopoiese etc., bem como o conhecimento do poder auto-ordenador superior do sistema de mercado e também da evolução da linguagem, da moral e do direito (Ullman-Margalit, 1978, e Keller, 1982).

Adam Smith, não obstante, continua alvo de piadas, mesmo entre os economistas, muitos dos quais ainda não descobriram que a análise dos processos auto-ordenáveis deve ser a principal tarefa de toda ciência da ordem de mercado. Outro grande economista, Carl Menger, pouco mais de cem anos depois de Adam Smith, percebeu claramente que "esse elemento genético é inseparável da concepção da ciência teórica" (Menger, 1883/1933:11, 183, e ver seu emprego anterior do termo "genético" em sua obra de 1871/1934:1, 250). Foi em grande parte graças a esse esforço visando à compreensão da constituição da interação humana pela evolução e da formação espontânea da ordem que essas abordagens se tornaram os principais instrumentos para lidar com fenômenos tão complexos, que as "leis mecânicas" de causação unidirecional já não são mais adequadas para explicá-los (ver apêndice B).

Nos anos recentes, a difusão da abordagem evolutiva afetou de tal forma o desenvolvimento das pesquisas que um relatório do encontro da Gesellschaft Deutscher Naturforscher und Arzte de 1980 dizia que "para a moderna ciência da natureza, o mundo das coisas e dos fenômenos se tornou um mundo de estruturas e de ordens".

Esses avanços recentes da ciência natural mostraram que o estudioso americano Simon N. Patten estava certo quando, há cerca de noventa anos, escreveu que "assim como Adam Smith foi o último dos moralistas e o primeiro dos economistas, Darwin foi o último dos economistas e o primeiro dos biólogos" (1899, xxiii). Smith prova-se ter sido ainda mais do que isto: o paradigma que ele forneceu tornou-se a partir de então um instrumento de grande poder em muitos ramos do esforço científico.

Nada ilustra melhor a origem humanista do conceito de evolução do que o fato de que a biologia teve de tomar emprestado seu vocabulário das ciências humanas. O vocábulo "genético", que se tornou hoje talvez o termo técnico fundamental para a teoria da evolução biológica, foi usado pela primeira vez, ao que tudo indica, em sua forma alemã (*genetisch*) (Schulze, 1913:1, 242) nas obras de J. G. Herder (1767), Friedrich Schiller (1793) e C. M. Wieland (1800), muito antes de Thomas Carlyle introduzi-lo na língua inglesa. Foi usado sobretudo na linguística quando sir William Jones descobriu, em 1787, a origem comum das línguas indo-europeias; e quando foi elaborado em 1816 por Franz Bopp, o conceito de evolução cultural se tornara lugar-comum. Encontramos a palavra empregada mais uma vez em 1836 por Wilhelm von Humboldt (1977:111, 389 e 418), que na mesma obra também argumentou que "se se concebe a formação da linguagem, como é mais natural, como sucessiva, torna-se necessário atribuir-lhe, como a toda origem na natureza, um sistema de evolução" (agradeço ao professor R. Keller, de Düsseldorf, por esta referência). Teria sido por acidente que Humboldt foi também um grande advogado da liberdade individual? E depois da publicação da obra de Charles Darwin, encontramos juristas e linguistas (sabedores de seu parentesco já na antiga Roma (Stein, 1966: capítulo 3)) protestando que já eram "darwinistas antes de Darwin" (Hayek, 1973:153). Só depois da obra *Problems of Genetics*, de William Bateson (1913), é que "genética" logo se tornou o nome distintivo da evolução

"NATURAL" *versus* "ARTIFICIAL"

biológica. Aqui, devemos nos ater ao seu emprego moderno, estabelecido por Bateson, no sentido de herança biológica através dos "genes", para distingui-lo de herança cultural através do aprendizado — o que não significa que se possa sempre fazer a distinção com exatidão. As duas formas de herança com frequência interagem, sobretudo pela herança genética que determina o que pode e o que não pode ser herdado pelo aprendizado (isto é, culturalmente).

APÊNDICE B
A complexidade dos problemas de interação humana

EMBORA OS FÍSICOS ÀS VEZES HESITEM EM RECONHECER a complexidade maior dos problemas da interação humana, o fato em si foi constatado há mais de cem anos por ninguém menos que James Clerk Maxwell, que, em 1877, escreveu que o termo "ciência física" costuma ser aplicado "de forma mais ou menos restrita aos campos da ciência em que os fenômenos considerados são os mais simples e mais abstratos, excluindo o estudo de fenômenos mais complexos como aqueles observados nas coisas vivas". E mais recentemente um ganhador do Prêmio Nobel de física, Louis W. Alvarez, ressaltou que, "na realidade, a física é a mais simples de todas as ciências ... Mas no caso de um sistema infinitamente mais complicado, como a população de um país em desenvolvimento como a Índia, ninguém consegue ainda decidir qual a melhor maneira de mudar as condições existentes" (Alvarez, 1968).

Os métodos e modelos mecânicos de simples explicação causal se aplicam cada vez menos à medida que avançamos para os fenômenos complexos. Em particular, os fenômenos cruciais que determinam a formação de muitas estruturas complexíssimas de interação humana, ou seja, os valores econômicos ou preços não podem ser interpretados por simples teorias causais ou "nomotéticas", mas requerem explicação em função dos efeitos conjuntos de uma quantidade maior de elementos distintos do que jamais seríamos capazes de observar ou manipular individualmente.

Foi apenas a "revolução marginalista" da década de 1870 que produziu uma explicação satisfatória dos processos do mercado que Adam

Smith descrevera muito antes com sua metáfora da "mão invisível", expressão que, apesar de seu caráter ainda metafórico e incompleto, foi a primeira descrição científica de tais processos auto-ordenáveis. James Mill e John Stuart Mill, ao contrário, não conseguiram conceber a determinação dos valores de mercado de outra maneira que não pela determinação causal por alguns eventos precedentes, e essa incapacidade os impediu, como ocorre com muitos "fisicalistas" modernos, de compreender os processos auto-orientadores do mercado. A compreensão das verdades subjacentes à teoria da utilidade marginal foi retardada ainda mais pela influência decisiva de James Mill sobre David Ricardo, bem como pela própria obra de Karl Marx. As tentativas de chegar a explicações monocausais nessas áreas (prolongadas ainda mais na Inglaterra pela influência decisiva de Alfred Marshall e sua escola) persistem até o presente.

John Stuart Mill desempenhou talvez o papel mais importante a esse respeito. Ele já havia se colocado sob influência socialista antes e, devido a este viés, passou a ter grande apelo para intelectuais "progressistas", o que lhe conferiu a reputação de ser o principal liberal e o "santo do racionalismo". Contudo, é provável que ele tenha levado mais intelectuais ao socialismo do que qualquer outra pessoa: o fabianismo, no início, constituía-se essencialmente de um grupo de seus seguidores.

Mill impedira a si mesmo de compreender a função orientadora dos preços pela sua garantia doutrinária de que "não há nada nas leis de valor que algum escritor presente ou futuro precise esclarecer; a teoria do tema está completa" (1848/1965, *Works: III*, 456), o que o levou a acreditar que as "considerações de valor estavam relacionadas à [distribuição da riqueza] somente", e não à sua produção (1848/1965, *Works, III*, 455). Mill foi cegado para a função dos preços por pressupor que apenas um processo de causação mecânica produzido por acontecimentos anteriores observáveis constituía uma explicação legítima de acordo com os modelos da ciência natural. Devido à influência que o pressuposto de Mill exercia havia tanto tempo, a "revolução marginalista" que veio a ocorrer 25 anos mais tarde teve um efeito explosivo quando se deu.

Vale a pena mencionar aqui, entretanto, que apenas seis anos depois da publicação do texto de Mill, H. H. Gossen, um pensador que é quase inteiramente negligenciado, antecipara a teoria da utilidade marginal ao perceber, já de forma clara, a dependência da produção ampla da orientação fornecida pelos preços e ao enfatizar que "apenas com o estabelecimento da propriedade privada pode-se descobrir a régua que determina a quantidade ótima de cada mercadoria a ser produzida em certas circunstâncias. ... A maior proteção possível à propriedade privada é definitivamente a maior necessidade para a continuação da sociedade humana" (1854/1983:254-5).

Apesar do grande estrago causado pela sua obra, devemos talvez perdoar Mill por sua paixão pela dama que mais tarde se tornou sua esposa — com cuja morte, na opinião dele, "este país perdeu a maior mente que possuía" e que, de acordo com seu testemunho, "na nobreza de seu objetivo público ... nunca desejou menos que a justiça distributiva perfeita como meta final, o que implica portanto um estado de sociedade totalmente comunista na prática e em espírito" (1965, *Works: XV*, 601, e ver Hayek, 1951).

Seja qual for a influência de Mill, a economia marxista ainda hoje tenta explicar ordens de interação extremamente complexas em função de certos efeitos causais únicos antes como fenômenos mecânicos que como protótipos dos processos auto-ordenáveis que nos permitem chegar à explicação de fenômenos complexíssimos. Vale a pena mencionar, entretanto, que, como Joachim Reig salientou (em sua Introdução à tradução espanhola do ensaio de E. von Bohm-Bawerk sobre a teoria da exploração de Marx (1976)), ao que parece, depois de tomar conhecimento das obras de Jevons e Menger, o próprio Karl Marx abandonou por completo obras futuras sobre o capital. Se assim foi, seus seguidores evidentemente não eram tão sábios quanto ele.

APÊNDICE C
O tempo, a emergência e a reprodução de estruturas

O FATO DE QUE ALGUMAS ESTRUTURAS PODEM SE CONS-
tituir e multiplicar porque outras estruturas similares já existentes podem transmitir suas propriedades a outras (sujeitas a variações ocasionais), e de que as ordens abstratas podem, assim, sofrer um processo de evolução no curso do qual passam de uma encarnação material para outras que surgirão apenas porque o padrão já existe, deu ao nosso mundo uma nova dimensão: a flecha do tempo (Blum, 1951). No decorrer do tempo, surgem novas características que não existiam antes: estruturas em evolução e autoperpetuação que, embora representadas a cada momento apenas por encarnações materiais específicas, tornam-se entidades distintas que persistem sob várias manifestações ao longo do tempo.

A possibilidade de formar estruturas por um processo de reprodução dá aos elementos que têm capacidade de fazê-lo mais chances de multiplicar-se. Os elementos que serão selecionados preferencialmente para multiplicação são aqueles capazes de constituir estruturas mais complexas e o aumento do número de seus membros levará à formação de ainda outras estruturas similares. Esse modelo, depois de manifestar-se, torna-se um constituinte tão claro da ordem do mundo quanto qualquer objeto material. Nas estruturas de interação, os modelos de atividades dos grupos são determinados por práticas transmitidas por indivíduos de uma geração aos da seguinte; e essas ordens preservam seu caráter geral apenas pela mudança constante (adaptação).

APÊNDICE D
Alienação, renegados e as reivindicações dos parasitas

Nesta seção, eu gostaria de registrar algumas reflexões a respeito das questões mencionadas em seu título.

1. Como vimos, o conflito entre as emoções do indivíduo e o que se espera dele numa ordem ampliada é virtualmente inevitável: reações inatas tendem a forçar passagem pela rede de regras adquiridas que mantêm a civilização. Mas só Rousseau forneceu credenciais intelectuais e literárias a reações que outrora as pessoas cultas desprezavam por considerá-las simplesmente vulgares. Considerar o natural (leia-se, o "instintivo") bom ou desejável é, na obra dele, uma expressão de nostalgia pelo simples, pelo primitivo, mesmo pelo bárbaro, baseada na convicção de que se deve antes satisfazer aos próprios desejos que obedecer aos grilhões supostamente criados e impostos por interesses egoístas.

Em forma mais amena, a decepção com a incapacidade da nossa moralidade tradicional de produzir mais prazer encontrou expressão recente na nostalgia pelo pequeno que é belo e nas queixas sobre *The Joyless Economy* [A economia sem alegria] (Schumacher, 1973; Scitovsky, 1976, bem como grande parte da literatura sobre "alienação").

2. A mera existência não é capaz de conferir direitos ou reivindicações morais a nenhuma pessoa contra nenhuma outra. Pessoas ou grupos podem incorrer em deveres para com indivíduos específicos; mas, como parte do sistema de regras comuns que ajudam a humanidade a

crescer e se multiplicar, nem mesmo todas as vidas existentes têm direito moral à preservação. Aquele costume de algumas tribos esquimós que nos parece tão cruel — abandonar os membros senis à morte no início da migração sazonal — pode bem ser necessário para que consigam fazer com que seus descendentes cheguem à próxima estação. E é no mínimo uma questão em aberto se é um dever moral prolongar a vida de doentes incuráveis enquanto a medicina moderna puder fazê-lo. Essas questões surgem antes mesmo que nos perguntemos a quem seria válido dirigir tais reivindicações.

Os direitos derivam de sistemas de relações dos quais o requerente tornou-se parte por contribuir para a sua manutenção. Se ele deixa de fazê-lo ou jamais o faz (ou ninguém o fez por ele), não existem justificativas que poderiam fundamentar essas reivindicações. As relações entre os indivíduos só podem existir como produto de suas vontades, mas o mero desejo de um requerente não cria deveres para outros. Somente as expectativas criadas por uma longa prática podem criar deveres para os membros da comunidade em que predominam, o que é uma das razões pelas quais se deve exercer prudência na criação de expectativas, para que não se incorra num dever que não se pode cumprir.

3. O socialismo instruiu muitas pessoas de que têm direitos independentemente de sua conduta, independentemente de sua participação. À luz da moral que produziu a ordem ampliada da civilização, os socialistas, na verdade, incitam os indivíduos a infringir a lei.

Aqueles que afirmam ter sido "alienados" daquilo que a maioria deles aparentemente jamais aprendeu e que preferem viver como renegados parasitários, sugando os produtos de um processo para o qual se recusam a contribuir, são verdadeiros seguidores do apelo de Rousseau ao retorno à natureza e retratam como o maior dos males as instituições que tornaram possível a constituição de uma ordem de coordenação humana.

Não questiono o direito de nenhum indivíduo de retirar-se voluntariamente da civilização. Mas que "direito" legal essas pessoas têm? Devemos subsidiar seu eremitérios? Não pode existir o direito de ser isentado das regras sobre as quais a civilização repousa. Podemos ser capazes de assistir os fracos e os incapacitados, os muito jovens e os velhos, mas apenas se os sadios e os adultos se submeterem à disciplina impessoal que nos dá os meios de fazê-lo.

Seria completamente errado acreditar que esses equívocos se originam com os jovens. Estes refletem o que lhes foi ensinado, as declarações dos pais — e dos departamentos de psicologia e sociologia da educação e dos intelectuais típicos que eles produzem —, pálidas reproduções de Rousseau e Marx, Freud e Keynes transmitidas por intelectos cujo desejo deixou para trás o discernimento.

APÊNDICE E
O jogo, a escola das regras

AS PRÁTICAS QUE LEVARAM À FORMAÇÃO DA ORDEM espontânea têm muito em comum com as regras observadas nos jogos. Tentar determinar a origem da competição no jogo nos desviaria demais do caminho, mas podemos aprender muito com a magistral e reveladora análise do papel do jogo na evolução da cultura feita pelo historiador Johan Huizinga, cuja obra não recebeu a atenção que merecia dos estudiosos da ordem humana (1949: esp. 5, 11, 24, 47, 51, 59 e 100; e ver Knight, 1923/1936:46, 50, 60-66; e Hayek, 1976:71 e n. 10).

Huizinga escreve que "no mito e no ritual as grandes forças instintivas da vida civilizada têm sua origem: lei e ordem, comércio e lucro, artesanato e arte, poesia, sabedoria e ciência. Todas têm suas raízes no solo primevo do jogo" (1945:5); o jogo "cria ordem, é ordem" (1950:10); "Ele ocorre dentro de suas próprias fronteiras de tempo e de espaço de acordo com regras fixas e de uma maneira ordenada." (1949:15 e 51)

O jogo é de fato um claro exemplo de um processo no qual a obediência a regras comuns por elementos que buscam propósitos diferentes e mesmo conflitantes resulta numa ordem geral. Ademais, a teoria do jogo moderno demonstrou que, enquanto alguns jogos fazem com que os ganhos de um lado sejam igualmente contrabalançados pelos ganhos do outro, outros jogos podem produzir benefício líquido global. O desenvolvimento da estrutura ampliada de interação tornou-se possível pelo ingresso do indivíduo em jogos deste tipo, que levam ao aumento global da produtividade.

APÊNDICE F
Observações sobre a economia e a antropologia da população

AS QUESTÕES ANALISADAS NO CAPÍTULO 8 PREOCUPAM a economia desde sua origem. É possível afirmar que a ciência da economia começou em 1681, quando sir Willian Petty (colega um pouco mais velho de sir Isaac Newton e um dos fundadores da Royal Society) ficou fascinado com as causas do rápido crescimento de Londres. Para surpresa geral, ele descobriu que a cidade se tornara maior do que Paris e Roma juntas e, no ensaio *The Growth, Increase and Multiplication of Mankind* [O crescimento, o aumento e a multiplicação da espécie humana], explicou que maior densidade populacional permitia maior divisão do trabalho:

> "Cada indústria será dividida em tantas partes quanto possível. Na fabricação de um relógio, se um homem fizer os mecanismos, outro a mola e outro gravar o mostrador, o relógio será melhor e mais barato do que se o mesmo trabalho tivesse sido dado a um único homem.
> E também verificamos que nas cidades e nas ruas das grandes cidades, nas quais quase todos os habitantes se dedicam a uma só profissão, a mercadoria peculiar a esses lugares é mais bem-feita e mais barata do que em qualquer outro. Além disso, quando todos os tipos de manufaturas são fabricados num só local, cada navio que parte pode ter repentinamente uma carga com tantas particularidades e espécies quantas o porto ao qual se dirige pode receber."
> (1681/1899:II, 453 e 473)

Petty percebeu também que "a escassez de gente é a verdadeira pobreza; e uma nação na qual existem 8 milhões de pessoas é mais que duas vezes mais rica do que a mesma superfície de terra em que vivem apenas 4 milhões; pois os administradores que são o grande encargo podem servir quase tão bem ao número maior quanto ao menor" (1681/1899:11, 454-55 e 1927:11,48). Infelizmente, ao que parece, o ensaio especial que ele escreveu sobre "a multiplicação da espécie humana" se perdeu (1681/1899:1, 454-55 e 1927:1, 43), mas é evidente que o conceito geral foi transmitido a partir dele através de Bernard Mandeville (1715/1924:1, 356) a Adam Smith, que notou, como observado no capítulo 8, que a divisão do trabalho é limitada pela dimensão do mercado e que o crescimento populacional é crucial para a prosperidade de um país.

Se os economistas se preocuparam desde cedo com tais questões, os antropólogos, em tempos recentes, não deram atenção suficiente à evolução da moral (que, lógico, mal pode ser "observada"); e não só os primarismos do darwinismo social como também preconceitos socialistas desencorajaram o uso de abordagens evolutivas. Não obstante, encontramos um eminente antropólogo socialista, num estudo sobre a "revolução urbana", definindo "revolução" como "a culminância da mudança progressiva na estrutura econômica e na organização social das comunidades que causou, ou foi por ele acompanhada, um crescimento dramático da população afetada" (Childe, 1950:3). Encontram-se percepções importantes também nas obras de M. J. Herskovits, que declara:

> "A relação entre o tamanho da população e o ambiente e a tecnologia, de um lado, e a produção *per capita*, do outro, apresenta o maior desafio para o estudo das combinações que contribuem para criar excedente econômico num determinado povo.
>
> [...] Em geral, parece que o problema da sobrevivência é mais premente nas sociedades menores. Por outro lado, é entre os grupos maiores, onde aparece a especialização que é essencial para a produção de um número de bens maior do que bastaria para manter todo o povo, que a fruição do lazer social se torna possível." (1960:398)

O que os biólogos (por exemplo, Carr-Saunders, 1922; Wynne-Edwards, 1962; Thorpe, 1976) costumam retratar antes de tudo como um mecanismo para limitar a população pode ser definido igualmente bem como um mecanismo para aumentar ou, melhor, para adaptar a população a um equilíbrio a longo prazo com o poder de sustentação do território, aproveitando tanto novas possibilidades para manter um número maior de pessoas quanto qualquer prejuízo que um excesso temporário poderia causar. A natureza é tão inventiva num aspecto quanto no outro, e o cérebro humano foi, provavelmente, a estrutura que desempenhou com mais sucesso a tarefa de permitir a uma espécie superar todas as outras em poderio e alcance.

APÊNDICE G
A superstição e a preservação da tradição

ESTE VOLUME ESTAVA PRATICAMENTE PRONTO PARA impressão quando um comentário amigável do dr. D. A. Rees sobre uma palestra que eu dera chamou minha atenção a um notável estudo breve de sir James Frazer (1909) — *Psyche's Task* [A tarefa da psique] —, que tem como subtítulo o título desta seção. Nele, Frazer deseja, segundo explicou, "separar as sementes do bem das sementes do mal". O livro lida com meu tema central em muitos aspectos de modo similar, mas, sendo obra de um notável antropólogo, é capaz de fornecer, sobretudo a respeito do início do desenvolvimento da propriedade e da família, evidências empíricas tão mais numerosas, que eu gostaria de poder anexar a totalidade das suas 84 páginas como apêndice ilustrativo a esta obra. Entre as conclusões que são pertinentes para este volume, Frazer explica que a superstição, ao fortalecer o respeito ao casamento, contribuiu para a observância mais rigorosa da moralidade sexual tanto entre os casados quanto entre os solteiros. No capítulo sobre a propriedade privada (17), observa que "o efeito de tornar uma coisa tabu era dotá-la de uma energia sobrenatural ou mágica que a tornava praticamente inacessível a qualquer um, salvo o dono. Assim, o tabu se tornou um poderoso instrumento para fortalecer os laços — talvez nossos amigos socialistas dissessem atar as correntes — da propriedade privada". Mais adiante (19), ele cita um autor muito mais antigo que relata que, na Nova Zelândia, "uma forma de *tapu* era o maior elemento de preservação da propriedade" e um relato ainda mais antigo (20) a respeito das

Ilhas Marquesas, onde "sem dúvida a missão primária do tabu era definir a propriedade como a base de toda a sociedade".

Frazer conclui ainda (82) que "a superstição prestou um grande serviço à humanidade. Ela forneceu às massas uma motivação — errada, é verdade — para a ação correta; e é sem dúvida melhor para o mundo que os homens estejam certos pelos motivos errados que errados com as melhores intenções. O que interessa à sociedade é a conduta, não a opinião: contanto que nossas ações sejam justas e boas, não tem a menor importância para os outros que as nossas opiniões estejam equivocadas".

Agradecimentos do editor

O editor deseja expressar sua gratidão, sobretudo, à assistente do professor Hayek, Charlotte Cubitt, pelo excepcional auxílio na preparação do original deste livro para publicação. Deseja também agradecer aos seus próprios assistentes de pesquisa, Timothy Brien, Timothy Groseclose, Kenneth Rock, Kristen Moynihan e Leif Wenar, da Stanford University, pelo trabalho que fizeram no texto; e aos seus colegas dr. Mikhail Bernstam, da Hoover Institution; Jeffrey Friedman, da University of California, Berkeley; dr. Hannes Gissurarson, da University of Iceland; dr. Robert Hessen, da Hoover Institution; Gene Opton, de Berkeley; professor Gerard Radnitzky, da University of Trier; professor Julian Simon, da University of Maryland; e professor Robert G. Wesson, da Hoover Institution, por terem lido cuidadosamente o original e feito sugestões úteis. É evidente que eles não são responsáveis por nenhum erro que tenha permanecido.

W. W. Bartley III
Stanford, Califórnia
Maio de 1987

Bibliografia

ALCHIAN, Armen (1950), "Uncertainty, Evolution and Economic Theory", *Journal of Political Economy 58,* reprinted in revised form in Alchian (1977).

_____. (1977), *Economic Forces at Work* (Indianapolis: Liberty Press).

ALLAND, A., Jr. (1967), *Evolution and Human Behavior* (New York: Natural History Press).

ALVAREZ, Louis W. (1968), "Address to Students", in *Les Prix Nobel.*

BABBAGE, Charles (1832), *On the Economy of Machinery and Manufacture* (London: C. Knight).

BAECHLER, Jean (1975), *The Origin of Capitalism* (Oxford: Blackwell).

BAILEY, S. (1840), *A Defense of Joint-Stock Banks and Country Issues* (London: James Ridgeway).

BARKER, Ernest (1948), *Traditions of Civility* (Cambridge: Cambridge University Press).

BARRY, Brian M. (1961), "Justice and the Common Good", *Analysis 19.*

BARTLEY, W. W., III (1962/84), *The Retreat to Commitment* (New York: Alfred A. Knopf, Inc., 1962), 2nd, revised and enlarged edition (La Salle: Open Court, 1984).

_____. (1964), "Rationality versus the Theory of Rationality", in Mario Bunge, ed.: *The Critical Approach to Science and Philosophy* (New York: The Free Press).

_____. (1978), "Consciousness and Physics: Quantum Mechanics, Probability, Indeterminism, the Body-Mind Problem", in *Philosophia,* 1978, pp. 675-716.

_____. (1982), "Rationality, Criticism and Logic", *Philosophia,* 1982, pp. 121-221.

_____. (1985/87), "Knowledge Is Not a Product Fully Known to Its Producer", in Kurt R. Leube and Albert Zlabinger, eds., *The Political Economy of Freedom* (Munich: Philosophia Verlag, 1985); and in revised and expanded form as "Alienation

Alienated: The Economics of Knowledge versus the Psychology and Sociology of Knowledge", in Radnitzky and Bartley (1987).

BATESON, William (1913), *Problems of Genetics* (New Haven: Yale University Press).

BAUER, Peter (1957), *Economic Analysis and Policy in Underdeveloped Countries* (London: Cambridge University Press).

————. (1971), "Economic History as a Theory", *Economica N.S. 38*, pp. 163-179.

————. (1972), *Dissent on Development* (Cambridge, Mass.: Harvard University Press).

————. (1981), *Equality. The Third World and Economic Delusions* (Cambridge, Mass.: Harvard University Press).

BAUER, Peter and Basil S. Yamey (1957), *The Economics of Underdeveloped Countries* (Chicago: University of Chicago Press).

BAUMGARDT, D. (1952), *Bentham and the Ethics of Today* (Princeton: Princeton University Press).

BELL, Daniel and Irving Kristol, eds. (1971), *Capitalism Today* (New York: Basic Books, Inc.).

BENTHAM, Jeremy (1789/1887), *Works*, ed. John Bowring (Edinburgh: W. Tait).

BLOCH, Ernst (1954-59), *Das Prinzip Hoffnung* (Berlin: Aufbau Verlag; English translation, *The Principle of Hope* (Cambridge, Mass.: MIT Press, 1986)).

BLUM, H. F. (1951), *Time's Arrow and Evolution* (Princeton: Princeton University Press).

BONNER, John Tyler (1980), *The Evolution of Culture in Animals* (Princeton: Princeton University Press).

BOPP, F. (1927), *Geschichte der indogermanischen Sprachwissenschaft* (Berlin: Grundriss der indogermanischen Sprach-und Altertumskunde).

BORN, Max (1968), *My Life and My Views* (New York: C. Scribner).

BOSERUP, Esther (1965), *The Conditions of Agricultural Growth* (London: George Allen & Unwin).

BOSERUP, Esther (1981), *Population and Technological Change. A Study of Long Term Trends* (Chicago: University of Chicago Press).

BRAUDEL, Fernand (1981), *Civilization and Capitalism: 15th-18th Century, Vol. I, The Structures of Everyday Life: The Limits of the Possible* (New York: Harper & Row).

————. (1982a), *Civilization and Capitalism: 15th-18th Century, Vol. II, The Wheels of Commerce* (New York: Harper & Row).

————. (1982b), in *Le Monde*, March 16.

————. (1984), *Civilization and Capitalism: 15th-18th Century, Vol. III, The Perspective of the World-(New* York: Harper & Row).

BULLOCK, Allan and Oliver Stallybrass, eds. (1977), *The Harper Dictionary of Modern Thought* (New York: Harper & Row). Published in Britain as *The Fontana/Harper Dictionary of Modern Thought*.

BURKE, E. P. (1816), "Letter to a Member of the National Assembly", in *Works* (London: F. C. & J. Rivington).

BUTLER, Samuel (1663-1678), *Hudibras*, Part I (London: J. G. for Richard Marriot under Saint Dunstan's Church in Fleet Street, 1663); Part II (London: T. R. for

BIBLIOGRAFIA

John Martyn and James Allestry at the Bell in St. Paul's Church Yard, 1664); Part III (London: Simon Miller at the Sign of the Star at the West End of St. Paul's, 1678).

CAMPBELL, B. G., ed. (1972), *Sexual Selection and the Descent of Man, 1871-1971* (Chicago: Aldine Publishing Co.).

CAMPBELL, Donald T. (1974), "Evolutionary Epistemology", in P. A. Schilpp, ed.: *The Philosophy of Karl Popper* (La Salle: Open Court, 1974), pp. 413-463, reprinted in Radnitzky and Bartley (1987).

_____. (1977), "Descriptive Epistemology", William James Lectures, Harvard University, mimeographed.

CARLYLE, Thomas (1909), *Past and Present* (Oxford: Oxford University Press).

CARR-SAUNDERS, A. M. (1922), *The Population Problem: A Study in Human Evolution* (Oxford: Clarendon Press).

CHAGNON, Napoleon A. and William Irons, eds. (1979), *Evolutionary Biology and Human Social Behaviour* (North Scituate, Mass.: Duxbury Press).

CHAPMAN, J. W. (1964), "Justice and Fairness", *Nomos 6, Justice* (New York: New York University Press).

CHILDE, V. Gordon (1936), *Man Makes Himself* (New York: Oxford University Press).

_____. (1936/81), *Man Makes Himself*, Introduction by Sally Green (Bradford-on-Avon, Wiltshire: Moonraker, 1981).

_____. (1950), "The Urban Revolution", *The Town Planning Report*.

CLARK, Grahame (1965), "Traffic in Stone Axe and Adze Blades", *Economic History Review 18*, 1965, pp. 1-28.

CLARK, R. W. (1971), *Einstein: The Life and Times* (New York: World Publishing Company).

CLIFFORD, W. K. (1879), "On the Scientific Basis of Morals" (1875) and "Right and Wrong: the Scientific Ground of their Distinction" (1876), in *Lectures and Essays, Vol. 2* (London: Macmillan & Co.).

COASE, R. H. (1937), "The Nature of the Firm", *Economica 4*.

_____. (1960), "The Problem of Social Cost", *Journal of Law and Economics 3*.

_____. (1976), "Adam Smith's View of Man", *Journal of Law and Economics*.

COHEN, J. E. (1984), "Demographic Doomsday Deferred", *Harvard Magazine*.

COHEN, Morris R. (1931), *Reason and Nature* (New York: Harcourt, Brace and Co.).

COHN, Norman (1970), *The Pursuit of the Millennium*, revised and expanded edition (New York: Oxford University Press).

COMTE, A. (1854), "La superiorité necessaire de la morale demontrée sur la morale revelée", in *Système de la politique positive, I* (Paris: L. Mathias), p. 356.

CONFÚCIO, *Analects*, trans. A. Waley (London: George Allen & Unwin, Ltd., 1938).

CURRAN, Charles (1958), *The Spectator*, July 6, p. 8.

DAIRAINES, Serge (1934), *Un Socialisme d'État quinze Siecles avant Jesus-Christ* (Paris: Librairie Orientaliste P. Geuthner).

OS ERROS FATAIS DO SOCIALISMO

DEMANDT, Alexander (1978), *Metaphern fur Geschichte,* (Munich: Beck).

DURHAM, William (1979), "Towards a Co-evolutionary Theory of Human Biology and Culture", in N. Chagnon and W. Irons, eds., *Evolutionary Biology and Human Social Behaviour* (North Scituate, Mass.: Duxbury Press).

EDELMAN, Gerald M. (1987), *Neural Darwinism: The Theory of Neuronal Group Selection* (New York: Basic Books).

EDMONDS, J. M. (1959), *The Fragments of Attic Comedy, Vol. II* (Leiden: E. J. Brill), in three volumes 1957-61.

EINAUDI, Luigi (1948), "Greatness and Decline of Planned Economy in the Hellenistic World", *Kyklos II, pp.* 1 93-210, 289-316.

EINSTEIN, A. (1949/56), "Why Socialism?", in *Out of My Later Years* (New York: Philosophical Library); see also *Monthly Review,* May 1949.

EMMET, Dorothy M. (1958), *Function, Purpose and Powers: Some Concepts in the Study of Individuals and Societies* (London: Macmillan).

ESTRABÃO, *The Geography of Strabo,* trans. Horace L. Jones (London: Heinemann, 1917).

EVANS-PRITCHARD, E. (1965), *Theories of Primitive Religion* (Oxford: Clarendon Press).

EVERETT, C. W. (1931), *The Education of Jeremy Bentham* (New York: Columbia University Press).

FARB, Peter (1968), *Man's Rise to Civilization* (New York: Dutton).

_____. (1978), *Humankind* (Boston: Houghton Mifflin).

FERGUSON, Adam (1767/1773), *An Essay on the History of Civil Society,* third edition (London: A. Millar and T. Caddel).

_____. (1792), *Principles of Moral and Political Science, Vol. II* (Edinburgh: A. Strahan and T. Caddel).

FERRI, Enrico (1895), *Annales de l'Institut International de Sociologie I.*

FINLEY, Moses I. (1973), *An Ancient Economy* (London: Chatto and Windus, Ltd.).

FLEW, A. G. N. (1967), *Evolutionary Ethics* (London: Macmillan). *Fontana/Harper Dictionary of Modern Thought* (1977), see Bullock and Stallybrass.

FRAZER, J. G. (1909), *Psyche's Task* (London: Macmillan).

FREUD, Sigmund (1930), *Civilization and Its Discontents* (London: Hogarth Press).

GHISELIN, Michael T. (1969), *The Triumph of the Darwinian Method* (Berkeley: University of California Press).

GOSSEN, H. H. (1854/1889/1927/1983), *Entwicklung der Gesetze des menschlichen Verkehrs and der daraus fliefienden Regeln fur menschliches Handeln* (Braunschweig: Vieweg, 1854; Berlin: R. L. Prager, 1889; third edition, with introduction by F. A. Hayek (Berlin: R. L. Prager, 1927); English translation: *The Laws of Human Relations and the Rules of Human Action Derived Therefrom,* trans. Rudolph C. Blitz (Cambridge: MIT Press, 1983)).

218

BIBLIOGRAFIA

GRUBER, Howard E. (1974), *Darwin on Man: A Psychological Study of Scientific Creativity, together with Darwin's Early and Unpublished Notebooks,* transcribed and annotated by Paul H. Barrett (New York: E. P. Dutton & Co., Inc.).

HAAKONSSEN, Knud (1981), *The Science of a Legislator: the Natural Jurisprudence of David Hume and Adam Smith* (Cambridge: Cambridge University Press).

HARDIN, Garrett James (1961), *Nature and Man's Fate* (New York: The New American Library).

————. (1980), *Promethean Ethics: Living with Death, Competition and Triage* (St. Louis: Washington University Press).

HARDY, Alister (1965), *The Living Stream: Evolution and Man* (New York: Harper & Row).

HAYEK, F. A. (1935), ed., *Collectivist Economic Planning: Critical Studies on the Possibilities of Socialism* (London: George Routledge & Sons).

————. (1936/48), "Economics and Knowledge", reprinted in Hayek (1948).

————. (1941), *The Pure Theory of Capital* (London: Routledge & Kegan Paul, Ltd.).

————. (1945/48), "The Use of Knowledge in Society", reprinted in Hayek (1948).

————. (1948), *Individualism and Economic Order* (London: Routledge & Kegan Paul, Ltd.).

————. (1949/67), "The Intellectuals and Socialism", *University of Chicago Law Review 16,* Spring 1949; reprinted in Hayek (1967).

————. (1951), *John Stuart Mill and Harriet Taylor: Their Friendship and Subsequent Marriage* (London: Routledge & Kegan Paul).

————. (1952), *The Sensory Order* (Chicago: University of Chicago Press).

————. (1952/79), *The Counter-Revolution of Science: Studies on the Abuse of Reason* (Indianapolis: Liberty Press, 1979).

————. (1954/1967), "History and Politics", in F. A. Hayek, ed., *Capitalism and the Historians* (London: Routledge & Kegan Paul, Ltd., 1954), reprinted in Hayek (1967).

————. (1960), *The Constitution of Liberty* (London: Routledge & Kegan Paul, Ltd.).

————.. (1963/67), "The Legal and Political Philosophy of David Hume", *Il Politico,* XXVIII/4, reprinted in Hayek (1967).

————. (1964) "The Theory of Complex Phenomena", in Mario A. Bunge, ed., *The Critical Approach to Science and Philosophy: Essays in Honor of Karl R. Popper* (New York: Free Press, 1964), reprinted in Hayek (1967).

————. (1967), *Studies in Philosophy, Politics and Economics* (London: Routledge & Kegan Paul, Ltd.).

————. (1967/78a), "Dr. Bernard Mandeville", in *Proceedings of the British Academy, 52,* reprinted in Hayek (1978).

————. (1967/78b), "The Confusion of Language in Political Thought", address delivered in German to the Walter Eucken Institute in Freiburg im Breisgau and published in 1968 as an Occasional Paper by the Institute of Economic Affairs, London; reprinted in Hayek (1978).

OS ERROS FATAIS DO SOCIALISMO

_____. (1970/78), *Die Irrtümer des Konstruktivismus and die Grundlagen legitimer Kritik gesellschaftlicher Gebilde* (Munich and Salzburg: Fink Verlag, 1970), reprinted (Tubingen: J. C. B. Mohr (Paul Siebeck) Verlag, 1975), published in English translation in Hayek (1978).

_____. (1972/78), *A Tiger by the Tail* (London: Institute of Economic Affairs).

_____. (1973), *Law, Legislation and Liberty, Vol. I, Rules and Order* (London: Routledge & Kegan Paul, Ltd.).

_____. (1976), *Law, Legislation and Liberty, Vol. II, The Mirage of Social Justice* (London: Routledge & Kegan Paul, Ltd.).

_____. (1976/78), *Denationalisation of Money* (London: The Institute of Economic Affairs, second edition, revised and expanded, 1978).

_____. (1978), *New Studies in Philosophy, Politics, Economics and the Histoy of Ideas* (London: Routledge & Kegan Paul, Ltd.).

_____. (1979): *Law, Legislation and Liberty, Vol. III, The Political Order of a Free People* (London: Routledge & Kegan Paul, Ltd.).

_____. (1983), "The Weasel Word 'Social'", *Salisbury Review,* autumn 1983.

_____. (1986), "Market Standards for Money", *Economic Affairs,* April/May, pp. 8-10.

HEILBRONER, Robert (1970), *Between Capitalism and Socialism: Essays in Political Economics* (New York: Random House).

HERDER, J. G. (1784/1821), *Ideen zur Philosophie der Geschichte der Menschheit* (Leipzig: J. F. Hartknoch, second ed., 1821). See also *Abhandlung iiber den Ursprung der Sprache,* 1772.

HERSKOVITS, M. J. (1948), *Man and His Works* (New York: Alfred A. Knopf, Inc.).

_____. (1960), *Economic Anthropology: A Study in Comparative Economics* (New York: Alfred A. Knopf, Inc.).

HIRSCHMANN, Albert O. (1977), *The Passions and the Interests: Political Arguments for Capitalism Before Its Triumph* (Princeton: Princeton University Press).

HOBHOUSE, L. T. (1911), *Liberalism* (New York: Henry Holt & Co.).

_____. (1922), *The Elements of Social Justice* (New York: Henry Holt & Co.).

HOLDSWORTH, W. S. (1924), *A History of English Law* (London: Methuen).

HOWARD, J. H. (1982), *Darwin* (Oxford: Oxford University Press).

HUIZINGA, Johan (1949), *Homo Ludens: A Study of the Play Element in Culture* (London: Routledge & Kegan Paul).

HUMBOLDT, Wilhelm von (1836/1903), *Uber die Verschiedenheit des menschlichen Sprachbaues and ihren Einfluss auf die geistige Entwicklung des Menschengeschlechtes* (Berlin: Druckerei der Koniglichen Akademie der Wissenschaften), reprinted in *Gesammelte Schriften, VII/1* (Berlin: B. Behr, 1903-36).

_____. (1903-36), *Gesammelte Schriften* (Berlin: B. Behr); also (Darmstadt, 1977), eds. A. Flitner and K. Giel.

HUME, David (c1757/1779/1886), *Dialogues concerning Natural Religion,* in David Hume, *Philosophical Works, Vol. II.,* ed. T. H. Green and T. H. Grose (London: Longmans, Green).

BIBLIOGRAFIA

_____. (1777/1886), *Enquiry Concerning Human Understanding*, in David Hume, *Philosophical Works, Vol. III*, ed. T. H. Green and T. H. Grose (London: Longmans, Green).

_____. (1741, 1742, 1758, 1777/1886), *Essays, Moral, Political and Literary*, in David Hume, *Philosophical Works, Vols. III and IV*, ed. T. H. Green and T. H. Grose (London: Longmans, Green).

_____. (1762), *History of England from the Invasion of Julius Caesar to the Revolution of 1688*, in six volumes (London: Printed for A. Millar in the Strand).

_____. (1882), *The Philosophical Works of David Hume*, eds. T. H. Green & T. H. Grose (London: Longmans, Green).

_____. (1739/1886), *A Treatise of Human Nature*, in David Hume, *Philosophical Works, Vols. I and II*, ed. T. H. Green and T. H. Grose (London: Longmans, Green).

HUXLEY, Julian S. and Thomas Henry Huxley (1947), *Touchstone for Ethics, 1893-1943* (New York: Harper).

JAY, Martin (1973), *The Dialectical Imagination* (Boston: Little, Brown).

JONES, E. L. (1981), *The European Miracle* (Cambridge: Cambridge University Press).

JOUVENEL, Bertrand de (1957), *Sovereignty: An Inquiry into the Political Good*, translated by J. F. Huntington (Chicago: University of Chicago Press).

KANT, Immanuel (1798), *Der Streit der Fakultaten*.

KELLER, R. (1982), "Zur Theorie sprachlichen Wandels", *Zeitschrift fur Germanistische Linguistik 10*, 1982, pp. 1-27.

KERFERD, G. B. (1981), *The Sophistic Movement* (Cambridge: Cambridge University Press), esp. Chapter 10: "The nomos-physis Controversy".

KEYNES, J. M. (1923/71), *A Tract on Monetary Reform*, reprinted in *Collected Works* (London: Macmillan, 1971), IV.

_____. (1938/49/72), "My Early Beliefs", written in 1938, printed in *Two Memoirs* (London: Rupert Hart-David, 1949), and reprinted in *Collected Works, Vol. X* (London: MacMillan, 1972).

KIRSCH, G. (1981), "Ordnungspolitik mir graut vor dir", *Frankfurter Allgemeine Zeitung*, 18 July 1981.

KNIGHT, Frank H. (1923/36), *The Ethics of Competition and Other Essays* (London: G. Allen & Unwin, Ltd., 1936); *Quarterly Journal of Economics*, 1923.

LEAKEY, R. E. (1981), *The Making of Mankind* (New York: Dutton).

LIDDELL, H. G. and R. Scott (1940), *A Greek-English Lexicon*, 9th edition (London: Clarendon Press).

LOCKE, John (1676/1954), *Essays on the Laws of Nature*, ed. W. Leyden (Oxford: Clarendon Press).

_____. (1690/1887), *Two Treatises on Civil Government*, 2nd edition (London: Routledge).

OS ERROS FATAIS DO SOCIALISMO

_____. (1690/1924), *Essay Concerning Human Understanding*, ed. A. S. Pringle-Pattison (Oxford: Clarendon Press).

MACHLUP, Fritz (1962), *The Production and Distribution of Knowledge* (Princeton: Princeton University Press).

MAIER, H. (1972), "K6nnen Begriffe die Gesellschaft verandern?", in *Sprache and Politik, Bergedorfer Gesprachkreis 41, Tagung, May* 1972 Protokoll.

MAINE, H. S. (1875), *Lectures on the Early History of Institutions* (London: John Murray).

MALINOWSKI, B. (1936), *Foundations of Faith and Morals* (London: Oxford University Press).

MANDEVILLE, B. (1715/1924), *The Fable of the Bees*, ed. F. B. Kaye (Oxford: Clarendon Press).

MAYR, E. (1970), *Populations, Species, and Evolution* (Cambridge: Harvard University Press).

_____. (1982), *The Growth of Biological Thought* (Cambridge: Harvard University Press).

MCCLEARY, G. F. (1953), *The Malthusian Population Theory* (London: Faber & Faber).

MCNEILL, William H. (1981), "A Defence of World History", *Royal Society Lecture*.

MEDAWAR, P. B. and J. 5.(1983), *Aristotle to Zoos: A Philosophical Dictionary of Biology* (Cambridge: Harvard University Press).

MEDICK, Hans (1973), *Naturzustand and Naturgeschichte der biirgerlichen Gesellschaft; Die Urspriinge der biirgerlichen Sozialtheorie als Geschichtsphilosophie and Sozialwissenschaft bei Samuel Pufendorf, John Locke and Adam Smith* (Gottingen: Vandenhoeck & Ruprecht).

MENGER, Carl (1871/1934/1981), *Principles of Economics* (New York and London: New York University Press). Reprinted in German by the London School of Economics in 1934, Vol. I: see below.

_____. (1883/1933/1985), *Problems of Economics and Sociology*, trans. Francis J. Nock, ed. Louis Schneider (Urbana: University of Illinois Press, 1963); republished as *Investigations into the Method of the Social Sciences with Special Reference to Economics*, with new introduction by Lawrence White (New York: New York University Press). Reprinted in German by the London School of Economics in 1933, Vol. II: see below.

_____. (1933-36), *The Collected Works of Carl Menger*, reprint in four volumes, in German (London: London School of Economics and Political Science (Series of Reprints of Scarce Tracts in Economic and Political Science, no. 17-20)).

_____. (1968-70), *Gesammelte Werke* (Tubingen: J. C. B. Mohr (Paul Siebeck) Verlag).

MILL, John Stuart (1848/1965), *Principles of Political Economy, Vols.* 2 and 3 of *Collected Works of John Stuart Mill*, ed. J. M. Robson (London: Routledge & Kegan Paul, Ltd.).

MILLER, David (1976), *Social Justice* (Oxford: Oxford University Press).

BIBLIOGRAFIA

MISES, Ludwig von (1949), *Human Action: A Treatise on Economics* (New Haven: Yale University Press).

_____. (1957), *Theory and History* (New Haven: Yale University Press).

_____. (1922/81): *Socialism* (Indianapolis: Liberty Classics, 1981).

MONOD, Jacques (1970/77), *Chance and Necessity* (Glasgow: Collins/Fount paperback, 1977); first published as *Le hazard ou la necessite* (Paris: Editions du Seuil, 1970).

_____. (1970), in A. Tiseliu and S. Nilsson, eds.: *The Place of Values in a World of Facts* (Stockholm: Nobel Symposium 14).

MONTESQUIEU, Charles Louis de Secondat de (1748), *De l'Esprit des loix, I* (Geneva: Barrillot & Fils).

MOORE, G. E. (1903), *Principia Ethica* (Cambridge: Cambridge University Press).

MYRDAL, Gunnar (1960), *Beyond the Welfare State* (New Haven: Yale University Press).

NEEDHAM, Joseph (1943), *Time the Refreshing River* (London: Allen & Unwin).

_____. (1954), *Science and Civilisation in China* (Cambridge: Cambridge University Press, 1954-85), in 6 volumes and numerous parts.

NORTH, D. C. (1973) and R. P. Thomas, *The Rise of the Western World* (Cambridge: Cambridge University Press).

_____. (1981), *Structure and Change in Economic History* (New York: W. W. Norton & Co.).

O'BRIEN, C. C. (1986), "God and Man in Nicaragua", *The Atlantic 258*, August 1986.

ORWELL, George (1937), *The Road to Wigan Pier* (London: V. Gollancz).

PATTEN, Simon N. (1899), *The Development of English Thought: A Study in the Economic Interpretation of History* (New York: The Macmillan Company; London: Macmillan and Co., Ltd.).

PEI, Mario (1978), *Weasel Words: The Art of Saying What You don't Mean* (New York: Harper & Row).

PETTY, William (1681/1899), "The Growth, Increase and Multiplication of Mankind" (1681), in *The Economic Writings of Sir William Petty*, ed. C. H. Hull, vol. 2 (Cambridge: Cambridge University Press, 1899).

_____. (1927), *The Petty Papers: Some Unpublished Writings of Sir William Petty*, ed. Marquis of Lansdowne (London: Constable & Co.).

PIAGET, Jean (1929), *The Child's Conception of the World* (London: K. Paul, Trench, Trubner & Co., Ltd.).

PIERSON, N. G. (1902/1912), *Principles of Economics*, translated from the Dutch by A. A. Wotzel (London, New York: Macmillan and Co., Ltd.).

PIGGOTT, Stuart (1965), *Ancient Europe from the beginning of Agriculture to Classical Antiquity* (Edinburgh: Edinburgh University Press).

PIRENNE, J. (1934), *Histoire des institutions et du droit prive de l'ancienne Egypte* (Brussels: Edition de la Fondation Egyptologique Reine Elisabeth).

POLANYI, Karl (1945), *Origin of Our Time: The Great Transformation* (London: V. Gollancz, Ltd.).

_____. (1977), *The Livelihood of Man,* ed. H. W. Pearson (New York: Academic Press).

POPPER, K. R. (1934/59), *The Logic of Scientific Discovery* (London: Hutchinson, 1959).

_____. (1945/66), *The Open Society and Its Enemies* (London: Routledge and Kegan Paul, Ltd., sixth edition, 1966).

_____. (1948/63), "Towards a Rational Theory of Tradition", lecture given in 1948, published in *The Rationalist Annual,* 1949; reprinted in Popper (1963).

_____. (1957), *The Poverty of Historicism* (London: Routledge & Kegan Paul, Ltd.).

_____. (1963), *Conjectures and Refutations* (London: Routledge & Kegan Paul, Ltd.).

_____. (1972), *Objective Knowledge: An Evolutionary Approach* (London: Oxford University Press).

_____. (1974/76), "Autobiography", in P. A. Schilpp, ed.: *The Philosophy of Karl Popper* (La Salle: Open Court, 1974), pp. 3-181, republished, revised, as *Unended Quest* (London: Fontana/Collins, 1976).

_____. (1977/84) and J. C. Eccles, *The Self and Its Brain* (London: Routledge & Kegan Paul, Ltd., 1984).

_____. (1982a), *The Open Universe: An Argument for Indeterminism,* Vol. II of the *Postscript to the Logic of Scientific Discovery,* ed. W. W. Bartley, III (London: Hutchinson).

_____. (1982b), *Quantum Theory and the Schism in Physics, Vol. III* of the *Postscript to the Logic of Scientific Discovery,* ed. W. W. Bartley, III (London: Hutchinson).

_____. (1983), *Realism and the Aim of Science,* Vol. I of the *Postscript to the Logic of Scientific Discovery,* ed. W. W. Bartley, III (London: Hutchinson).

PRIBRAM, K. (1983), *A History of Economic Reasoning* (Baltimore: Johns Hopkins University Press).

PRIGOGINE, Ilya (1980), *From Being to Becoming: Time and Complexity in the Physical Sciences* (San Francisco: W. H. Freeman).

QUINTON, A. (1977), "Positivism", in *Fontana/Harper Dictionary of Modern Thought* (New York: Harper & Row).

RADNITZKY, Gerard and W. W. Bartley, III, eds. (1987): *Evolutionary Epistemology, Rationality, and the Sociology of Knowledge* (La Salle: Open Court).

RAWLS, John (1971), *A Theory of Justice* (Cambridge: Harvard University Press).

RENFREW, Colin (1972), *Emergence of Civilisation* (London: Methuen).

_____. (1973), *The Explanation of Culture Change: Models in Prehistory* (London: Duckworth).

ROBERTS, P. C. (1971), *Alienation in the Soviet Economy* (Albuquerque: University of New Mexico Press).

ROSTOVTZEFF, M. (1930), "The Decline of the Ancient World and its Economic Explanation", *Economic History Review, II; A History of the Ancient World* (Oxford:

Clarendon Press); *L'empereur Tibère et le culte imperial* (Paris: F. Alcan), and *Gesellschaft and Wirtschaft im Romischen Kaiserreich* (Leipzig: Quelle & Meyer).

————. (1933), Review of J. Hasebrock, *Griechische Wirtschafts- and Handelsgeschichte*, in *Zeitschrift fur die gesamte Staatswirtschaft 92*, pp. 333-39.

ROUSSEAU, Jean Jacques (1762), *Social Contract*.

RUSE, Michael (1982), *Darwinism Defended: A Guide to the Evolution Controversies* (Reading, Mass.: Addison-Wesley).

RUSSELL, Bertrand (1931), *The Scientific Outlook* (New York: W. W. Norton & Company, Inc.).

————. (1940), "Freedom and Government" in R. N. Anshen, ed., *Freedom, Its Meaning* (New York: Harcourt, Brace & Co.).

————. (1910/1966), *Philosophical Essays*, revised edition (London: Allen & Unwin).

RUTLAND, Peter (1985), *The Myth of the Plan: Lessons of Soviet Planning Experience* (London: Hutchinson).

RYLE, Gilbert (1945-46) "Knowing How and Knowing That", *Proceedings of the Aristotelian Society 46*.

————. (1949), *The Concept of Mind* (London: Hutchinson's University Library).

SAVIGNY, F. C. (1814/31), *Vom Beruf unserer Zeit fur Gesetzgebung und Rechtswissenschaft* (Heidelberg: Mohr and Zimmer, 1814), trans. Abraham Hayward, as *Of the Vocation of Our Age for Legislation and Jurisprudence* (London: Littlewood & Co., 1831).

————. (1840), *System des heutigen Romischen Rechts* (Berlin: Veit, 184049).

SCHELSKY, H. (1975), *Die Arbeit tun die Anderen* (Opladen: Westdeutscher Verlag).

SCHILLER, J. C. F. (1793), *Uber die dsthetische Erziehung des Menschen*, in *Sdmtliche Werke* (Stuttgart and Tubingen: J. G. Cotta, 1812-15), Vol. 8; republished as *Uber die dsthetische Erziehung des Menschen in einer Reihe von Briefen*, Kurt Hoffmann, ed. (Bielefeld: Velhagen & Klasing, 1934).

SCHOECK, Helmut (1973), "Die Sprache des Trojanischen Pferd", in *Die Lust am schlechten Gewissen* (Freiburg: Herder).

————. (1966/69), *Envy* (London: Secker & Warburg).

SCHRODINGER, Erwin (1944), *What Is Life? The Physical Aspect of the Living Cell* (Cambridge, The University Press).

SCHULZE, H. (1913), *Deutsches Fremdworterbuch*.

SCHUMACHER, E. F. (1973), *Small Is Beautiful* (New York: Harper & Row).

SCHUMPETER, J. (1954), *History of Economic Analysis* (New York: Oxford University Press).

SCITOVSKY, Tibor (1976), *The Joyless Economy: an Inquiry into Human Satisfaction and Consumer Dissatisfaction* (New York: Oxford University Press).

SEGERSTEDT, Torgny (1969), "Wandel der Gesellschaft", in *Bild der Wissenschaft 6*.

SETON-WATSON, H. (1983), *Times Literary Supplement*, 18 November, p. 1270.

SHAFAREVICH, Igor Rostislavovich (1975/1980), *The Socialist Phenomenon* (New York: Harper & Row).

SIMON, Julian L. (1977), *The Economics of Population Growth* (Princeton: Princeton University Press).

_____. (1978), ed., *Research in Population Economics* (Greenwich, Conn.: JAI Press).

_____. (1981 a), "Global Confusion, 1980: A Hard Look at the Global 2000 Report", in *The Public Interest 62*.

_____. (1981b), *The Ultimate Resource* (Princeton: Princeton University Press).

SIMON, Julian L. and Hermann Kahn, eds. (1984), *The Resourceful Earth* (Oxford: Basil Blackwell).

SIMPSON, G. G. (1972), "The Evolutionary Concept of Man", in B. G. Campbell, ed., *Sexual Selection and the Descent of Man, 1871-1971* (Chicago: Aldine Publishing Co.).

SKINNER, B. F. (1955-56), "Freedom and the Control of Man", *American Scholar 25, pp.* 47-65.

SMITH, Adam (1759), *Theory of Moral Sentiments* (London: A. Millar).

_____. (1759/1911), *Theory of Moral Sentiments* (London: G. Bell and Sons).

_____. (1776/1976), *An Inquiry into the Nature and Causes of the Wealth of Nations* (Oxford: Oxford University Press, 1976).

_____. (1978), *Lectures on jurisprudence*, ed. R. L. Meek, D. D. Raphael, P. G. Stein (Oxford: Clarendon Press).

SOMBART, Werner (1902), *Der moderne Kapitalismus* (Leipzig: Duncker & Humblot).

STEIN, Peter (1966), *Regulae Iuris* (Edinburgh: University Press).

STEWART, Dugald (1828/1854-60), *Works,* ed. W. Hamilton (Edinburgh: T. Constable).

SULLIVAN, James (1795), *The Altar of Baal thrown down; or, the French Nation defended against the pulpit slander of David Osgood* (Philadelphia: Aurora Printing Office).

TEILHARD de Chardin, P. (1959), *The Phenomenon of Man,* (New York: Harper).

THORPE, W. H. (1963), *Learning and Instinct in Animals* (London: Methuen).

_____. (1966/76), *Science, Man, and Morals* (Ithaca: Cornell University Press); republished (Westport, Conn: Greenwood Press, 1976).

_____. (1969), *Der Mensch in der Evolution,* with an introduction by Konrad Lorenz (Munchen: Nymphenburger Verlagshandlung). Translation of *Science, Man and Morals* (Ithaca: Cornell University Press, 1966).

_____. (1978), *Purpose in a World of Chance* (Oxford: Oxford University Press).

TROTTER, Wilfred (1916), *Instincts of the Herd in Peace and War* (London: T. F. Unwin, Ltd.).

TYLOR, Edward B. (1871), *Primitive Culture* (London: J. Murray).

ULLMANN-MARGALIT, Edna (1977), *The Emergence of Norms* (Oxford: Clarendon Press).

_____. (1978), "Invisible Hand Explanations", *Synthese 39,* 1978.

UNITED Nations (1980), "Concise Report of the World Population Situation in 1979: Conditions, Trends, Prospects and Policies", *United Nations Population Studies 72.*

VICO, G. (1854), *Opere,* 2nd ed., ed. G. Ferrari (Milan).

BIBLIOGRAFIA

VORZIMMER, Peter J. (1977), *Charles Darwin: the Years of Controversy;* The Origin of Species *and Its Critics, 1859-1882* (Philadelphia: Temple University Press).

WELLS, H. G. (1984), *Experience in Autobiography* (London: Faber & Faber).

WESTERMARCK, E. A. (1906-08), *The Origin and Development of the Moral Ideas* (London: MacMillan and Co.).

WIELAND, C. M. (1800), *Aristipp and einige seiner Zeitgenossen* (Leipzig: B. G. J. Goschen).

WIESE, Leopold von (1917), *Der Liberalismus in Vergangenheit and Zukunft* (Berlin: S. Fischer).

WILLIAMS, George C., ed. (1966), *Adaptation and Natural Selection* (Princeton: Princeton University Press).

_____. (1971), *Group Selection* (Chicago: Aldine-Atherton).

_____. (1975), *Sex and Evolution* (Princeton: Princeton University Press).

WILLIAMS, Raymond (1976), *Key Words: A Vocabulary of Culture and Society* (London: Fontana).

WYNNE-EDWARDS, V. C. (1962), *Animal Dispersion in Relation to Social Behaviour* (Edinburgh: Oliver & Boyd).

Índice onomástico

Acton, lorde, 73
Alchian, Armen, 51, 161, 215
Alland, A. Jr., 27, 215
Alvarez, Louis W., 200, 215
Aquino, São Tomás de, 66, 67, 197
Aristóteles, 19, 20, 46, 63, 64, 65, 66, 67, 73, 125, 143, 150, 193, 197

Babbage, Charles, 119, 215
Baechler, Jean, 47, 63, 215
Bailey, Samuel, 24, 215
Barker, Ernest, 215
Barrett, Paul H., 37, 219
Barry, Brian, 70, 76, 215
Bartley, W.W. III, 9, 12, 18, 86, 95, 126, 213, 215, 216, 217, 224
Bateson, William, 198, 199, 216
Bauer, lorde (Peter Bauer), 170, 216
Baumgardt, D., 216
Becker, G. S., 51
Bell, Daniel, 216
Bentham, Jeremy, 72, 88, 90, 147, 196, 216, 218
Bernal, J. D., 84

Bloch, Ernst, 146, 216
Blum, H. F., 203, 216
Bohm-Bawerk, Eugen von, 135, 202
Bonner, John Tyler, 27, 38, 216
Bopp, Franz, 198, 216
Born, Max, 83, 85, 216
Boserup, Esther, 170, 216
Boswell, James, 46
Braudel, Ferdinand, 138, 142, 148, 151, 216
Bullock, Allan, 216, 218
Burke, Edmund, 42, 50, 74, 217
Butler, Samuel, 54, 217

Câmara, (arcebispo) Hélder, 143
Campbell, B. G., 27, 217
Campbell, Donald T., 18, 29, 217, 226
Carlyle, Thomas, 126, 198, 217, 233
Carr-Saunders, A. M., 26, 27, 210, 217
Chagnon, Napoleon A., 27, 217, 218
Chapman, J. W., 155, 217
Cheung, Steven Ng Sheong, 51
Childe, V. Gordon, 34, 56, 209, 217
Chisholm, G. B., 81, 93, 235

ÍNDICE ONOMÁSTICO

Cícero, Marco Túlio, 19, 46, 141
Clark, Grahame, 217
Clark, R. W., 82, 217
Clifford, W. K., 148, 217, 233
Coase, R. H., 51, 217
Cohen, J. E., 174, 217
Cohen, Morris R., 79, 83, 150, 217
Cohn, Norman, 217
Comte, Auguste, 39, 72, 95, 148, 217
Confúcio, 145, 149, 217, 235
Curran, Charles, 161, 217

Dairaines, Serge, 47, 218
Darwin, Charles, 17, 35, 36, 37, 40, 73, 97, 147, 148, 197, 198, 209, 218, 219, 220, 225, 227, 233, 234
Demandt, Alexander, 150, 218
Demsetz, Harold, 51
Descartes, René, 68, 72, 237
Durham, William, 27, 218

Eccles, sir John, 27, 224
Eddington, sir Arthur, 84
Edmonds, J. M., 218
Einaudi, Luigi, 63, 218
Einstein, Albert, 82, 83, 86, 93, 143, 217, 218, 236
Emmet, Dorothy M., 218
Erhard, Ludwig, 159
Estrabão, 43, 218
Evans-Pritchard, E. E., 148, 218
Everett, C. W., 196, 218

Farb, Peter, 27, 218
Ferguson, Adam, 5, 50, 196, 197, 218
Ferri, Enrico, 71, 218
Finley, sir Moses I., 43, 218
Flew, A. G. N., 41, 165, 218
Ford, Henry, 129
Forster, E. M., 80, 81, 93
Foucault, Michel, 89
Frazer, sir James G., 211, 212, 218, 236
Freud, Sigmund, 29, 206, 218

Goethe, Johann Wolfgang von, 19, 146
Gossen, H. H., 119, 201, 218
Green, S., 56, 217
Gruber, Howard E., 37, 197, 219

Haakonssen, Knud, 196, 219
Habermas, Jiirgen, 89
Hale, sir Matthew, 49
Hardin, Garret James, 25, 179, 197, 219
Hawkes, David, 150
Hayek, F. A. von, 9, 12, 18, 21, 25, 64, 73, 80, 81, 87, 88, 100, 102, 109, 119, 131, 135, 196, 198, 202, 207, 213, 218, 219, 220, 233
Hegel, George Wilhelm Friedrich, 148, 187
Heilbroner, Robert, 34, 220
Helvetius, C. V., 196
Herder, Johann Gottfried von, 37, 97, 198, 220
Herskovits, M. J., 55, 209, 220
Hirschmann, Albert O., 220
Hobbes, Thomas, 20
Hobhouse, L. T., 151, 220, 235
Hoffer, Eric, 124
Holdsworth, W. S., 220
Howard, J. H., 24, 220
Huizinga, Johan, 207, 220
Humboldt, Wilhelm von, 37, 110, 198, 220, 221
Hume, David, 5, 16, 23, 49, 66, 70, 93, 94, 97, 102, 105, 118, 195, 196, 219, 221, 232, 234, 235, 237
Huxley, Julian, 37, 38, 165, 221, 234
Huxley, Thomas Henry, 221

Irons, William, 27, 217, 218

Jay, Martin, 187, 221
Jevons, William Stanley, 134, 135, 202
Johnson, Samuel, 46
Jones, E. L., 221
Jones, sir William, 36, 198

OS ERROS FATAIS DO SOCIALISMO

Jouvenel, Bertrand de, 155, 221, 225

Kant, Immanuel, 102, 221
Keller, Rudolf E., 197, 198, 221
Kerferd, G. B., 193, 221
Keynes, John Maynard, 79, 80, 81, 82, 86, 93, 105, 206, 221, 233, 234, 236
Kirsch, G., 73, 221
Knight, Frank H., 207, 221
Kristol, Irving, 216

Leakey, R. E., 55, 221
Liddell, H. G., 153, 222
Locke, John, 48, 68, 164, 222, 235, 236

Mach, Ernst, 124
Machlup, Fritz, 52, 222
Maier, H., 160, 222
Maine, Henry Sumner, 21, 42, 43, 50, 222
Malinowski, B., 184, 222
Malthus, Thomas, 163, 165, 166, 167, 222, 237
Mandeville, Bernard, 21, 23, 97, 118, 124, 183, 196, 209, 220, 222
Marcuse, Herbert, 187
Marshall, Alfred, 80, 135, 201
Marx, Karl, 39, 70, 73, 127, 128, 148, 149, 151, 153, 160, 168, 201, 202, 206, 232
Maxwell, James Clerk, 200
Mayr, Ernst, 38, 64, 222
McCleary, G. F., 166, 222
McNeill, William H., 124, 222
Medick, Hans, 196, 222
Menger, Anton, 128
Menger, Carl, 5, 42, 97, 128, 131, 134, 135, 197, 202, 222
Millikan, R. A., 84
Mill, James, 201
Mill, John Stuart, 72, 81, 90, 110, 128, 129, 135, 201, 202, 219, 223, 237
Miller, David, 161, 223
Mises, Ludwig von, 13, 104, 119, 138, 153, 223

Monod, Jacques, 78, 79, 81, 82, 85, 93, 223, 233
Montaigne, Michel de, 19
Montesquieu, Charles Louis de Secondat de, 48, 54, 223
Moore, G. E., 81, 223
Myrdal, Gunnar, 70, 223

Naumann, Friedrich, 160
Needham, Joseph, 47, 63, 79, 223, 234
Newton, sir Isaac, 208
North, Douglas C., 170, 223

O'Brien, C. C., 187, 223
Orwell, George, 76, 78, 223
Ostwald, Wilhelm, 84

Patten, Simon N., 198, 223
Pei, Mario, 159, 223
Pejovich, Steve, 51
Petty, sir William, 208, 209, 223
Piaget, Jean, 66, 147, 223
Pierson, N. G., 119, 223
Piggott, Stuart, 57, 224
Pirenne, Jacques, 47, 56, 224
Plant, sir Arnold, 51
Platão, 46, 73, 125, 150
Polanyi, Karl, 62, 224
Popper, sir Karl R., 18, 27, 38, 39, 68, 69, 85, 94, 95, 96, 126, 217, 219, 224
Pribram, K., 224
Prigogine, Ilya, 224
Proudhon, Pierre Joseph, 89

Quinton, lorde (Anthony Quinton), 84, 224

Radnitzky, Gerard, 18, 213, 216, 217, 224
Rawls, John, 103, 224
Rees, D. A., 211
Reig, Joachim, 202
Renfrew, Colin, 56, 225
Ricardo, David, 138, 201

ÍNDICE ONOMÁSTICO

Roberts, P. C., 119, 225
Roosevelt, Theodore, 159
Rostovtzeff, M., 63, 225
Rousseau, Jean Jacques, 23, 68, 69, 70, 71, 72, 73, 89, 107, 117, 204, 205, 206, 225, 234, 235, 236, 237
Russell, lorde (Bertrand Russell), 41, 82, 86, 88, 90, 93, 117, 143, 225
Rutland, Peter, 119, 225
Ryle, Gilbert, 108, 225

Saint-Simon, Claude Henri de, 70, 73
Savigny, F. C. von, 50, 97, 225, 235
Schelsky, H., 150, 225
Schiller, Friedrich, 46, 198, 225
Schoeck, Helmut, 51, 150, 225
Schrodinger, Erwin, 225
Schulze, H., 198, 225
Schumacher, E. F., 204, 225
Schumpeter, Joseph A., 150, 226
Scitovsky, Tibor, 204, 226
Scott, R., 153, 222
Segerstedt, Torgny, 71, 226
Sêneca, 141
Seton-Watson, H., 76, 226
Shafarevich, Igor Rostislavovich, 226
Shakespeare, William, 159
Simon, Julian L., 170, 171, 213, 226
Simpson, G. G., 27, 226
Skinner, B. F., 226
Smith, Adam, 23, 24, 37, 50, 118, 120, 147, 163, 183, 197, 198, 201, 209, 217, 219, 222, 226, 235, 236
Soddy, F., 84
Solvay, E., 84

Sombart, Werner, 151, 226
Stallybrass, Oliver, 216, 218
Stein, Peter, 198, 226
Stephen, sir Leslie, 81
Stewart, Dugald, 37, 196, 226
Sullivan, James, 164, 226

Teilhard de Chardin, P., 226
Thorpe, W. H., 210, 226
Tucídides, 65, 233
Tocqueville, Aléxis de, 73
Trotter, Wilfred, 27, 67, 227
Tylor, Edward B., 70, 227

Ullman-Margalit, Edna, 197

Vico, Giambattista, 97, 227
Voltaire, F. M. A. de, 88, 90
Vorzimmer, Peter J., 197, 227

Waley, Arthur, 149, 217
Walras, Leon, 134
Wells, H. G., 77, 78, 93, 227

Westermarck, E. A., 70, 227
Whately, (arcebispo) Richard, 152, 153
Wicksteed, Philip Henry, 135
Wieland, C. M., 37, 198, 227
Wiese, Leopold von, 156, 227
Wieser, Friedrich von, 135
Williams, George C., 227
Williams, Raymond, 156, 227
Woolf, Virgínia, 80, 81
Wynne-Edwards, V. C., 210, 227

Índice temático

alienação, fontes de, 89; apêndice D

altruísmo, como fonte de infelicidade, 89; pode impedir a formação da ordem ampliada, 111-112; em grupos pequenos, 30

animismo, abandonado no processo de auto-ordenação transcendente, 101; nas conotações das palavras, 145; na interpretação de estruturas complexas, 111; persistência no estudo de temas humanos, 147; na religião, 79

antropomorfismo, ver *animismo*

áreas periféricas e crescimento populacional, 173

"artificial" (em contraposição a "natural"), confusão causada pelo uso de Hume do conceito de, 195; como produto de desígnio, 194

auto-organização, na economia e nas ciências biológicas, 17; ver *ordem espontânea*

autoridade central, governo de uma, 14; comparado à operação do mercado descentralizado, 119; incapacidade de usar informação do modo mais completo possível, 106, 119; incapacidade de produzir "justiça social" e melhoria econômica, 117; e propriedade separada, 70

Bloomsbury Group, 80-81

cálculo de vidas, 179

capacidade de aprendizado, nos seres humanos, 109, 172

capital, obra de Marx sobre o, 168, 202; para sustentar a população 138, 168, 175

capitalismo, 13; e crença de que os proprietários manipulam o sistema, 108, 113; e civilização, 17; criou o proletariado, 177; cria empregos, 167; expansão do, 47; incapacidade de satisfazer os princípios do racionalismo construtivista, 92; e liberdade, 87; resistência às práticas do, 16; uso de conhecimento disperso no, 16; uso do termo, 151

catalática 87, 135, 152, 153

cibernética 17, 197

ciências naturais 37, 77, 198, 201

cientificismo, ver *racionalismo construtivista*

civilização e evolução cultural, 28; e ordem ampliada, 13; fundamentos na

ÍNDICE TEMÁTICO

Antiguidade, 42; conflitos históricos, 29; papel limitado do governo forte na promoção da, 46; não foi feita pelo planejamento consciente, 34; resultado de graduais mudanças incômodas na moralidade, 32; refreia o comportamento instintivo, 20; e propriedade separada, 42-44

coletivismo, e o homem primitivo, 20, 55; e relações econômicas mais amplas, 62

comércio, permite densidade de ocupação, 58; evidências arqueológicas de, 55-56; relacionado a enormes crescimentos populacionais, 55-56; desdém pelo, 123-130; conclusões equivocadas em relação à regulação ateniense do, 62; mais antigo contato entre grupos remotos, 55; e produção, 139; especialização no, 54; difundiu ordem, mas desestruturou as tribos primitivas, 56; Tucídides sobre o, 65; no mundo greco-romano, 43; atitude de Esparta em relação ao, 45; na ampliação da civilização, 46

competição, de moedas, não permitida pelo monopólio governamental, 142; na evolução, 35; e observância a regras, 31; como procedimento de descoberta ao adaptar-se a circunstâncias desconhecidas, 32; necessária para evitar abusos da propriedade, 50

conhecimento, na competição, 126; desenvolvimento do, 104; e regras morais, 188

conservadorismo, não corresponde à posição de Hayek exceto em questões morais restritas, 74

cooperação e pequenos grupos, 30

darwinismo social, 35-36; as falhas dele usadas equivocadamente para rejeitar a abordagem evolutiva aos temas humanos, 40, 209

desenvolvimento genético, 37

desenvolvimento gradativo, 17

desígnio humano, limites do, 13, 15, 104-105; e propósito, W. K. Clifford sobre o, 148

despotismo benevolente, 160

diferenciação, vantagens da, 109; nos sistemas de intercâmbio, 131; e crescimento populacional, 166, 171-172

direitos de propriedade, capítulo 2; como ideia ainda em desenvolvimento, 51-52

divisão do trabalho, ver *especialização*

dinheiro, fascínio com o, 140; ambivalência em relação ao, 140; má vontade com relação ao, 141; capítulo 6, *passim*

economia de mercado, 152

economia, 23; e antropologia 208-210; aristotélica, 63-66; Escola Austríaca de, 134; falhas das explicações causais únicas na, 200-202; equívocos de cientistas contemporâneos quanto a, 84; e moralidade em Keynes, 79-81; não lida com fenômenos físicos, 135; possível influência sobre Darwin, 37; processo auto-organizável em, 131, 197, 200-202; e socialismo, 117-119; e estrutura da ação humana, 106

empirismo, 84-85

engenharia social, 47, 71

Escola Austríaca de Economia, 134-135; ver também *utilidade marginal*

esforço físico, e mérito, 126; Carlyle sobre, 126; declinante valor do, 141

especialização, permite o crescimento da população, 57, 165-166; aumenta o poder do grupo, 110; e uso de informação, 139

espontaneidade, depende de regras gerais, 102

"ética do conhecimento" em Monod, 78

evolução, não pode ser justa, 102; simultânea da mente e da civilização, 34; cultural análoga mas não idêntica à biológica, 26; não permite previsão do futuro, 39; como a compreensão da antecede à teoria de Darwin, 37; Julian Huxley sobre, 37-38; do

233

conhecimento, 18, 103; da moralidade e das tradições morais, 18; Joseph Needham sobre a, 79; não se limita a organismos, 40; da razão, 33-34; das regras, 32; ordem espontânea em, 33-34; variedade na, 109

evolução biológica, diferenças em relação à evolução cultural, 38; não é inteiramente anterior à evolução cultural, 37; como mudanças ocorrem na, 26; não está sujeita a leis inevitáveis, 39; e estudos de desenvolvimento cultural, 38

evolução cultural, em adaptação a eventos imprevisíveis, 38; distinta da evolução biológica e mais rápida do que ela, 38; ideia de; inclui herança de características adquiridas, 38, 199; linguagem obscurece a compreensão da, 193; não está sujeita a leis inevitáveis de desenvolvimento, 39

exploração, não é inevitável no comércio, 129

falácia naturalista, 41

fins benéficos, conhecimento prévio dos, como exigência absurda para a ação na ordem ampliada, 111-112

"flecha do tempo", 203

genética, no sentido de herança biológica, 198

governo, papel exagerado nos livros de história, 62; e crescimento inicial da civilização046-47; ponto de vista de Hume restringindo o, 49; monopólio do dinheiro pelo, 142-143; e estagnação da China, 63

indivíduos, julgam melhor o uso dos próprios recursos, 120-121; não entendem as regras de conduta que seguem, 24; vivem dentro de duas ordens de regras, 29; podem ser destruídos por ideias erradas a respeito do que é racional, 41; esforços produtivos dos na ordem de mercado

beneficiam desconhecidos, 112; ressentem-se das limitações ao comportamento instintivo, 23

individualismo, e o mito do selvagem solitário, 20

inflação, e a teoria geral de Keynes, 80

informação, acesso à, 13; como vantagem no comércio, 123; densidade populacional contribui para a diversidade de, 172; na ampliação da ordem, 115; uso individual da no comércio, 62, 105; e os mercados, 14; rápida transferência de, 181; superioridade das formações espontâneas na difusão de, 122; concepções supersticiosas em relação à, 139

inteligência, inventou a moral, 186

interação, complexidade de, 200-202

instintos, apelo do socialismo aos, 15; base de cooperação nos grupos primitivos, 21; como o melhor guia para a cooperação entre os homens (perspectiva de Rousseau), 68; conflito com as regras aprendidas, 30; efeitos duradouros dos, 27; contribuem para as regras do microcosmo, 29; base insuficiente para a ordem ampliada, 98; levam ao ódio às limitações necessárias à civilização, 22; mais antigos que os costumes e a tradição, 35; valorizam esforços físicos visíveis em detrimento do "misterioso" comércio, 125

instituições monetárias, temidas e vítimas de ressentimento, 142; monopólios governamentais tornam a experimentação competitiva impossível, 142; são resultado da ordem espontânea, 142; capítulo 6, *passim*

jogo, na evolução cultural, apêndice E

justiça social, capítulo 7, *passim*; e o papel da razão, 16, 160

justiça, 48-49; John Locke sobre, 48; ideias conflitantes de, 103, 161; capítulo 2, *passim*

ÍNDICE TEMÁTICO

lamarckismo, 38

leis, e regras abstratas regulando a transmissão de propriedade, 43-44; como garantia de liberdade, 49; linguagem e, 197; Savigny sobre as, 50

liberalismo, no sentido americano, 72, 90, 150; em Hobhouse, 151; posição "*old whig*", 73

libertação, como ameaça à liberdade, Confúcio sobre, 145

liberdades civis, 42

liberdade, e as "leis fundamentais da natureza" de Hume, 49; impossível sem limitações e delimitações dos direitos individuais, 88; inclui a aceitação tácita de algumas tradições, 87; a concepção equivocada de Rousseau de, 68-70; ameaçada por governos fortes, 46; dois sentidos de, 50

linguagem, degradação da, 17 e capítulo 7; e evolução, 197; uso na classificação, 25, 145-146

lucro, como sinal da atividade produtiva, 65-66, 127, 143; compreensão equivocada do pelos intelectuais, 144

macroeconomia, 136

"mão invisível" de Adam Smith, 23, 147, 201

medo do desconhecido, e comércio, 130

mente; adquirida pela absorção de tradições, 34; como produto da evolução cultural, 33

mercados competitivos, 14; na criação de ordem, 30; distribuem recursos sem resultados finais previsíveis, 106; na coleta de informações, 24; na perspectiva da Escola Austríaca, 134

moralidade, não satisfaz, e nenhum código moral possível satisfará, aos critérios racionalistas de justificação, 95; produto da evolução, mantém a ordem ampliada, 98; tradição grega difundida pelos romanos, 45; e filosofia "liberal", 73; uso preferido do termo, 21; filósofos racionalistas supõem que a busca da felicidade é a razão para a

seleção da, 89; rejeição por Chisholm como irracional e não científica, 81; revolta contra a no Bloomsbury Group, 81; e o direito de propriedade, Hume sobre, 49, 195; papel da evolução na formação da, 31; mudanças graduais indesejadas na, 31-32

"natural", 193; limitação do uso ao que é inato ou instintivo, 193, 204; apêndice A

nobre selvagem, mito do, no coletivismo, 29; em Rousseau, 68; não é livre nem poderoso, 69, 90

ordem ampliada da cooperação humana, 13; contribuição da religião para, 187; evolui por longos períodos temporais, 30; inclui subordens que seguem regras diferentes, 29; interpretação mecanicista da, 92; e dinheiro, 143; a estrutura mais complexa do universo, 173; e práticas morais, 13, 21; exige restrições aos instintos, 23, 49; não surge de desígnio, mas espontaneamente, 13; papel do comércio primitivo no desenvolvimento da, 55; e propriedade separada, 46-48; usa conhecimento disperso para diversos fins, 24

ordem espontânea, na criação da ordem ampliada, 13, 115; surgimento do conceito de, 196; e dinheiro e crédito, 140; organizações e, 52-53; e exigência de benefícios previsíveis, 102

ordem, permite a geração de novos poderes, 109; não pode ser explicada ou descrita, 108; seleção evolutiva e, 195; não pressupõe ordenadores nem organização deliberada, 106

ordem de mercado; permite o crescimento da população e da riqueza relativa, 98, 163, 178-179; beneficia outros sem intenção explícita, 111; consequências que resultariam na destruição da, 41, 163; contribuição dos filósofos morais escoceses do século XVIII para a

235

OS ERROS FATAIS DO SOCIALISMO

compreensão da, 197; Keynes sobre a, 79-80; desenvolvimento tardio da, 26; pouco compreendida, 30; ultrapassam a expectativa de vida indivíduos que estão agindo, 116; usa conhecimento disperso, 106
ordem transcendente, 100
organizações na macro-ordem espontânea, 53

população, crescimento da, 56; capítulo 8; apêndice F, *passim*
positivismo, 72, 85
posse privada, no antigo Egito, 47; como base da justiça, 48; Frazer sobre tabu e, 211; no mundo greco-romano, 43;
práticas/tradições morais, tradicionais, 13, 15; não podem ser justificadas racionalmente, 85; dos capitalistas criam o proletariado, 177; e liberdades civis, 42; não foram criadas nem pelo instinto nem pela razão, 18; desagradáveis, 13; efeito na economia e na vida política, 16; seleção evolutiva e, 13, 71; falta de compreensão das, 13; tornam possível o crescimento da razão, 32; não são baseadas na simples gratificação, 16; sofrimento de adotar as, 13; como parte da razão, Locke sobre as, 68; difusão das, 13; impossibilidade de comprovar as, 13; "irracionais" e "anticientíficas", 92
preços, e adaptação ao desconhecido, 105; e distribuição, 128; evolução dos, 62-63; guiam os diversos participantes do mercado, 137, 144; refletem os valores dos recursos, 133; papel na formação da economia ampliada, 119
"presunção fatal", de que habilidades e técnicas originam-se principalmente da razão, 33; de que os produtos da evolução sempre podem ser aperfeiçoados pela engenhosidade humana, 114; remete à lei dos instintos naturais em vez das contenções aprendidas, 69; de que a humanidade pode moldar o mundo como bem entender, 40, 71

princípio dos custos comparativos, 138
produção para o uso, Einstein sobre a, 82, 143
produto coletivo, magnitude do, 14
proletariado, 167, 177
propriedade individual, e ferramentas primitivas, 44; terra como, 44; não reconhecida pelos espartanos, 45
propriedade privada, ver *propriedade separada*
propriedade separada; vantagens na dispersão de informações, 122; permite benefícios amplamente dispersos tanto para quem não tem quanto para quem tem, 24, 107; como base para o crescimento, 46; e civilização, 43; condenada em nome da liberdade, 162; desenvolvimento do conceito de, 44; crescente alvo de suspeitas depois de Rousseau, 70; pesquisas a respeito evitadas na antropologia recente, 70; e liberdade, 54; pré-condição para o comércio, 55; apoiada pelas religiões que sobreviveram, 186; desconhecida pelo selvagem, 69; capítulo 2
prosperidade, Adam Smith sobre, 163

racionalismo construtivista, 34; na tentativa de controlar o desenvolvimento, 34; enviesa a arqueologia e a sociologia, 69-70; encarna uma falsa teoria da razão, 92; quatro requisitos do, 85-86; interpretação das leis e da moral, 92; limites da experimentação, 75; e a ideia de que a mente humana racional adentrou o corpo humano em evolução, 34; temas recorrentes no, 84; como metodologia socialista, 13; difusão pela mídia, 77; capítulos 4 e 5
razão, capítulos 1, 4, 5, *passim*; ideias equivocadas que podem mudar os fatos, 41; não é o meio pelo qual regras aprendidas destituem reações inatas, 35; uso adequado da, 15; resultado de seleção evolutiva, não fonte da capacidade de adquirir habilidades, 33; usada por Descartes para justificar a

236

ÍNDICE TEMÁTICO

gratificação dos instintos, 68; valor da, comparada à tradição, 69

reconstrução racional, 97, 196

recursos, direção dos, 14; dispersão dos, e uso do conhecimento a respeito dos, 14, 106; tentativas primitivas de controlar os, 62; economia no uso dos, 24

religião, antropomorfismo na, 101; no desenvolvimento das tradições morais, 18, 183; fonte de objeções à propriedade, 71; capítulo 9

renda, distribuição de, 14; e justiça, 14

regras de conduta, como alternativa a fins comuns, 90-91; não poderiam ser planejadas antecipadamente, 105; independentes de fins, 45; evoluem sem conhecimento de efeitos, 105; seguir é diferente de saber o efeito das, 108; e regras de jogo, 207

riqueza, crescimento da, 14, 126, 162, 175

sistemas de intercâmbio, 132

"social" usado para conotar "bom", 156

socialismo, 13; visa a redesenhar as tradições morais, as leis e a linguagem em bases "racionais", 13-14, 94, 148, 205; análise da ordem econômica, 13; atraente para intelectuais, 149; baseado em concepções aristotélicas e animistas, 66, 147; efeito sobre o padrão de vida, 17, 165; erros factuais do 13, 14; influência de Mill sobre a aceitação do, 202; necessidade de refutar, 13, 119; fundamentando na alegada moralidade da ciência, 85

"sociedade", capítulo 7, *passim*

solidariedade, característica do pequeno grupo, 111; Introdução

superstição, na preservação da tradição, 211

teoria malthusiana da população, 165

tradição, como adaptação ao desconhecido, 105; não se baseia na intuição, no inconsciente nem na razão, 35; confusão com vontade pessoal, 189; expressa regras que não foram criadas conscientemente, 20, 22, 26, 183; repousa entre o instinto e a razão, 32-35; mais antiga do que a razão, 35; papel da superstição em preservar a, 211; superior à razão, 105; sustentada pela crença religiosa, 184; transmitida pela religião, 184

tradições subjacentes à ordem de mercado, efeito sobre o conhecimento e a riqueza, 14; não satisfaz aos requisitos construtivistas, 99; rejeição socialista das, 15

triagem, 179

utilidade coletiva, não é possível descobrir, 135

utilidade marginal, 109; teoria da, 134; efeito revolucionário da, 201; capítulo 6, *passim*

utilitarismo, 85; como interpretação equivocada de Hume, 195

valor, complexidade e, 200; condições que afetam, 131; desdém pelo caráter "artificial" do, 134; hierarquia de, 133; aumento do e propósitos humanos, 131; erros de Mill em relação ao, 129, 201; e produtos tangíveis, 126; no comércio, afetado pela escassez relativa, 127

"vontade geral" de Rousseau, 69

xenos, o amigo-visitante, 59-60

CONHEÇA NOSSA LINHA SOBRE POLÍTICA E PENSAMENTO LIBERAL

HÁ UMA CONSPIRAÇÃO MUNDIAL E ELA NÃO É SECRETA. ESTÁ DIANTE DE NOSSOS OLHOS. AQUI, OS AUTORES APRESENTAM OS FATOS.

Sempre ouvimos teorias sobre conspirações guiando o mundo, comandadas pelo *establishment* político, ditadas por sociedades secretas, confrarias, religiões e organizações à sombra do Estado. No entanto, nunca nos apresentam provas nem documentos que atestem a real existências das tramas.

Este livro mostra que, além de existirem, não se trata de algo secreto nem discreto, mas de uma guerra aberta, declarada e constante, que nos distrai com sua tática de colocar socialistas contra liberais, esquerda contra direita, capitalismo *vs* comunismo. Fomos divididos em torcidas de uma falsa disputa e os que realmente vencem nem precisam entrar em campo, sempre estiveram juntos em um terceiro lado, que não estava disputando nada, apenas nos ocupando enquanto mantinham o poder.

São os grandes banqueiros e elites globais que dirigem o mundo. Não à toa eles se vendem como socialistas, benevolentes e altruístas, há método nisso tudo: decidem as opções que você tem para votar, em que causas acredita, quais alimentos são saudáveis e o que deve consumir em todos os aspectos: bens móveis, imóveis e culturais.

Famílias como Rockefeller, Morgans, Rothschilds e grupos como Bildeberg, Frankfurt e outros super-ricos são os personagens daqui, sempre ligados a figuras como Lênin, Trótski, Mao Tsé-Tung, Hitler, Karl Marx e tantos outros. Com as revelações apresentadas, pode-se decidir, com mais consciência, de quais causas, movimentos e ideais realmente vale a pena participar.

ASSINE NOSSA NEWSLETTER E RECEBA INFORMAÇÕES DE TODOS OS LANÇAMENTOS

www.faroeditorial.com.br

ESTA OBRA FOI IMPRESSA EM
OUTUBRO DE 2021